A MORTE DE HITLER

JEAN-CHRISTOPHE BRISARD
E LANA PARSHINA

A morte de Hitler
Os arquivos secretos da KGB

Tradução
Julia da Rosa Simões

Copyright © Librairie Arthème Fayard, 2018

Grafia atualizada segundo o Acordo Ortográfico da Língua Portuguesa de 1990, que entrou em vigor no Brasil em 2009.

Título original
La Mort d'Hitler: Dans les dossiers secrets du KGB

Capa
Ben Summers

Foto de capa
Roger Viollet/ Getty Images

Preparação
Lígia Azevedo

Revisão
Márcia Moura
Valquíria Della Pozza

Dados Internacionais de Catalogação na Publicação (CIP)
(Câmara Brasileira do Livro, SP, Brasil)

Brisard, Jean-Christophe
    A morte de Hitler : os arquivos secretos da KGB / Jean-Christophe Brisard, Lana Parshina ; tradução Julia da Rosa Simões. — 1ª ed. — São Paulo : Companhia das Letras, 2018.

    Título original: La Mort d'Hitler : Dans les dossiers Secrets du KGB.
    ISBN 978-85-359-3142-6

    1. Alemanha – História – 1933-1945 2. Hitler, Adolf, 1889-1945 – Cronologia 3. Hitler, Adolf, 1889-1945 – Últimos anos 4. Jornalistas 5. Reportagens investigativas I. Parshina, Lana II. Título.

18-17225   CDD-943

Índice para catálogo sistemático:
1. Hitler, Adolf : Alemanha : História   943

Iolanda Rodrigues Biode – Bibliotecária – CRB-8/10014

[2018]
Todos os direitos desta edição reservados à
EDITORA SCHWARCZ S.A.
Rua Bandeira Paulista, 702, cj. 32
04532-002 — São Paulo — SP
Telefone: (11) 3707-3500
www.companhiadasletras.com.br
www.blogdacompanhia.com.br
facebook.com/companhiadasletras
instagram.com/companhiadasletras
twitter.com/cialetras

Sumário

PRIMEIRA PARTE: A INVESTIGAÇÃO (I)

Moscou, 6 de abril de 2016 9
Berlim, maio de 1945 20
Moscou, outubro de 2016 33
Paris, outubro-novembro de 2016 50

SEGUNDA PARTE: OS ÚLTIMOS DIAS DE HITLER

19 de abril de 1945 63
20 de abril de 1945 69
21 de abril de 1945 75
22 de abril de 1945 78
23 de abril de 1945 82
24 de abril de 1945 86
25 de abril de 1945 91
26 de abril de 1945 94
27 de abril de 1945 100
28 de abril de 1945 104
29 de abril de 1945 108

30 de abril de 1945 124
1º de maio de 1945 129
2 de maio de 1945 134

TERCEIRA PARTE: A INVESTIGAÇÃO (II)

Moscou, dezembro de 2016 137
Lubyanka, Moscou, dezembro de 2016 148
Berlim, 2 de maio de 1945 170
Moscou, março de 2017................................ 186
Moscou, maio de 1945 210
Arquivo do Estado Militar da Federação Russa,
   Moscou, março de 2017............................. 226

QUARTA PARTE: CONCLUSÕES?

Moscou, março de 2017................................ 251
Berlim, 30 de maio de 1946 278
Verão de 2017... 296
Paris, setembro de 2017................................ 316

Notas 343
Comentário sobre os arquivos 347
Agradecimentos 350

PRIMEIRA PARTE

A INVESTIGAÇÃO (I)

Moscou, 6 de abril de 2016

Lana está perplexa.

Seus contatos nas altas esferas da administração não esconderam que nossas chances de êxito eram mínimas. A reunião que marcamos para as onze horas foi confirmada, mas isso não é garantia de nada na Rússia. O vento gelado lanha nossas faces à medida que nos aproximamos da sede do Arquivo de Estado da Federação Russa (GARF, de Gosudarstvennyy Arkhiv Rossiyskoy Federatsii). Trata-se de uma instituição nacional em pleno centro de Moscou, que concentra uma das maiores coleções de arquivos do país, com cerca de 7 milhões de documentos que vão do século XIX aos dias de hoje. Basicamente papéis, mas também algumas fotografias e dossiês secretos. É por causa de um desses dossiês que enfrentamos o rigoroso inverno moscovita e a não menos rigorosa burocracia russa. Lana Parshina não é uma total desconhecida dos russos. Jornalista e documentarista, a jovem russo-americana é figurinha carimbada das emissoras de televisão, que a convidam para falar sobre seu maior feito: a última entrevista de Lana Peters. Lana Peters era uma velha senhora, pobre e esquecida por todos, que morava num albergue nos confins dos Estados Unidos. Ela vivia escondida e se recusava a falar com a imprensa. Estava ainda menos interessada em evocar a memória do pai, certoIóssef Vissariónovitch Djugashvili, mais conhecido como Stálin. Chamava-se Lana Peters, na verdade, Svetlana Stálina, e era a filha preferida do ditador. Em plena Guerra Fria, nos anos 1960, ela fugira e pedira asilo político ao inimigo americano. Tornara-se símbolo dos soviéticos dispostos a qualquer coisa para escapar de um regime tirânico. Em 2008, Lana Parshina conseguira convencer a austera descendente a lhe conceder uma série de entrevistas filmadas — que fizeram um sucesso estrepitoso em toda a Rússia. Há alguns anos, Stálin voltou à moda em Moscou. As complexas engrenagens da máquina administrativa e burocrática russa são antigas conhecidas de Lana Parshina. Ela garante que está apta a consultar os dossiês secretos, sutis e complexos.

No entanto, nessa manhã de abril de 2016, Lana me parece preocupada.

Temos um encontro com a diretora do GARF, Larisa Alexandrovna Rogovaya, a única que pode nos autorizar o acesso ao dossiê H. "H" de Hitler.

Assim que chegamos ao hall de entrada do GARF, pressentimos o que nos espera. Um soldado com um bigode bem anos 1970, estilo Freddie Mercury, pede nossos passaportes. "Controle!", ele rosna, como se fôssemos intrusos. Lana, com sua carteira de identidade russa, passa batido. Meu passaporte francês complica as coisas. O militar não parece à vontade com o alfabeto latino e não consegue ler meu nome. Brisard se torna БРИЗАР em caracteres cirílicos. É assim que meu nome aparece na lista de pessoas autorizadas a entrar hoje. Depois de uma longa inspeção e do auxílio de Lana, finalmente conseguimos passar. "Onde fica o gabinete da diretoria-geral dos arquivos?" A pergunta irrita o segurança, que agora já está recebendo outro visitante, com a mesma amabilidade. "Lá no final, depois do terceiro prédio à direita." A jovem que nos orienta não espera por nossos agradecimentos para nos dar as costas e subir por uma escada mal iluminada. O GARF lembra uma cidade operária dos tempos do comunismo. Estende-se por vários prédios de fachadas sinistras no mais puro estilo soviético, mescla de construtivismo e racionalismo. Perambulamos de prédio em prédio tentando evitar grandes poças de neve derretida e enlameada. "Diretoria-geral", diz uma placa acima de uma porta dupla ao longe. Um carro escuro bloqueia a entrada. Ainda temos vinte metros pela frente quando uma mulher imponente sai apressada do prédio e entra no veículo. "É a diretora", murmura Lana com uma ponta de desespero ao ver o carro se afastar.

São 10h55, e nosso encontro das onze horas acaba de escapar pelos nossos dedos.

Bem-vindos à Rússia.

As duas secretárias da diretoria do GARF dividiram entre si os papéis: uma é gentil, a outra, francamente desagradável. "Para quê?" Quando não se compreende nada de uma língua, como é meu caso com o russo, é fácil perceber a grosseria no tom de voz. A mais jovem — ou menos velha, diria alguém menos educado — não vai com a nossa cara. Lana faz as devidas apresentações: somos jornalistas, ela é russa, eu francês. Estamos aqui porque temos uma reunião marcada com a diretora, com a sra. diretora, e para consultar um objeto um tanto especial... "Sem chance!", a secretária hostil nos interrompe subitamente. "Ela saiu. Não está aqui." Sim, já sabemos, explica Lana: vimos o carro escuro na rua com a diretora, que não percebeu nossa presença e partiu. Relata tudo isso sem perder o entusiasmo. Seria possível esperar? "Se quiserem", conclui a secretária, saindo da sala com uma pilha de pastas embaixo do braço, para deixar bem clara a importância do tempo que ousamos lhe tomar. Um relógio cuco se destaca acima da escrivaninha. Marca 11h10. A outra assistente ouve a colega sem dizer nada. Seu ar constrito não nos passa despercebido. Lana se dirige a ela.

Uma reunião no Kremlin, com a presidência. Não estava prevista na agenda da diretora. Evidentemente, quando Putin, ou melhor, quando seu gabinete chama, acorre-se. A secretária gentil se expressa em voz baixa, com frases curtas. Parece uma pessoa doce, e sua voz é reconfortante apesar do caráter negativo de suas informações. Quanto à hora de retorno da diretora, quem poderia saber? Não ela, pelo menos. A convocação de última hora havia sido provocada por nossa chegada? "Não. Por que teria sido?"

Passa das cinco da tarde. Nossa paciência acaba sendo recompensada. Sob nossos olhares atentos, uma caixa de papelão é aberta. Dentro dela, podemos vê-lo, bem pequeno, delicadamente conservado dentro de um estojo.

"Então é ele? É mesmo ele?"

"*Da!*"

"É, ela disse que é."

"Obrigado, Lana. E foi só isso que sobrou?"

"*Da!*"

"Não precisa traduzir, Lana."

De perto, o estojo é muito parecido com um porta-disquetes. E de fato é um porta-disquetes. O crânio de Hitler está guardado num porta-disquetes! Sejamos mais exatos: estamos diante do pedaço de crânio apresentado pelas autoridades russas como sendo de Hitler. O troféu de Stálin! Um dos segredos mais bem guardados da União Soviética e, depois, da Rússia pós-comunista. Para nós, o término bem-sucedido de um ano de espera e pesquisa.

É preciso visualizar a cena para compreender a estranha sensação que nos invade. Uma sala retangular, grande o suficiente para abrigar uma dezena de pessoas. Uma mesa, também retangular, de madeira escura laqueada. Na parede, uma série de desenhos em molduras vermelhas. "Cartazes originais", ficamos sabendo. Datados da época revolucionária. A Revolução, a grande, a russa, de Lênin. De outubro ou novembro de 1917, dependendo do calendário adotado, juliano ou gregoriano. Com ilustrações de intrépidos operários esfomeados. Seus braços fortes erguem uma bandeira escarlate perante o resto do mundo. Um capitalista, um opressor do povo, cruza o caminho deles. Como reconhecemos o capitalista? Veste um terno de bom corte, usa cartola e exibe uma barriga grande e volumosa. Sua figura exala a presunção dos poderosos diante dos mais fracos. No último cartaz, o homem de cartola perde a empáfia. Jaz de costas no chão, a cabeça esmagada pelo enorme martelo dos operários.

Símbolos, sempre símbolos. Por mais poderoso que seja, você acabará esmagado, sua cabeça esmigalhada pela resistência do povo russo. Hitler teria conhecido esses desenhos? Com certeza não.

Uma pena para ele, pois os russos também acabaram tirando sua pele. Seu crânio, para ser mais exato.

Mas voltemos à descrição da cena.

O pequeno cômodo em que estamos, uma sala de reunião com bafio revolucionário, fica no térreo do GARF, bem ao lado da sala das secretárias onde esperamos pacientemente pelo retorno da diretora, Larisa Alexandrovna Rogovaya. Mulher opulenta, na casa dos cinquenta anos, ela não impressiona os interlocutores apenas pela presença física. Sua calma e seu carisma natural a distinguem dos simples funcionários moscovitas. Ao voltar do Kremlin, ela atravessa a secretaria e entra no gabinete sem olhar para nós. Lana e eu estamos sentados nas duas únicas poltronas do recinto. Um enorme fícus separa uma poltrona da outra e invade generosamente nosso exíguo espaço vital. Mesmo sob intensa concentração, mesmo com muita pressa, seria impossível não notar a presença de dois seres humanos ao lado da planta gigantesca. São quatro horas da tarde. Nós nos levantamos de um salto, esperançosos. O telefone toca. "Na sala ao lado? A de reunião? Em trinta minutos..." A secretária gentil repete as ordens que recebe. Lana se vira para mim, sorrindo. Enfim.

Em silêncio, a diretora senta à cabeceira da grande mesa retangular. Atrás dela, de pé como em posição de sentido, estão dois funcionários. À direita, uma mulher de idade suficientemente avançada para poder pleitear, já há muitos anos, uma merecida aposentadoria. À esquerda, um homem de aparência espectral, muito ereto, como se saído de um romance de Bram Stoker. A mulher se chama Dina Nikolaevna Nokhotovich e é responsável pelos Arquivos Especiais. O homem, Nikolai Igorevich Vladimirtsev (ou apenas Nikolai), está à frente do departamento de conservação de documentos do GARF.

Nikolai deposita uma grande caixa de papelão na frente da diretora. Dina ajuda a abri-la. Depois, ambos recuam, com as mãos às costas, e fixam os olhos em nós. Uma postura de vigias prontos a intervir. Larisa, ainda sentada, encosta as mãos nas laterais da caixa, como para protegê-la, e nos convida a olhar seu interior.

Chegamos a pensar que não presenciaríamos este momento. Pela manhã, o pedaço de crânio ainda parecia inacessível. Depois de meses e meses de negociações intermináveis, de inúmeras solicitações formuladas por e-mail, carta, telefone, fax (sim, o fax continua em alta na Rússia), de ligações para funcionários relutantes, finalmente nos vemos diante deste fragmento de osso humano. Um resto de calota craniana, pouco mais de um quarto da parte posterior esquerda (dois ossos parietais e um pedaço do occipital, para ser mais exato), julgando a olho nu. O objeto de cobiça de historiadores e jornalistas do mundo todo. Terá pertencido a Hitler, como asseguram as autoridades russas? Ou a uma mulher na casa dos quarenta anos, como afirmou recentemente um cientista americano? Formular essas perguntas dentro do GARF seria o mesmo que falar de política, o mesmo que colocar em dúvida a palavra oficial do Kremlin. Opção impensável para a diretora do arquivo. Absolutamente impensável.

Larisa Rogovaya dirige o GARF há poucos dias, em substituição ao antigo diretor, Sergey Mironenko. Esse é um cargo extremamente político e delicado na Rússia da era Putin. Em nossa presença, ela mede cada uma de suas palavras. É a única que responde a nossas perguntas — os dois funcionários não abrem a boca. Sempre concisa, emite duas ou três palavras por vez, com o rosto constantemente crispado. A alta funcionária já parece lamentar ter atendido nosso pedido. Para falar a verdade, não atendeu nada. A ordem para nos deixar ver o pedaço de crânio veio de alguém acima dela. Quantos graus acima? Difícil dizer. Do Kremlin? Sem dúvida, mas de quem? Lana está convencida de que tudo emana do gabinete da presidência. Como na época da União Soviética, o Arquivo de Estado voltou a ser um recinto quase secreto. No dia 4 de abril de 2016, Vladimir Putin assinou um decreto determinando que a gestão dos arquivos e a publicação, o acesso e a abertura deles passavam a ser prerrogativa direta do presidente da Federação Russa, ou seja, dele próprio. O período de abertura dos documentos históricos, iniciado por Boris Iéltsin, chegava ao fim. O carismático diretor do GARF, Sergey Mironenko, amigo de tantos historiadores estrangeiros e defensor de acesso quase livre às centenas de milhares de peças históricas de sua instituição, saiu de cena. "Menos comentários, mais documentos. Os documentos devem falar por si", ele gostava de responder aos colegas espantados com sua política de abertura. Mas tudo tem um fim, e Mironenko foi afastado. Seus 24 anos de bons e leais serviços na direção do GARF não o retiveram. Com uma canetada, o Kremlin o rebaixou. Não o licenciou, não o aposentou (aos 65 anos, ele teria direito), não o transferiu para outra área, simplesmente o rebaixou. À humilhação se somou a desgraça, pois a nova diretora não é ninguém menos que sua antiga subordinada, nossa querida Larisa Rogovaya. Stálin não teria feito melhor.

O decreto de Putin data de 4 de abril de 2016. No dia 6 de abril de 2016, estamos na frente da caixa com o pedaço de crânio. Não seria paranoia pensar que Larisa Rogovaya daria tudo para nos ver longe dali. Seu corpo manifesta a aversão que sente por nós, ou seu medo de acabar como Mironenko. Assim, quando pedimos para retirar o porta-disquetes da caixa de papelão, a tensão cresce sensivelmente na pequena sala. Larisa se volta para as duas sentinelas. Um breve conciliábulo tem início. Nikolai balança a cabeça em sinal de desaprovação. Dina tira uma folha do fundo da caixa de papelão, ajeita os pequenos óculos que a deixam com ar sagaz e se aproxima de Lana.

Enquanto isso, a diretora faz um sinal a Nikolai, mostrando que não mudou de ideia. Ele ainda está em dúvida, hesita um pouco. Depois, a contragosto, mergulha os braços finos na caixa e com toda a delicadeza retira o porta-disquetes.

"Vocês precisam assinar a folha de presença. Não esqueçam a data, a hora e o número do documento de identidade." Dina nos mostra como preencher o formulário. Lana assina com cuidado. Deixo-a escrevendo e começo a inspecionar o crânio. Nikolai intervém. Coloca-se na minha frente e, com um "tsc-tsc" irritado, indica meu erro. "Primeiro preencha a folha de presença", insiste a diretora. Lana pede desculpas por minha falta de jeito. Sou francês, estrangeiro. Ele não entende, ela tenta explicar sorrindo, envergonhada como se eu fosse uma criança hiperativa. Por que tantas precauções, por que a tensão? Mironenko passa na frente da porta da sala. Reconheço-o por tê-lo visto em várias reportagens ao longo de minhas pesquisas sobre o arquivo Hitler. Ele está sozinho no corredor. Arrasta o corpo pesado e encurvado como uma grande carcaça sem nos lançar um único olhar. Mironenko sabe o que estamos fazendo. Antes, era ele quem recebia os jornalistas. O crânio é seu velho conhecido. São 17h30. Ele já está de casaco, o gorro esconde alguns fios grisalhos, seu dia chega ao fim. O de Larisa, não. "Tudo deve ser feito segundo as regras. Os tempos mudaram, precisamos ser prudentes", diz a diretora enquanto Mironenko sai do prédio. "Recebemos o sinal verde da administração central para deixar que vejam o crânio, mas temos contas a prestar." Compreendemos, é claro, nenhum problema. É tudo que Larisa quer ouvir de nós. O crânio, ou o que resta dele, volta a ser fonte de discórdia, de polêmica, entre a Rússia e... boa parte do mundo. Seria mesmo de Hitler? Seria uma mentira do governo? Larisa já esperava a pergunta fundamental, sobre a autenticidade dos ossos. Sua resposta cabe em duas palavras: "Tenho certeza!". Dina e Nikolai, seus adjuntos, também têm. Nós não temos. "Como podem ter tanta certeza?" Larisa recita algumas frases prontas, preparadas, repetidas mecanicamente à perfeição. Anos de pesquisa, de análises, de verificações efetuadas pela KGB e pelos cientistas soviéticos, os melhores... O crânio é de fato dele, de Hitler. "Em todo caso, oficialmente, é dele." Pela primeira vez, a diretora do GARF modula seu discurso. A certeza vacila um pouco. "Oficialmente" não é um termo anódino. O crânio não é cientificamente, mas "oficialmente", de Hitler.

Lana termina de preencher a ficha. Nikolai some da minha frente como que por um passe de mágica. O porta-disquetes e o crânio são nossos. Aproximamos o rosto da tampa plástica. Um adesivo grande da marca do disquete atrapalha nossa visão. Nós nos contorcemos para tentar enxergar melhor, mas isso não ajuda em nada. Com um gesto, pergunto se é possível abrir a tampa.

A chave? Minha mímica funciona. Nikolai tira uma pequena chave do bolso e destrava a fechadura. Depois volta a se posicionar atrás de nós. Mas não abre a tampa. Repito então minha mímica. Dessa vez, faço o gesto de abrir, de levantar. Repito-o duas vezes, lentamente. Larisa pisca, Nikolai entende e abre a caixa, resmungando. O crânio enfim surge à nossa frente.

Fragmento de crânio atribuído a Hitler por Moscou e conservado nos arquivos do GARF.

O crânio de Hitler. Um fragmento ósseo guardado dentro de um banal porta-disquetes dos anos 1990. Que ironia para aquele que queria dominar uma parte da Europa e sujeitar milhões de seres humanos. Hitler, que temia acabar numa vitrine de Moscou, exibido pelo inimigo russo como um simples troféu. Não teve direito nem às honras de uma apresentação digna de sua importância para a história contemporânea: a da encarnação do Mal absoluto. Os russos o conservam nos subterrâneos de seus arquivos e, conscientemente ou não, tratam-no com a consideração que teriam pelos restos mortais de um cão. E, se é tão difícil obter a permissão de vê-lo, não é porque os russos temem deteriorá-lo ou alterar seu estado de conservação, mas por razões políticas. Ninguém deve examiná-lo ou questionar sua autenticidade. O crânio pertenceu a Hitler. Sobre isso não paira a menor dúvida. Ao menos para os russos.

Para ser sincero, fico um pouco decepcionado. Então esse é o elemento mais secreto dos arquivos russos, um reles pedaço de osso guardado dentro de um porta-disquetes? Pensar que talvez se trate do último vestígio humano de um dos maiores monstros políticos da história acrescenta à decepção uma sensação de repulsa. Mas nada de arrefecer. É preciso voltar à pesquisa e lembrar o motivo que nos trouxe aqui: desvelar as últimas horas de Hitler. Para isso, precisamos fazer as perguntas certas. Onde o crânio foi encontrado? Por quem? Quando? E, acima de tudo, como provar que pertenceu mesmo a Hitler? Queremos respostas. Para começo de conversa, precisamos analisar o crânio. "Analisar?", espanta-se Larisa, que interrompe minha conversa em inglês com Lana. "Sim, fazer alguns testes... De DNA, por exemplo. Trazer um especialista, um médico-legista..." Lana traduz para o russo nossa solicitação. Educadamente, a diretora ouve sem interrompê-la. "Assim, não teremos mais dúvidas. Nenhuma. Será o fim dos questionamentos sobre a identidade do crânio. É Hitler com toda certeza. Não acha importante?" Queremos acabar com os rumores mais absurdos sobre o fim do tirano nazista. Hitler no Brasil, no Japão, no polo Sul...

Berlim, maio de 1945

Como um monstro lendário, uma terrível assombração, Hitler desperta muitos medos. Desde a queda de Berlim, em 2 de maio de 1945, persiste uma pergunta: ele morreu ou fugiu? Segundo os sobreviventes de seu bunker, Hitler se suicidou em 30 de abril de 1945. Depois, seu cadáver foi queimado, para não ser encontrado. É justamente a ausência do corpo que desencadeia uma série de rumores sobre uma eventual sobrevivência do Führer. Em 8 de maio de 1945, Leonid Leonov, autor aclamado pelo regime soviético, publica um texto exaltado no jornal *Pravda*: "Exigiremos a prova material de que o caporal-estratego não se transformou em lobisomem. As criancinhas do mundo poderão dormir tranquilas em seus berços. Os exércitos soviéticos e seus aliados ocidentais querem ver o cadáver do Führer em 'tamanho natural'".[1] Foi dada a largada. Enquanto a prova derradeira, "em tamanho natural", não for apresentada, o fantasma de Hitler continuará assombrando a todos. E os testemunhos de sua sobrevivência continuarão se multiplicando.

Alguns desses relatos se baseiam em fatos reais. Um deles chega a lembrar um roteiro de filme de espionagem. Trata-se do périplo do U-530 — U de *Unterseeboot*, submarino em alemão. Depois da queda do Terceiro Reich, esse submarino se recusa a se entregar aos Aliados e chega à costa argentina em 10 de julho de 1945. Provavelmente leva a bordo passageiros secretos.

O posto de comando do U-530 está nas mãos de um jovem oficial, talvez jovem demais. Ele se chama Otto Wermuth e tem apenas 24 anos. Esse simples *Oberleutnant zur See* (oficial de primeira classe) foi promovido, em 10 de janeiro de 1945, a comandante de submarino de combate. Nesse último ano de guerra, a Kriegsmarine (Marinha de guerra alemã) sofre, como o restante dos exércitos do Reich, de uma incontestável falta de oficiais treinados. Otto Wermuth não é exatamente um iniciante, mas ainda não teve tempo de provar suas capacidades. Engajou-se na Kriegsmarine no início da guerra contra a Polônia, a França e o Reino Unido, em setembro de 1939. Tinha então dezenove anos e nenhum traço da figura marcial do guerreiro ariano louvado pelo regime. Antes, lembrava um estudante refinado, com o rosto alongado, uma silhueta igualmente fina beirando a magreza e um olhar quase infantil. Ele logo foi designado à divisão "U-boot" da Marinha de guerra nazista. Terminada sua formação, partiu em missão, em setembro de 1941, como oficial de bordo no posto de observação. Quando, em janeiro de 1945, Wermuth se vê à frente do U-530, um submarino de última geração e grande raio de ação, está em seu primeiro posto de comando. A embarcação que lhe é entregue impressiona. Tem mais de 76 metros de comprimento, com capacidade para 56 homens. Provido de lança-torpedos e minas, além de um canhão de convés, é uma arma temível. Mas o jovem comandante não tem tempo de provar seu poderio.

Enviado em missão ao largo da costa americana em abril de 1945, o U-530 lança nove torpedos ao sul de Long Island, perto da baía de Nova York, na direção dos navios aliados. Todos os ataques fracassam. Nenhuma bomba acerta o alvo. Wermuth é informado da capitulação alemã e recebe ordens do Estado-Maior para se render. Ele se recusa a fazê-lo e foge para a Argentina. O país vive, à época, uma ditadura militar. Embora os dirigentes argentinos, pressionados pelos Estados Unidos, tenham declarado guerra à Alemanha em 27 de março de 1945, continuam sentindo certa admiração pelo modelo nazista. Em 10 de julho de 1945, depois de um périplo de dois meses, o U-530 atraca quatrocentos quilômetros ao sul de Buenos Aires, na cidade de Mar del Plata. Wermuth se entrega junto com o navio e a tripulação. A notícia se espalha rapidamente. E, com ela, a dúvida a respeito da presença de Adolf Hitler e Eva Braun, sua mulher, no submarino. Além da atração pelo fascismo, a Argentina abrigava, na Patagônia, uma comunidade alemã que vivia em cidadezinhas em estilo bávaro. O cenário perfeito para o roteiro de um Hitler refugiado na América Latina.

Assim que desembarca, Wermuth é interrogado pela Marinha argentina e pela americana. Suspeita-se que o oficial alemão tenha atracado à noite em outras pequenas cidades, algumas horas antes de sua rendição, em 10 de julho. Teria aproveitado para desembarcar passageiros ou documentos? Em 14 de julho de 1945, o adido naval americano com base em Buenos Aires envia um memorando a Washington, no qual relata a chegada de um submarino que teria desembarcado duas pessoas não identificadas.

A imprensa argentina também se interessa pela aventura do U-530 e lança artigos e mais artigos a respeito de um Hitler ainda vivo. Um deles, publicado em 18 de julho na revista *Critica*, afirma que o ditador alemão teria encontrado refúgio no polo Sul, numa região com temperatura ainda suportável. Para acabar com esses rumores, César Ameghino, ministro argentino das Relações Exteriores, se vê obrigado a intervir oficialmente. No mesmo dia em que sai o artigo, ele divulga um desmentido formal. Hitler não fora deixado por nenhum submarino alemão na costa argentina.

Mesmo assim, o FBI decide investigar as pistas sul-americanas. O célebre serviço secreto americano recebe relatórios surpreendentes de seus agentes. Em especial a respeito de Robert Dillon, um ator medíocre de Hollywood. Em 14 de agosto de 1945, ele contata o FBI e declara ter conhecido um argentino que teria participado da recepção de Hitler no país. De novo a história do submarino! Dillon vai mais longe nos detalhes. O Führer teria desembarcado com duas mulheres, um médico e cerca de cinquenta homens. Eles teriam se escondido no sul dos Andes. Hitler sofreria de asma e de úlceras; também teria tirado o bigode. Depois da verificação dos serviços especiais americanos, o "furo" de Dillon permanece sem desdobramentos.

Com o passar dos anos, relatórios como esse se acumulam nos gabinetes do FBI. Tratam de Hitler, mas também da presença de outros nazistas no Brasil, no Chile, na Bolívia e, é claro, na Argentina. Nem todos os rumores são despropositados. Operações de retirada de criminosos nazistas de fato existiram. Uma das mais conhecidas é a rede Odessa. Durante anos, ela permitiu que oficiais do Terceiro Reich fugissem da Europa. Também é verdade que a Argentina ofereceu asilo a inúmeros torturadores nazistas. Dentre os mais célebres, Josef Mengele (médico do campo de concentração de Auschwitz responsável por sádicos experimentos com os prisioneiros), Adolf Eichmann (artífice ativo da "solução final") e Klaus Barbie (chefe da Gestapo de Lyon). Mas nem sinal de Adolf Hitler.

Dez anos depois da capitulação nazista, em julho de 1955, a Justiça alemã finalmente decide acabar de uma vez por todas com o arquivo Hitler. O tribunal de Berchtesgaden, pequena cidade de 7 mil habitantes na Baviera, é nomeado para dirigir as investigações. Escolha puramente simbólica: o ditador alemão adorava visitar a cidade, onde construíra sua residência de férias, o Berghof. Será, pois, um tribunal de província que determinará juridicamente a condição do Führer: morto ou vivo. O momento não deve nada ao acaso. Coincide com o retorno à Alemanha de prisioneiros nazistas detidos pelos soviéticos. Testemunhas-chave das últimas horas do Führerbunker, o abrigo antiaéreo onde o ditador vivera seus últimos dias. Esses homens próximos a Hitler foram capturados pelo Exército Vermelho e secretamente encarcerados em prisões soviéticas. Seus depoimentos nunca vieram a público nem foram repassados aos aliados ocidentais. Menos ainda à Justiça alemã. Em 1955, porém, Moscou aceita libertar os últimos criminosos de guerra nazistas que apodrecem em suas masmorras. Um gesto político que tem um custo para a Alemanha Ocidental, que em troca se compromete a estabelecer relações diplomáticas e econômicas com a União Soviética. A Justiça alemã interroga os altos dignitários do Terceiro Reich assim que eles voltam ao país. Graças a eles é possível concluir pela morte de Adolf Hitler e de sua mulher, Eva Braun, por suicídio, no dia 30 de abril de 1945.

Em 25 de outubro de 1956, o casal Hitler é oficialmente declarado morto pelo tribunal de Berchtesgaden.

A partir desse dia, o fim do líder do Terceiro Reich pode ser registrado e entrar para os livros de história do mundo inteiro. O FBI também interrompe suas investigações: durante uma década os serviços secretos americanos haviam conduzido investigações no mundo inteiro. É com certo alívio que Washington aceita a evidência do suicídio de Hitler no bunker. No entanto, falta o mais importante: o corpo. Não existe, à época, nenhuma prova física de sua morte.

Até o surgimento do crânio.

Início dos anos 2000. A União Soviética não existe há oito anos, desde que foi dissolvida no dia 25 de dezembro de 1991. Uma nova Rússia tenta se erguer das ruínas de um regime comunista que agonizou por anos. Sua condição de superpotência é perdida junto à foice e ao martelo de sua bandeira. O tratamento de choque liberal que Iéltsin conduz aceleradamente abala o equilíbrio social e econômico já precário do país. Aos olhos do mundo, o perigo vermelho e seu enorme arsenal nuclear desaparecem para sempre. A nova Rússia não assusta mais ninguém. O povo se sente humilhado.

Em 2000, as esperanças renascem no Kremlin. Um novo presidente toma as rédeas do país. Ele é jovem e um pouco tímido, mas rompe com a década Iéltsin com uma seriedade e uma sobriedade bem-vindas. Ele se chama Vladimir Putin e tem apenas 47 anos. O tenente-coronel da KGB tem uma obsessão: restabelecer o esplendor de seu país e voltar a posicioná-lo no centro do tabuleiro geopolítico mundial. Primeiro, pretende lembrar a todos de que a Rússia é uma grande potência militar. E que foi ela que venceu a guerra contra Hitler.

Em 27 de abril de 2000, às vésperas do 55º aniversário da vitória sobre a Alemanha nazista, Moscou organiza uma grande exposição de seus arquivos secretos. O título da mostra não deixa dúvida sobre as intenções do presidente russo: "Agonia do Terceiro Reich: o castigo". Algo do tipo nunca foi visto. São exibidos ao público 135 documentos inéditos. Peças que os historiadores da Segunda Guerra Mundial sonhavam consultar fazia meio século. Relatórios dos serviços secretos soviéticos classificados como "top secret", fotografias, objetos... Tudo o que permite tirar o véu que cobre os últimos momentos de Hitler em seu bunker. O diário de Martin Bormann, secretário e frequentador do círculo privado do Führer, também é exibido. "Sábado, 28 de abril: a Chancelaria do Reich não passa de um amontoado de ruínas. O mundo está por um fio. [...] Domingo, 29: tempestade de fogo sobre Berlim. Hitler e Eva Braun se casaram." Fotos dos filhos de Goebbels, correspondências de oficiais nazistas, como o arquiteto do regime e ministro do Armamento, Albert Speer: "Hitler se decompõe a olhos vistos. Transformou-se numa pilha de nervos e perdeu totalmente o autocontrole". Mas a grande atração está em outra parte. Numa sala especial. Um artigo do *Le Monde* descreve o local: "No meio de uma sala forrada de veludo vermelho, um fragmento calcinado de crânio, com um furo de bala, ocupa o lugar de honra atrás de uma vitrine".[2]

A exposição é um sucesso mundial. Todas os grandes meios de comunicação ocidentais vão visitá-la. As autoridades russas vencem a aposta. Ou quase. Logo começam a surgir dúvidas sobre a autenticidade do crânio. As perguntas da imprensa constrangem os organizadores, incluindo o diretor do Arquivo de Estado, o famoso Sergey Mironenko. O mesmo com quem cruzamos nos longos corredores do GARF. Em 2000, ele não caminha rente às paredes, mas avança de cabeça erguida. Reina como um tsar sobre os arquivos russos. Jornalistas e historiadores o adulam com doses de vodca e outras bebidas fortes, querendo cair em suas boas graças. E, principalmente, querem conseguir autorização de se aproximar do pedaço de crânio exumado dos arquivos secretos. Em plena exposição, a pouca fé dos ocidentais deixa o orgulhoso Mironenko numa situação delicada. Como se pode afirmar que aquele fragmento humano pertenceu a Hitler? Ele ouve essa pergunta inúmeras vezes. Por mais que diga não ter nenhuma dúvida sobre sua autenticidade, ele percebe que sua resposta não basta. Alexei Litvine, um dos curadores da exposição, reconhece: "É verdade que não fizemos uma análise de DNA, mas todos os testemunhos concluem que se trata realmente de Hitler".³ Testemunhos? Não foi feita uma análise científica indiscutível? É nesse momento que Mironenko toma consciência de que corre o risco de perder o controle da situação e reavivar a polêmica sobre o desaparecimento de Hitler.

Em vez de recuar, ele toma a frente e ousa ir mais longe. Uma nova perícia? Realizada por cientistas estrangeiros? Sem problema! O diretor do Arquivo de Estado fica muito orgulhoso de si mesmo. E nunca mais consegue fechar a caixa de Pandora que acaba de entreabrir.

É claro que as autoridades russas jamais autorizam essas análises. No entanto, a disposição de Mironenko faz renascer as esperanças e, com ou sem autorização, o crânio se torna o último mistério da Segunda Guerra Mundial a vir à tona.

Larisa Rogovaya foi assistente de Mironenko por muitos anos. Hoje, a mais nova diretora do GARF faz uso dos mesmos métodos de seu ilustre predecessor. Nunca se opõe frontalmente aos jornalistas. Ao redor da grande mesa retangular, somos quatro pessoas em pé a olhar para o crânio. Lana, os dois arquivistas, Dina, Nikolai e eu cravamos os olhos nos ossos amarronzados. Mas não Larisa, que continua sentada numa grande poltrona de couro preto falso. Ela parece quase se divertir em nos ver tão impressionados e sequiosos por ir além. Já esperava nossa intenção de solicitar uma perícia. Como Mironenko fez há dezesseis anos, ela reitera a possibilidade de se levar a cabo as análises. Chega a dizer que sonha com elas. "Para nós, seria uma bela oportunidade", diz, oferecendo-nos o primeiro sorriso desde nossa chegada. "Sim, seria perfeito. Vamos apoiar vocês, podem contar conosco." Dina e Nikolai aquiescem em coro. "Seria uma oportunidade de restabelecer a verdade. E de dar um basta àquela polêmica desastrosa desencadeada há alguns anos por aquele suposto pesquisador americano."

A súbita careta de Larisa revela sua profunda contrariedade. Os dois funcionários se retesam de repente, como se tivessem recebido um balde de água fria na cabeça. A muito custo eles mantêm a compostura. Qual é o motivo do mal-estar? A diretora do GARF se refere ao trabalho efetuado por uma equipe de pesquisadores norte-americanos em 2009. O caso repercutiu muito à época. Nick Bellantoni, um professor de arqueologia de uma universidade de Connecticut, nos Estados Unidos, afirmou ter uma amostra do crânio. Ela foi analisada pelo laboratório de genética da universidade. E o resultado foi divulgado num documentário para a televisão do canal americano History Channel. "A estrutura óssea parece muito fina", descreveu o arqueólogo americano. "Os ossos masculinos são bem mais robustos e as suturas que unem as diferentes partes do crânio correspondem a um ser humano de menos de quarenta anos." Bellantoni desmontou o argumento das autoridades russas. Baseado em testes de DNA, afirmou que o crânio conservado em Moscou pertencia a uma mulher. E que não tinha nada a ver com Hitler. As dúvidas voltaram à tona. As teorias de complô e da fuga do Führer encontraram novo eco nas revelações norte-americanas.

O furo de Bellantoni foi imediatamente replicado na imprensa do mundo inteiro. Os russos tinham mentido por anos a fio — era essa a notícia. Para Moscou, a afronta foi dolorosa e humilhante. Ainda hoje, difícil de ser engolida. Sobretudo porque a direção do GARF afirma nunca ter recebido o arqueólogo dentro de seus muros. E muito menos ter dado autorização para coleta de amostra. Dina pega a ficha de presença preenchida por Lana. Alguns nomes precedem os nossos: os raros visitantes que tiveram o privilégio de ver o crânio. Em mais de vinte anos, não passam de dez. Dina nos apresenta aquela prova de sua boa-fé. "Todas as equipes de jornalistas e de pesquisadores que viram o crânio assinaram este documento. Vejam que o nome desse americano não consta da lista. Ele não esteve aqui." Sua passagem pela sede do GARF foi curiosamente deixada fora dos registros. Ao contrário da nossa. Nick Bellantoni não nega a singularidade administrativa. Quando lhe fazemos essa pergunta por e-mail, ele simplesmente responde que "todos os procedimentos necessários a meu trabalho nos arquivos russos foram dirigidos pelos produtores do History Channel. Portanto, não surpreende que meu nome não apareça na lista. Tudo deve estar no nome do canal ou dos produtores". Seu argumento é refutado pela diretora do Arquivo. Para não deixar dúvidas, ela nos envia uma carta oficial: "Informamos que o GARF não assinou acordos com nenhuma emissora de televisão, nem com o sr. Bellantoni ou com qualquer outra pessoa, para que exames de DNA fossem realizados a partir do fragmento do crânio de Hitler". O arqueólogo americano teria agido sem autorização? Para a imprensa russa, essa é a única resposta. O caso se tornou um escândalo nacional. O arqueólogo de Connecticut se viu no centro de uma polêmica quase ideológica: Oeste contra Leste, o bloco capitalista contra o antigo bloco comunista. Na emissora NTV (próxima do poder russo), em 2010, um programa inteiro é dedicado ao "furo" de Bellantoni. Diante de historiadores russos da Segunda Guerra Mundial e de outras personalidades conhecidas que viveram a guerra, o americano tenta apaziguar os ânimos. E, acima de tudo, procura não ser visto como um saqueador de arquivos. Ele garante ter trabalhado dentro da lei. "Recebemos uma autorização oficial do Arquivo de Estado russo, com quem firmamos contrato para realizar nosso trabalho." Essa afirmação foi refutada pelo GARF, como vimos.

Na entrevista de Nick Bellantoni à NTV, o apresentador o interroga a respeito das análises efetuadas no crânio. "Vocês deram início aos trabalhos retirando pessoalmente algumas amostras do crânio..."

Bellantoni: "Não. Não fizemos isso! [...] Vocês sabem que é muito difícil trabalhar com restos queimados. Para os geneticistas, é um verdadeiro pesadelo analisar esse tipo de material. É extremamente difícil extrair, a partir dele, indicadores que determinem o sexo. Todavia, conseguimos estabelecer que os cromossomos presentes eram de uma mulher. Podemos concluir, portanto, que o crânio de vocês pertenceu a uma mulher. Talvez Eva Braun, mas não temos certeza".

No palco, uma mulher de idade avançada se destaca entre os convidados. É Rimma Markova, uma atriz famosa por ter trabalhado em filmes soviéticos, encarnando a nostalgia do regime stalinista. Do alto de seus 85 anos, ela fala com veemência: "Como conseguiu essas amostras? Está anunciando ao mundo que as roubou? Deve ser preso pelo que fez".

Bellantoni: "Na condição de cientista, fui convidado a analisar esse crânio".

Rimma Markova: "Então nos diga quem lhe forneceu as amostras. Funcionários do Arquivo ou representantes de sua emissora de televisão?".

Sempre a mesma pergunta. Bellantoni é posto contra a parede. Sucumbirá à pressão ao vivo?

Bellantoni: "Fomos autorizados a analisar e retirar amostras. Fazia parte do contrato. Quero enfatizar, mais uma vez, que trabalhei nesse projeto enquanto cientista. Se quiser mais detalhes, pergunte aos responsáveis da emissora".

Sete anos se passaram. Pedimos a Nick Bellantoni que ele nos explique como conseguiu os fragmentos de crânio. Ele não tarda a responder: "Nossa equipe foi autorizada a ficar com alguns pequenos fragmentos de osso queimado que tinham caído do crânio. Não danificamos nem retiramos amostras do crânio em si [...]. Eu não trouxe os fragmentos comigo para os Estados Unidos. Eles nos foram remetidos pelos produtores quando voltamos à universidade. Imagino que tenham sido entregues por algum funcionário oficial. Vocês podem verificar isso com o History Channel".

É o que fazemos.

A produtora do documentário se chama Joanna Forscher. Sua resposta tem o mérito da concisão: "Ouvi essa pergunta muitas vezes e, infelizmente, não posso revelar detalhes de como tivemos acesso ao crânio". Ela conclui com uma observação misteriosa: "As circunstâncias desse acesso não podem mais ser reproduzidas, de todo modo".

Sete anos depois da passagem de Bellantoni e da equipe do History Channel, o mistério continua intacto. O GARF ficou profundamente traumatizado.

Larisa cerra os dentes. Sua cólera não se dirige a nós. Seus olhos fuzilam Dina e Nikolai. Um caso de corrupção? Um funcionário foi pago para deixar o pesquisador americano por alguns instantes com o "troféu" de Stálin? "Não sabemos o que aconteceu", corta a diretora, levantando-se. "O certo é que tudo foi feito de maneira ilegal, e portanto negamos os resultados das análises."

Nosso encontro está prestes a ser encerrado. Precisamos encontrar um meio de prolongá-lo, de conseguir convencer a diretora de nossa boa-fé. Também queremos fazer alguns testes com o crânio. Quem pode nos fornecer autorização? A pergunta, fundamental, a única que importa, é feita por Lana no momento em que Larisa sai da sala. Não obtemos resposta. Sem se desencorajar, Lana a segue pelo corredor, insistindo. Elas alcançam a secretaria — mais alguns metros e a diretora terá chegado a seu gabinete. A etiqueta russa impede segui-la a partir dali sem ser convidado. "O que devemos fazer?", repete Lana, da maneira mais educada possível. "Devemos tratar diretamente com a senhora? Com o gabinete presidencial?" Larisa se vira, irritada. "Comigo não, certamente", ela garante. Então continua: "Tentem com o gabinete de Investigações! Seria, sem tirar nem pôr, um inquérito criminal, sobre um cadáver, um pedaço de cadáver. O departamento de Justiça é o único que pode reabrir o inquérito". O cinza das paredes que nos cercam nunca me pareceu tão deprimente. O cerco se fecha. A burocracia russa, filha hedionda de setenta anos de sovietismo, está à espreita, pronta para nos esmagar. "Sei que pode levar alguns meses, mas vou apoiar sua solicitação." Larisa percebe nosso abatimento. Ela parece quase desolada. "Não se preocupem", acaba dizendo. *Spasiba, spasiba*. Lana agradece e faz sinal para que eu a imite. O rosto da diretora se desanuvia mais uma vez. "A propósito, quem realizaria as análises? Encontrem uma pessoa cientificamente irrepreensível e que não seja americana. Acima de tudo, que não seja americana."

Moscou, outubro de 2016

Guerra na Síria, conflito na Ucrânia devido à anexação da Crimeia, possível ingerência nas eleições americanas... Quanto maior o número de crises ligadas à Rússia, maior o número de razões para que o regime de Putin se feche sobre si mesmo e complique ainda mais nossas pesquisas nos arquivos nacionais. "O momento não é oportuno", ouvimos dos diferentes gabinetes da tentacular administração russa. No mês que vem as condições estarão melhores, depois das férias de verão, depois das férias de outono... Seis meses se passam. Três novas visitas à cidade de Ivan, o Terrível, três passagens de ida e volta Paris-Moscou, e para conseguir o quê? Nada! Larisa continua sendo diretora do GARF, mas não nos responde. Suas secretárias a blindam com uma habilidade impressionante. Minha colega Lana cresceu nesse país, numa época em que ele ainda se chamava União Soviética. Ela compreende a reação das autoridades russas. "Aos olhos de meus compatriotas, o Ocidente não quer nosso bem, nos rejeita", Lana me explica. "Nossa investigação sobre o paradeiro de Hitler não é anódina. O crânio é um símbolo forte na Rússia, de nosso sofrimento durante a Segunda Guerra Mundial, de nossa resistência e de nossa vitória. Desde que foi apresentado ao grande público, sua autenticidade vem sendo questionada. E com isso nos roubam um pouco do glorioso passado da União Soviética."

Quando um desses questionamentos vem de um americano, patrocinado por uma universidade americana, no quadro de um documentário para uma emissora... americana, os russos não o consideram mero acaso. Só pode se tratar de uma tentativa de desestabilização por parte do antigo aliado. Mais de setenta anos depois de maio de 1945, Washington e Moscou continuam disputando a paternidade da vitória final sobre Hitler. O que torna qualquer investigação sobre os arquivos russos sobre o Führer muito delicada. E, acima de tudo, complicada.

Human factor. Lana não dá o braço a torcer. Como um mantra protetor, uma fórmula cabalística, ela repete essas duas palavras em voz alta. "Em meu país", ela insiste, "não se deve agir racionalmente, mas se deixar levar pelo instinto e apostar nas falhas dos interlocutores." O fator humano, portanto. Já que nossas inúmeras solicitações oficiais não dão em nada, vamos apostar tudo em nossa audácia.

Avenida Kholzunova, bairro chique localizado numa das alças do rio Moscou. Sede do GARF, o Arquivo de Estado da Federação Russa.

Depois de inúmeras visitas regulares ao local, os diferentes turnos do serviço de segurança não guardam mais nenhum segredo para nós. Preferimos as terças-feiras. Nesses dias, os controles na recepção são efetuados por uma militar bastante simpática, que não tem nada do bigodudo severo e obtuso das segundas, ou do simplório narigudo das sextas. Pequena e alegre, a guarda das terças sempre aciona a roleta e nos deixa passar sem problema.

Nesta terça-feira úmida de outono, seus bons modos continuam os mesmos. Ela adivinha a razão de nossa visita. "De novo Hitler?" Quem ainda não sabe disso no GARF? "Que setor vão visitar dessa vez?", ela pergunta, procurando nossos nomes no registro. "Ah, vocês vão ver Dina Nikolaevna Nokhotovich! Sabem onde encontrar Dina, imagino... Sempre reto, último prédio ao fundo do pátio..." Lana termina a frase por ela: "Porta do meio, quarto andar, primeira à esquerda". O tom da conversa se pretende descontraído. No entanto, nem Lana nem eu nos sentimos à vontade. Apostamos tudo nessa visita.

Dina Nokhotovich nos acompanhava quando vimos o crânio seis meses antes com a diretora do GARF. Ela estava ao lado de um colega, o pálido Nikolai. É como se Dina não envelhecesse. O tempo deixou de passar para a mulher pequena e enérgica. Quem sabe as salas escuras do Arquivo de Estado russo não escondem um poder mágico, uma espécie de bolha temporal? Por que não? O simples fato de subirmos a pé até seu gabinete nos dá a impressão de mergulhar num passado remoto, o da utopia soviética totalitária. Cada andar percorrido nos leva dez anos para trás. À medida que subimos, o desgaste dos degraus e das paredes se intensifica. Ao pisar no quarto andar, voltamos quarenta anos no tempo. Estamos em plena década de 1970. A era Brejnev. Exatamente aquela em que ainda vive, e sempre vai viver, a chefe dos Arquivos Especiais do GARF, Dina Nokhotovich.

A ideia de uma conversa a sós com essa eminente funcionária do GARF não nos ocorreu imediatamente. O primeiro encontro, em abril passado, foi frio. Discreta e quase muda, passiva e depois quase hostil, Dina não demonstrou nenhum interesse por nossa investigação. Ao menos foi o que pensamos à época. Seu segredo ainda não nos fora revelado. Só o descobrimos recentemente, na véspera desse encontro em fins de outubro. Lana e eu fazíamos nova consulta a documentos de arquivo na sede do

GARF. Uma jovem funcionária demonstrou surpresa ao nos ver ali mais uma vez. Embora extremamente tímida, acabou perguntando o motivo de nossas visitas. O crânio de Hitler, sua morte, a investigação... E a expectativa de uma análise dos restos humanos. "Dos ossos? Mas foi Dina quem os encontrou." O crânio?! Nossa reação foi tão acalorada que acabou assustando a jovem. Azar. Precisávamos saber mais. Então Dina tinha encontrado o crânio, mas como? Quando? Onde? "Vejam isso com ela...", reagiu nossa informante, na defensiva. "Dina está ali, perguntem diretamente a ela." A chefe dos Arquivos Especiais, nossa novíssima amiga, encerrava um dia que se iniciara cedo demais e que devia ter sido cansativo. Enquanto a velha arquivista fechava uma espessa porta blindada — uma das inúmeras que levam às estantes de arquivos —, Lana colocou em prática sua teoria do *human factor*. Fracasso. Dina resistiu. O que queríamos com ela? Não tinha tempo. Nem vontade. Lana não encontrava nada a que se agarrar, nenhum meio de abordá-la. E o orgulho? Poderia funcionar. "Não acha errado o nome da senhora nunca ser mencionado em todos os artigos sobre o crânio de Hitler?" Pedi a Lana que traduzisse minha pergunta palavra por palavra. Ela o fez à perfeição. Continuei falando, sem deixar Dina responder. "Acabamos de ser informados de que o crânio ressurgiu graças à senhora! Foi uma descoberta histórica, fundamental. O público precisa saber disso." *Da, da.* Dina respondia com vários "*da*". "Sim." Ela aquiesceu. O corredor em que conversávamos não chegava a dois metros quadrados. Contava com três portas e um elevador. O oposto do lugar ideal para conseguir uma confissão. "A senhora não gostaria de tomar um chá? Seria mais confortável conversar em algum outro local..." Erro de principiante, desconhecimento da cultura russa. Mais tarde, Lana explicou minha gafe. No país, um homem nunca pode convidar uma mulher para beber alguma coisa, mesmo que ela tenha a idade de sua avó. Um encontro em seu gabinete, no entanto, seria possível. Amanhã? "Por que não? Amanhã. Se quiserem. Mas duvido ter algo que interesse vocês", disse Dina, como uma colegial.

Se o nível de importância de um funcionário deve ser julgado pelo tamanho de seu gabinete, então Dina poderia ser algo como "atendente de banheiro". A uma enorme distância do cargo de chefe dos Arquivos Especiais do grande Arquivo de Estado de toda a Federação Russa. Que erro poderia ter cometido para ser colocada numa sala tão pequena e desconfortável? Com teto baixo e uma janela estreita pela qual até a cabeça de uma criança passaria com dificuldade, seu gabinete não pode receber mais que três pessoas sem que o ar se torne irrespirável. O acesso a ele se dá diretamente pelas escadas, no ponto em que, nos outros andares, ficam os banheiros. Por isso, "atendente de banheiro".

Uma farta cabeleira platinada com uma dezena de centímetros de altura balança lentamente à nossa frente sobre a mesa de fórmica. Dina está sentada e trabalha num ambiente de quase penumbra. Nossa chegada não perturba sua atividade. A cabeleira barroca resiste às leis da gravidade e permanece firmemente presa à cabeça. Nenhuma mecha ousa se separar. Será peruca? Sem nem mesmo levantar a cabeça, ela se dirige a Lana, lembrando que seu tempo é precioso. Garantimos que temos perfeita consciência disso e pedimos desculpa por interrompê-la durante um trabalho tão... Lana nunca hesita em exagerar. Dina a ouve com certo desprazer e finalmente decide olhar para nós. "Esqueci que tínhamos marcado esse encontro. Como disse ontem, não sei se posso ser útil em alguma coisa e, como podem ver, ainda tenho muitos documentos pela frente." Mas sua transformação é surpreendente. Comovente. Dina se arrumou como se fosse a um baile. Passou blush e batom. Rosa antigo ou mais para lilás? Em todo caso, de uma cor muito visível. Não, Dina não se esqueceu de nada. Estava à nossa espera. Pela primeira vez em muito tempo, Lana e eu relaxamos. A conversa vai correr bem.

Saigon é libertada. As tropas vietcongues saem vitoriosas depois de duas décadas de guerra. Nesse ano de 1975, a doutrina comunista triunfa e se espalha por todos os continentes. Mais do que nunca, a União Soviética influencia o resto do mundo e olha para os Estados Unidos de igual para igual. Em Moscou, as penúrias alimentares cessaram há muito tempo e as depurações políticas se tornaram mais raras. O futuro finalmente parece ser brilhante. Leonid Brejnev dirige o país há onze anos. Seu rosto fechado é o de um *apparatchik* sem muito brilho, mas menos aterrorizante que o de Stálin. É nessa União Soviética quase pacificada que Dina Nikolaevna Nokhotovich, aos 35 anos, vê sua vida mudar do dia para a noite. O GARF ainda não existe. Todos os órgãos estatais (um pleonasmo, pois na União Soviética o setor privado não existe) são qualificados por uma denominação de inegável espírito soviético. O órgão para o qual Dina trabalha não foge à regra e é sobriamente chamado de "Arquivo Central de Estado da Revolução de Outubro e da Edificação do Socialismo". Isso tudo há 41 anos. Em outra época, em outro país, sob outro regime.

Dina não consegue conter uma contração dos lábios entre cada frase. Seus olhos se fixam num ponto imaginário que a afasta do momento presente, de seu minúsculo gabinete do GARF e da Moscou neocapitalista do século XXI. Ela se cala por um longo instante. Depois, dá início a seu relato. "Eu havia acabado de ser nomeada responsável pelo departamento dos arquivos 'secretos'. Em 1975. Um cargo diferente de todos os outros, porque lidava com os documentos confidenciais da história de nosso país. Naquele tempo, o Estado funcionava perfeitamente, não nos faltavam funcionários qualificados. O costume ditava que meu predecessor viria me passar as informações de base, que me permitiriam realizar com êxito minha missão. Estranhamente, isso nunca aconteceu." O antigo chefe do departamento "secreto" simplesmente desapareceu. Sumiu, desvaneceu, sem deixar nenhum rastro. Como se nunca tivesse existido. Hoje, Dina não lembra nem seu nome. O que terá acontecido com ele? Uma transferência súbita para outro setor? Um acidente? Uma doença grave? Dina nunca soube e nunca perguntou. Um tropismo stalinista — alguns diriam que um instinto de sobrevivência — reinava naquele "paraíso" do povo. Na União Soviética, aquele que desaparecesse não poderia esperar nada dos que ficassem para trás. Sua lembrança era apagada da memória coletiva. Em plenos anos 1970, Dina nem pensa em bancar a heroína. Se seu predecessor desapareceu, que assim seja. Ela precisa se virar sem ele.

"Eu estava impaciente para descobrir que tipo de documento ficava sob minha responsabilidade. Lembro que, quando entrei no novo gabinete, encontrei vários cofres. O pessoal da segurança me entregou as chaves, e pude abri-los." Até hoje os enormes cofres, da altura de baús e largos como geladeiras, podem ser encontrados em várias salas do GARF. O que escondem? Nossas perguntas para tentar descobrir seu conteúdo ficam sem resposta. Talvez estejam vazios e só continuam ali porque são pesados demais para mudar de lugar. Em 1975, os cofres certamente eram utilizados. "Dentro, havia documentos, mas também objetos. O mais surpreendente é que nenhum deles havia sido inventariado. Não tinham nenhum código, nenhum registro, nenhuma classificação. Simplesmente não existiam." Muitos, à época, teriam rapidamente fechado o cofre e tomado o cuidado de se esquecer de sua existência. Dina não. "Eu estava curiosa. Queria saber, não tinha medo. Por que teria? Não estava fazendo nada proibido. Chamei uma colega para me ajudar e, juntas, começamos a examinar aquele tesouro. Alguns objetos estavam embalados em tecido. Uns eram grandes. Quando abri o menor, preciso confessar que ficamos bastante assustadas. Era um pedaço de crânio humano."

O relato é interrompido por um estranho tinido metálico. O som se aproxima do gabinete de Dina. É Nikolai. Ele entra na sala empurrando um carrinho de supermercado. O mesmo Nikolai Vladimirtsev de pele opalina que manipulou o crânio com extrema minúcia. Só falta a diretora do GARF para reunir a equipe completa. Dina não fica surpresa. Ela se levanta e nos pede para segui-la. O restante da conversa ocorre na pequena sala onde vimos o crânio, seis meses antes, no térreo. Sem se incomodar em responder a nossos cumprimentos ou em se desculpar pela interrupção, Nikolai nos segue com o ridículo carrinho. O martelar das rodas nos ladrilhos ecoa pelos corredores adormecidos como uma máquina infernal. Chegando à sala com a mesa retangular, Dina se senta e nos pede para fazer o mesmo. Nikolai estaciona o carrinho num canto e retira de seu interior algumas pastas velhas e um grosso tecido de algodão. A cena se desenrola num silêncio absoluto. Dina guia o colega e aponta o local onde toda aquela miscelânea deve ser depositada. "Pronto... Tudo o que encontrei está aqui." Enquanto ela fala, seu colega abre o pano com um gesto amplo e gracioso, revelando... pedaços de madeira. "Cheguem mais perto. Venham." Nikolai recupera o dom da palavra e se revela quase tagarela. "Aqui está a outra prova da indefectível morte de Adolf Hitler: as manchas de sangue nas estruturas em madeira de seu sofá."

Será que a diretora do GARF sabe que estamos aqui com essas provas históricas? Terá sido ela a responsável pelo pequeno espetáculo? O inverso seria surpreendente. Nada pode ser feito sem seu consentimento. Sobretudo depois do episódio suspeito com o arqueólogo americano. Não deixo que Lana volte a seu *human factor* e retomo o fio da conversa com nossos novos amigos, Dina e

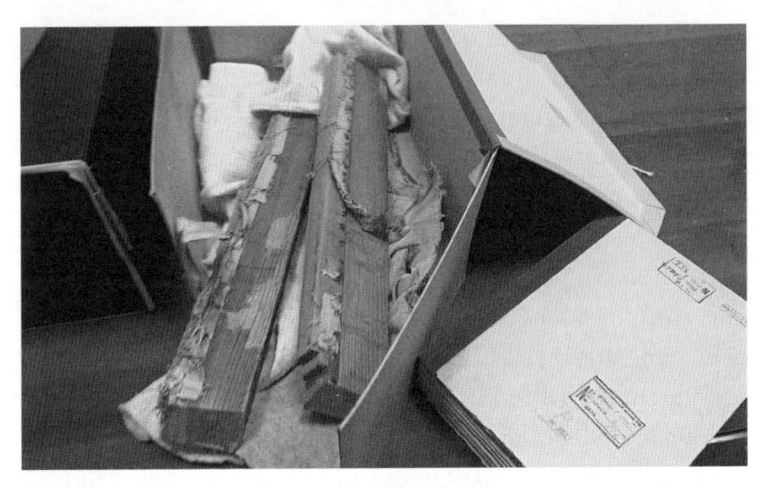

Estruturas em madeira do sofá de Hitler que apresentam manchas escuras. Será sangue dele?

Nikolai. "Além do crânio, encontrei essas peças de madeira", ela diz. "No início, quando tiramos as caixas do cofre, não tínhamos a menor ideia do que poderiam conter. Vasculhando, encontramos um papel que dizia: 'Este é um pedaço do crânio de Adolf Hitler. Ele deve ser transferido para o Arquivo de Estado'. Sem querer, tínhamos descoberto um dos maiores mistérios de 1945."

O culto ao segredo, o infinito cuidado com a compartimentação de informações e as punições ligadas ao descumprimento dessas duas regras — por muito tempo, a vida profissional de Dina se resumiu a isso. A arquivista não pertencia à KGB, mas devia se portar como uma espiã. Não por prazer, mas por obrigação. Os funcionários dos arquivos da União Soviética, dependendo de seu escalão e de seu nível de credenciamento, sofriam a mesma vigilância paranoica das autoridades. Pelo simples fato de terem acesso à matriz do regime e a seus segredos inconfessáveis. O massacre de Katyn, em que milhares de oficiais poloneses foram executados numa floresta russa por ordem de Stálin durante a Segunda Guerra Mundial, os pequenos acordos com o líder da China nacionalista, o direitista Chiang Kai-shek, contra o comunista Mao, ou ainda as guerras internas no Exército Vermelho... Aquele que controla os arquivos pode reescrever a história oficial e destruir num piscar de olhos as lendas que a moldaram. Como se espantar que, ao contrário de muitos Estados, a Rússia continua guardando seu passado a sete chaves? Hoje, as condições para uma consulta a seus arquivos são muito simples: de um lado, há os documentos abertos; do outro, os que podem afetar os interesses supremos do Estado. Os últimos entram na categoria "sensível" e não podem ser consultados sem autorização expressa do mais alto cargo do regime. Ou seja, não podem ser consultados. O grande problema dos documentos russos é que todos parecem entrar na categoria "sensível".

Dina, com seu simples cargo de arquivista, precisa aceitar uma vida de pária sem nenhum frisson de aventura. Pelo menos até a queda do regime, no final de 1991. "Com a União Soviética, eram outros tempos, outras regras", ela reconhece, fazendo uma careta. Será de reprovação ou de nostalgia? "Em 1975, a vida não tinha nada a ver com a de hoje. Estou falando da mentalidade, do conforto material, de tudo... Tínhamos regras a respeitar em nosso trabalho. E muitas coisas eram 'segredo de Estado'..." Uma das regras mais importantes consistia em desconfiar de todos. Dos colegas, dos vizinhos, da família. E relatar aos superiores o menor comportamento subversivo. Encontrar o crânio de Hitler escondido numa caixa no fundo de um cofre de arquivos podia ser considerado subversivo? Potencialmente, sim.

Depois da descoberta, Dina não pode recuar. Precisa se reportar a seus superiores. Em pouquíssimo tempo, torna-se evidente que ninguém em seu local de trabalho ouvira falar daquele fragmento do crânio. "Creio que meu predecessor era o único a saber de sua existência. Mas, como ele tinha desaparecido, nunca soube como a história começou." Só isso? Dina encontra o crânio de Hitler e a coisa para por aí? Não é recompensada? Não ganha uma promoção, um apartamento maior num bairro para cidadãos virtuosos? "Nada disso. O diretor dos arquivos me pediu para nunca falar a respeito. Vocês não poderiam entender, são jovens demais. A senhora não é russa? Conheceu o sistema soviético, não conheceu?"

Lana não esqueceu nada. Muitas vezes, fala da União Soviética com emoção, como fazemos ao lembrar de antigas recordações de infância. Brejnev engordara e envelhecera. Ele ainda dirigia o país quando Lana nasceu, em 1978. Poucos anos depois da aventura de Dina. "O ambiente era realmente especial naquela época", retoma a velha arquivista. "Muito especial. Uma informação sobre esse crânio poderia custar a vida de quem não soubesse segurar a língua. Hitler e sua ossada continuavam classificados

Álbum da investigação soviética sobre a morte de Hitler realizada em maio de 1946. Aqui, fotografias da saída de emergência do Führerbunker.

como 'top secret'. Durante todos esses anos, nunca faltei a meu dever de manter silêncio." Nikolai deposita à nossa frente um álbum de fotos. Deve conhecer a história da colega em detalhes, pois nem presta atenção ao que ela diz. No álbum, vemos uma série de fotografias em preto e branco cuidadosamente coladas e emolduradas por tinta preta. Cada foto tem uma legenda mais ou menos longa escrita à mão com grande capricho.

Lana traduz as legendas para mim. "Entrada da Nova Chancelaria do Reich... Jardins da Chancelaria... Entrada do bunker..." Temos nas mãos o relatório fotográfico da investigação sobre a morte de Hitler, datado de maio de 1946. Está tudo aqui, a fachada do bunker, seu interior e, acima de tudo, o local do crime, ou melhor, do suicídio. Mas nenhum corpo. O *sofá* em que Hitler teria morrido foi fotografado de todos os ângulos.

De frente, de lado, por baixo, nenhum ângulo é omitido. O braço do móvel chama a atenção dos investigadores. Não sem motivo, pois manchas escuras aparecem com clareza na parte direita do encosto. Na página seguinte, mais fotos dessa parte, agora separada do restante do móvel. A legenda especifica: *Partes do sofá com manchas de sangue, retiradas para servir de prova.* As formas e as dimensões correspondem às dos pedaços de madeira que Nikolai trouxe consigo. "São os mesmos", confirma Dina. "Os serviços secretos soviéticos os arrancaram para trazer a Moscou. Esperavam analisar essas manchas de sangue para ter certeza de que se tratava de Hitler."

Nikolai pega um dos pedaços de madeira e nos mostra de que parte do sofá os cientistas soviéticos retiraram um pedaço, em maio de 1946. Não usa luvas. Será que sabe que está destruindo eventuais vestígios de DNA? Ele não entende quando fazemos essa observação. Qual foi o resultado das análises de 1946? "Era sangue

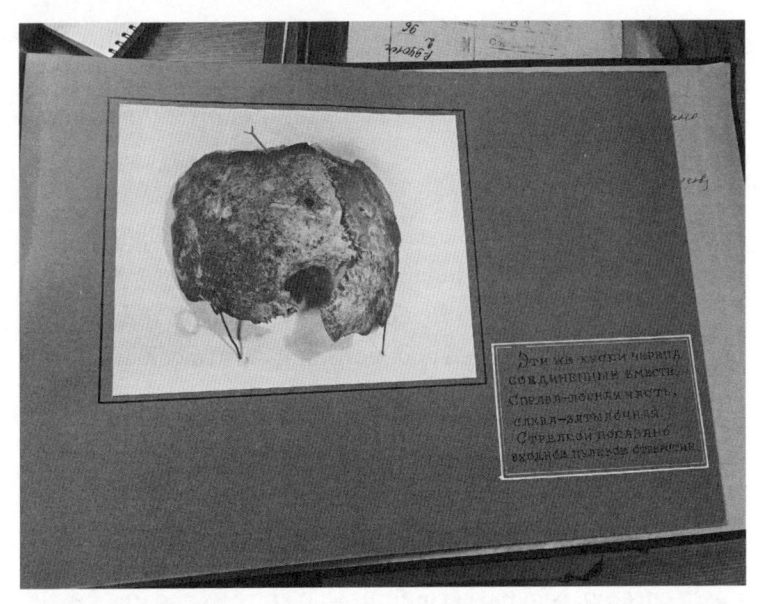

Fotografia do fragmento de crânio atribuído a Hitler. Os investigadores marcaram com uma flecha a localização de um orifício que pode ter sido causado por arma de fogo.

tipo A", retoma Dina. Um grupo sanguíneo amplamente difundido entre os alemães (cerca de 40% da população) e, acima de tudo, o mesmo que, segundo a doutrina nazista, provava o pertencimento à "raça ariana". Hitler, é claro, tinha esse tipo sanguíneo.

As últimas páginas do álbum são dedicadas ao crânio. Aquele atribuído a Hitler, o mesmo que vimos por alguns instantes nessa mesma sala. Em uma das fotos, uma flecha vermelha aponta para um orifício.

Os serviços secretos soviéticos destacam a presença de um orifício que parece ter sido causado pela saída de um projétil. Se o crânio de fato tiver pertencido ao ditador nazista, então ele levou um tiro na cabeça. Uma hipótese sacrílega em 1975. E muito perigosa para Dina. Até a queda da União Soviética, Moscou não daria o braço a torcer. Hitler se suicidara ingerindo veneno, a arma dos covardes aos olhos dos dirigentes soviéticos. Essa versão, validada por Stálin, não se sustenta se o crânio com o furo de bala se tornar público.

Dina precisa guardar esse segredo por décadas. Ela não está autorizada a viajar para o exterior, se encontra sob vigilância das autoridades e não pode mudar de emprego. Assim, passa quarenta anos no mesmo lugar, envelhecendo em meio a documentos empoeirados que ninguém pode consultar. "Eu trabalhava no que chamavam de Departamento de Arquivos Secretos", ela retoma. "Eram conservados, aqui, somente os dossiês confidenciais. E não podíamos retirar a confidencialidade de nada. Nenhum dos funcionários do departamento tinha sequer o direito de mencionar o que fazia. Nem mesmo entre nós falávamos dos documentos sob nosso encargo. Não havia comunicação entre os andares." A elegante septuagenária continua cumprindo sua missão até hoje, com a mesma seriedade. Mas a vontade e o prazer de fazê-lo se perderam há muito tempo. Dina não entende as novas regras do país. Confidenciais, não confidenciais, ela se perde no meio daquilo tudo. Que documentos podem ser consultados? "A primeira vez que pude falar livremente do crânio foi no início dos anos 1990. Meus superiores abriram de uma só vez todas as portas aos pesquisadores. Vieram historiadores e, logo em seguida, jornalistas. Muitos jornalistas. E então tudo se complicou." Um artigo publicado no jornal russo *Izvestia*, em 19 de fevereiro de 1993, desencadeou a crise. "Tenho em minhas mãos os restos do crânio de Hitler", escreve à época a jornalista Ella Maximova. "Eles estão conservados sob o mais absoluto sigilo numa caixa de papelão com a etiqueta 'tinta azul para caneta' ao lado de pedaços, manchados de sangue, de um sofá que estava no bunker." Ela dá o furo. A notícia é imediatamente reproduzida no mundo inteiro. Fazia anos que alguns rumores afirmavam que a KGB não havia destruído o corpo do Führer e o escondia em algum lugar de Moscou. E então um diário nacional confirmava que a lenda tinha um fundo de verdade. Mas o crânio não seria uma fraude? Não seria uma das manipulações de que os russos tanto gostavam? Historiadores ocidentais se insurgem na mesma hora, afirmando que isso é impossível. O crânio de Hitler? Que bobagem!

A imprensa estrangeira, por sua vez, fica em polvorosa. Quer ver o crânio. Na Rússia recém-liberta do ranço comunista, o dinheiro dita as regras. Tudo pode ser comprado, tudo pode ser vendido, tudo tem um preço. Até o crânio de Hitler? Alguns dizem que sim. A tensão sobe quando o correspondente da revista alemã *Der Spiegel* conta ter recebido uma proposta para examinar ossadas e seis dossiês de interrogatórios com testemunhas oculares das últimas horas de Hitler. Em contrapartida, deveria desembolsar uma bela soma em dinheiro. E não em rublos. Os russos se mostraram ávidos demais, e a *Spiegel* preferiu encerrar as negociações. "Não daríamos nem a metade do que pediam",[4] explicou à época o correspondente da revista alemã em Moscou. "Esses artigos foram muito prejudiciais para nós", continua Dina. "Os jornalistas... Essa história de que não queríamos mostrar o crânio, que pedíamos dinheiro, é falsa. Foi para provar isso que mais tarde, em 2000, as autoridades decidiram organizar uma grande exposição sobre o fim da guerra e apresentar os restos mortais de Hitler." Com o sucesso que já vimos, novos escândalos sobre a identificação do crânio e a decisão das autoridades russas de devolver o objeto a seu cofre e não deixar mais que jornalistas se aproximassem.

"Claro que todo mundo quer saber se o crânio é mesmo de Hitler." Nikolai não consegue disfarçar a leve irritação que nunca o abandona. "Vocês querem estudar o crânio, analisar, e por que não? Mas sei que é dele mesmo. Sei como Hitler se matou. Li todos os dossiês. Depois de 1945 e do início do inquérito, tudo ficou claro. Mas, se vocês querem recomeçar, sigam em frente." Temos finalmente uma resposta para nossas inúmeras solicitações? Aquele arquivista esquisito está nos transmitindo a decisão de sua diretora? "Podemos realizar alguns testes com o crânio, é isso?" Dina e Nikolai trocam olhares. Hesitam em retomar a palavra. "Nossa tarefa é conservar os arquivos no melhor estado possível, para que as gerações futuras possam consultar. Não realizamos exames científicos." Nikolai não responde de maneira direta. Lana lhe diz isso o mais educadamente possível. Então ele diz, com sua voz monocórdia e fraca: "Todas essas questões não nos dizem respeito". Sorriso. Sempre o sorriso. Ainda que um pouco crispado. É em Dina, mais velha, veterana naquele lugar, que devemos concentrar nossos esforços para conseguir a resposta que verdadeiramente nos importa. "Imagino que seja possível", ela acaba admitindo. Quando, como, por quem? São tantas variáveis a determinar, tantos pontos a esclarecer. Podemos voltar em breve com um especialista de ponta. Já o escolhemos. Ele está a par de tudo. "Quem é?", pergunta Nikolai. "Vocês já sabem, explicamos tudo em nossa correspondência. Ele se chama Philippe Charlier. É francês. Doutor em medicina legal. Uma referência. Vocês com certeza o conhecem, foi ele que fez a identificação do crânio de Henrique IV."

Selamos um trato. Lana conversa com os dois para confirmar pela última vez o que acabam de nos anunciar. Enquanto isso, consulto com avidez os dossiês que Nikolai tomou o cuidado de trazer consigo. São os relatórios dos serviços secretos soviéticos sobre o desaparecimento de Hitler. Sou autorizado, excepcionalmente, a fotografá-los. "Todos?", pergunto. Nikolai responde que sim. Não me faço de rogado. Fotografo tudo. Dina me olha com o canto do olho. Sinto que está contrariada. Um estrangeiro fotografando livremente seus preciosos documentos. Ela não parece concordar. Caminha a meu redor, murmura algumas palavras em russo. Não entendo nada, e por isso não me incomodo. Dina repete as mesmas palavras. Continuo. De repente, ela se irrita e chama Lana, que ainda conversa com Nikolai. Fala com veemência, apontando para mim. Lana se vira na minha direção, levemente alarmada. "Você precisa parar. Só pode tirar dez fotos. Não mais que isso." Finjo não entender e continuo. Lana é repreendida por Dina. Por que dez? Tento ganhar tempo e me faço de desentendido: Nikolai disse que eu podia tirar quantas quisesse. "Porque sim", responde Lana. "Ela acha que dez é o suficiente." Como querer mal à querida Dina? Ela dedicou toda sua vida profissional a manter os documentos em segredo. Quarenta anos os protegendo de olhares indiscretos deixaram marcas profundas. Imagino o choque que deve ser observar um francês, um capitalista, saqueando, sob seus olhos, o tesouro de sua vida profissional. Mas Dina reage tarde demais, e já terminei. Fotografei tudo. Os dossiês sobre Hitler agora se encontram na memória de meu smartphone. Várias centenas de páginas a ser traduzidas e digeridas. Um trabalho de formiguinha.

Paris, outubro-novembro de 2016

As primeiras traduções dos documentos fotografados na sede do GARF não tardam a chegar. Lana é uma usina. Recebo os textos quase sempre à noite, depois que ela passa o dia trabalhando. Além da pesquisa sobre Hitler, Lana segue fazendo bicos para a imprensa russa. Eu estou de volta à França. Classifico por tema e por data os textos traduzidos. Alguns são bastante obscuros. Contêm muitos nomes desconhecidos e siglas incompreensíveis, além de frases contaminadas por uma linguagem administrativa. Os pesquisadores russos careciam de uma veia poética. Eficácia e precisão ditavam seu trabalho. Um dos primeiros documentos que recebi dizia o seguinte:

Top secret
Ao camarada Stálin
Ao camarada Molotov
No dia 16 de junho de 1945, o NKVD da URSS, sob o nº 702/b, apresentou ao senhor e camarada Stálin as cópias recebidas de Berlim da parte do camarada Serov dos protocolos dos interrogatórios de cer-

tos membros do círculo de Hitler e de Goebbels a respeito dos últimos dias da estada de Hitler e de Goebbels em Berlim, bem como as cópias da descrição e dos relatórios do exame médico-legal dos supostos cadáveres de Hitler e de Goebbels e de suas respectivas mulheres.

Não faltava nada: nem os nomes históricos de peso de Stálin, Hitler e Goebbels, nem as siglas NKVD (Comissariado do Povo para Assuntos Internos) e URSS. E era só o começo. Outros nomes e outras siglas igualmente importantes vão nos perseguir durante os meses de investigação, fantasmas vindos de um passado maldito. Do lado alemão: Himmler, SS, Göring, Terceiro Reich... Do lado soviético: Beria, Molotov, Exército Vermelho, Júkov...

Além desses relatórios, coletamos uma série de fotografias com legendas e alguns desenhos. Como as plantas baixas do bunker de Hitler, desenhadas a lápis por prisioneiros, antigos ofi-

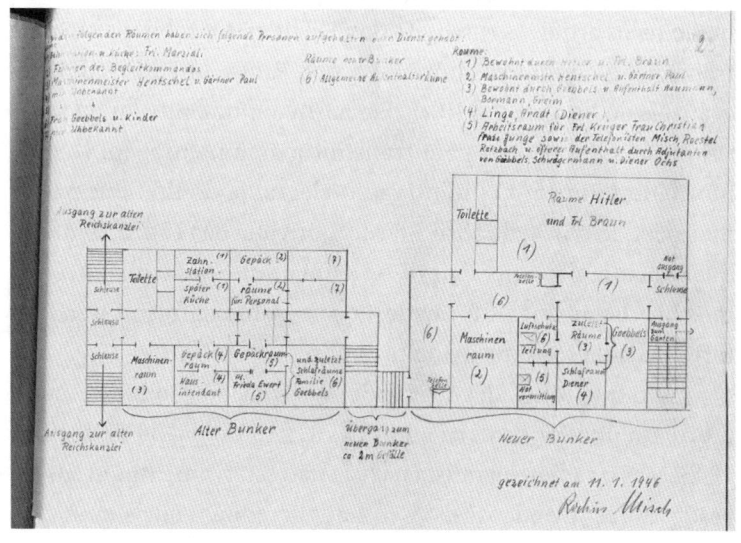

Planta baixa do Führerbunker, desenhada por um prisioneiro da SS, Rochus Misch, por ordem dos investigadores soviéticos (arquivos do GARF).

ciais da SS e membros do círculo mais próximo ao Führer, por ordem dos serviços especiais russos, que queriam compreender como se organizava a vida no abrigo antiaéreo do inimigo. Tudo foi registrado com precisão. Os aposentos do ditador nazista, o quarto de Eva Braun, o banheiro, a sala de reuniões, os lavabos...

Na massa de documentos coletados no GARF se encontram algumas dezenas de páginas em alemão. Certos interrogatórios de prisioneiros nazistas foram transcritos à mão na língua original. As máquinas de escrever do Exército Vermelho quase sempre tinham caracteres cirílicos. Felizmente, a caligrafia dos intérpretes soviéticos é bastante legível. Menos num caso específico, em que as letras mais parecem rabiscos e há inúmeras rasuras. O relatório quase indecifrável faz meus dois tradutores do alemão quebrar a cabeça e forçar os olhos. O primeiro acaba jogando a toalha. O segundo me pede para não contar mais com ele se a situação se repetir. O empenho dos dois não é em vão: graças a eles, consigo encaixar mais uma peça no grande quebra-cabeça histórico formado pelos arquivos russos do dossiê Hitler. Os rabiscos são uma transcrição do interrogatório de Erich Rings, um dos radiotelegrafistas do bunker de Hitler. Ele narra o momento em que seus superiores lhe pedem para transmitir uma mensagem sobre a morte do Führer: "O último radiotelegrama do tipo que passamos data do dia 30 de abril à tarde, por volta das 17h15. O oficial que trouxe a mensagem me disse, a fim de que nós também fôssemos imediatamente informados, que a primeira frase deveria ser formulada da seguinte maneira: 'Führer morto!'".

Se o que Rings diz é verdade, sua informação indica que a morte do ditador ocorreu antes das 17h15 do dia 30 de abril de 1945. Mas o radiotelegrafista nazista não estaria mentindo aos investigadores soviéticos? Estes últimos acreditam que sim. A desconfiança é uma prerrogativa fundamental do bom espião. Ela se aplica a todas as circunstâncias e permite galgar os degraus da hierarquia com segurança. Deve-se duvidar do inimigo e de suas declarações, inclusive daquelas obtidas sob tortura. No entanto, essa atitude sistemática prejudica o andamento das investigações. E o meu trabalho. Os textos que tenho diante dos olhos abrangem um período de cerca de doze meses, indo até meados de 1946. Portanto, quase um ano depois da queda de Berlim, ocorrida em 2 de maio de 1945, os oficiais encarregados do dossiê Hitler ainda não concluíram a investigação. Eles pedem ao ministro do Interior da União Soviética autorização para um prazo suplementar. E também para transferir certos prisioneiros alemães de prisões russas para Berlim, com o objetivo de realizar uma reconstituição das últimas horas de Hitler.

10 de abril de 1946
Top secret
Ao ministro do Interior da União das Repúblicas Socialistas Soviéticas, o camarada Kruglov S.N.
No âmbito da investigação sobre as circunstâncias do desaparecimento de Hitler em 30 de abril de 1945, atualmente estão detidos na prisão de Butyrka [em Moscou]:

Segue-se uma longa lista de prisioneiros nazistas, depois da qual o documento retoma:

Durante investigações sobre essas pessoas, além das contradições que colocam em dúvida a plausibilidade da versão do suicídio de Hitler, que já assinalamos, fatos suplementares foram revelados e precisam ser esclarecidos no local.
A esse respeito, julgamos conveniente tomar as seguintes medidas: Enviar a Berlim todas as pessoas presas nesta investigação.
[...]

Dar ao grupo operacional a tarefa de investigar dentro do prazo de um mês todas as circunstâncias do desaparecimento de Hitler e de elaborar um relatório a esse respeito ao Ministério do Interior da URSS.

Encarregar o tenente-geral Bochkov de organizar o acompanhamento dos prisioneiros sob escolta e de conceder para esse fim um vagão especial para os detentos até a cidade de Brest [hoje na Bielorrússia]. O acompanhamento dos prisioneiros sob escolta de Brest a Berlim será garantido pela equipe operacional berlinense.

Para participar do estudo dos elementos de prova e dos locais do incidente, enviar a Berlim o criminalista qualificado da Direção-Geral da Milícia do Ministério do Interior da URSS, o camarada Ossipov.

A carta é assinada por dois generais soviéticos com base em Berlim.

Abril de 1946. Por que a investigação sobre Hitler se estende por tanto tempo? O que aconteceu no bunker? Os russos se esfalfam na busca de uma verdade que lhes escapa. No entanto, mais do que qualquer outro Exército aliado (americano, inglês e francês), as tropas soviéticas prenderam centenas de testemunhas diretas da queda de Berlim e do Führer. Que são duramente entrevistadas por seus carcereiros. Descubro a obstinação de resolver o mistério nas entrelinhas de vários relatórios e interrogatórios. As mesmas perguntas e ameaças são repetidas continuamente. Por que não aceitar as evidências? Por que Stálin e seus homens não admitem que os prisioneiros estão dizendo a verdade? Eu teria sido um péssimo membro da polícia secreta soviética. Prova disso é o confronto entre dois prisioneiros da ss próximos a Hitler.

O primeiro se chama Höfbeck e é sargento, o outro se chama Günsche e é oficial da ss.

Pergunta a Höfbeck: Onde o senhor estava e o que fez no dia 30 de abril de 1945? Ou seja, no dia em que, segundo suas declarações, Hitler se matou?

Resposta de Höfbeck: No dia 30 de abril, fui nomeado para a saída de emergência do bunker por meu chefe de serviço, o conselheiro de Estado [Regierungsrat] Högl, chefe de um grupo de nove homens.

Pergunta a Höfbeck: O que senhor viu?

Resposta de Höfbeck: Por volta das duas horas da tarde, ou um pouco mais, ao me aproximar, vi várias pessoas [...]. Carregavam algo pesado enrolado num cobertor. [...] Depois, Günsche gritou: "Todo mundo para fora! Eles ficam aqui!". Não posso afirmar que ele carregava o segundo cadáver. Os outros três camaradas saíram correndo imediatamente, mas eu fiquei perto da porta. Vi dois cadáveres a cerca de um ou dois metros de distância da saída de emergência. De um, pude ver a calça preta e os sapatos pretos, do outro, à direita, o vestido azul, as meias e os sapatos marrons, mas não posso afirmar com certeza. [...] Günsche jogou gasolina nos cadáveres, que então foram levados à saída de emergência. A cena foi rápida, durou cinco ou dez minutos no máximo, pois de repente se ouviram tiros de artilharia muito fortes. [...]

Pergunta a Günsche: O que o senhor pode dizer a respeito do testemunho de Höfbeck?

Resposta de Günsche: Não foi por volta das duas horas da tarde, mas pouco depois das quatro que os cadáveres passaram pela saída de emergência. [...] Não ajudei a carregar o cadáver de Adolf Hitler, mas pouco depois passei pela saída de emergência com o cadáver da sra. Hitler. O corpo de Adolf Hitler foi carregado pelas pessoas que já mencionei nas sessões anteriores. [...]

Pergunta a Höfbeck: O senhor tem algo a objetar ao testemunho de Günsche que acabou de ouvir?

Resposta de Höfbeck: Não tenho nada a objetar ao testemunho de Günsche que acabei de ouvir. [...] Devo dizer que meu tes-

temunho anterior pode conter algumas imprecisões, dado que esses acontecimentos inesperados me deixaram bastante perturbado.

A imprecisão dos testemunhos enlouquece os investigadores. Os prisioneiros fazem de propósito? Acreditamos que sim. Não devemos esquecer que, para esses nazistas, os comunistas representam o mal absoluto (logo depois dos judeus, segundo a doutrina hitlerista, é claro). Resistir, mentir ou deturpar a realidade pode parecer natural para homens movidos por um fanatismo ainda ativo. Seja como for, suas respostas contraditórias complicam o estabelecimento exato dos fatos que precedem a queda do bunker de Hitler.

Lana e eu pensávamos estar suficientemente preparados para o mergulho num dos últimos mistérios da Segunda Guerra Mundial. Grande ilusão. Nem mesmo em nossas previsões mais pessimistas poderíamos ter imaginado o grau de complexidade da investigação. Logo descobrimos que a coleta de documentos nos arquivos do GARF não será a parte mais difícil do trabalho. Nossa confiança e nosso otimismo tomam uma ducha de água fria. Dina, a chefe dos Arquivos Especiais do GARF, é quem nos deixa com a pulga atrás da orelha.

Voltemos ao encontro do outono de 2016 no Arquivo de Estado da Federação Russa. Lana e eu agradecíamos uma última vez a Dina e Nikolai pela paciência. Eles já tinham voltado a encher o carrinho com as peças do sofá e os dossiês sobre Hitler. A conversa chegava ao fim cordialmente. "Conseguimos. Temos todos os documentos sobre o desaparecimento do Führer. Isso é inédito!", Lana comentou, entusiasmada, enquanto eu só a observava. Dina não partilhava de nosso entusiasmo. Nikolai, por sua vez, saíra da sala sem dizer nada. Ouvíamos o carrinho sendo puxado, produzindo um tinido metálico pelos corredores. "Vocês não têm tudo", disse Dina bruscamente, quase desolada por nos desiludir. Não temos tudo o quê? "Há restos mortais de Hitler em outro lugar da Rússia?", perguntei, sem poder acreditar. "É possível..." Dina tinha dificuldade em responder com franqueza. "Na verdade, sim", ela acabou admitindo. "Mas vocês não conseguirão ver." Tudo ruiu ao nosso redor. Sempre mordiscando os lábios finos e fugindo de nossos olhares, Dina não se sentia à vontade. Lana começou a falar com ela da maneira mais gentil possível, como se tentasse tranquilizá-la. Pediu-lhe que nos explicasse tudo.

Havia notícias boas e ruins. Por quais eu queria começar? Lana me deixou escolher. Tínhamos saído da sede do GARF e tomado um táxi para voltar ao hotel. Pelas ruins. "Os relatórios soviéticos sobre a morte de Hitler não estão todos no GARF. Uma parte foi guardada nos arquivos do FSB." Silêncio... Poderia haver notícia pior? Talvez não. As três letras são uma abreviação para Federalnaya Sluzhba Bezopasnosti [Serviço Federal de Segurança], ou seja, os serviços secretos russos. O FSB foi criado em 1995. De certo modo, é um sucessor da KGB, dissolvida em 11 de outubro de 1991, após a tentativa de golpe de Estado contra Mikhail Gorbachev, em agosto de 1991. Os métodos do FSB não são fundamentalmente diferentes dos de sua ilustre predecessora soviética. Baseiam-se na manipulação e na violência, quando necessário. Se o acesso ao GARF nos parecera difícil, como seria no Arquivo Central do FSB (TsA FSB ou Tsentralnyi Arkhiv FSB)? Lana quase ria de tão nervosa, pois nossa pesquisa tomava caminhos tortuosos. "Tem mais uma coisa que você precisa saber", ela continuou, num soluço nervoso. "Dina sugeriu que exploremos o Arquivo Militar. Mas foi muito clara ao dizer que não devíamos esperar nenhuma ajuda do GARF. O FSB, o Arquivo Militar e o GARF se detestam. Teremos que nos virar sozinhos."

O taxímetro marcava quantos rublos custaria nossa corrida. Tudo parecia tão simples para o motorista. Passageiros, um endereço, um bom GPS e pronto. O exato oposto de nossa situação. "Não quer saber a notícia boa?" Lana percebeu que o cansaço me tomava. Meu entusiasmo por nossas intermináveis buscas, que começaram mais de um ano antes, começava a arrefecer. "Dina me garantiu que gosta da gente e que vai nos apoiar para que as análises científicas do crânio possam ser feitas." E por acaso a arquivista tinha algum poder de decisão em relação àquilo? Lana refletiu por um instante e balançou negativamente a cabeça. Moscou e sua chuvinha fina zombavam da gente. Outros antes haviam tentado investigar a morte de Hitler. Seria por acaso que todos tinham fracassado?

Um combate feroz e quase desesperado? Perfeito! Lana não desiste, pelo contrário. Promete conseguir, para antes do fim do ano, todas as autorizações necessárias para chegar aos arquivos do FSB e abrir as portas do Arquivo Militar do Estado Russo (RGVA). "Ninguém consegue resistir a mim por muito tempo. Vou vencer pelo cansaço", ela diz com ar de bravata no terminal de embarque do aeroporto Sheremetyevo, em Moscou. Faz menos de um mês. Desde então, não passa um dia sem que nos falemos por telefone, encorajando-nos um ao outro. Trabalho com os documentos, ela, com as autoridades russas. "Estou quase conseguindo, mais alguns dias e terei uma resposta. Esteja a postos, precisaremos ser rápidos." Lana não desiste, não chega nem a cogitar um segundo fracasso. Suas conexões com o poder russo serão suficientemente sólidas? Como conseguirá convencer repartições normalmente infensas a esse tipo de coisa? "Depois de meu trabalho sobre Svetlana Stálina, conto com alguns bons relacionamentos com pessoas influentes, e eles me conhecem, sabem que sou um pit-bull. Nunca solto minha presa. E sei lidar com ditadores, acredite…"

SEGUNDA PARTE

OS ÚLTIMOS DIAS DE HITLER

Em março de 1945, Hitler decide se refugiar no bunker localizado nos subterrâneos da Nova Chancelaria do Reich, em pleno coração de Berlim. A ofensiva final dos Aliados fora lançada algumas semanas antes. A leste, o Exército Vermelho, depois de uma primeira tentativa fracassada em outubro de 1944 (a Operação Gumbinnen), penetrara na Prússia Oriental no dia 20 de janeiro; os ocidentais (no caso, as tropas do 1º Agrupamento do Exército dos Estados Unidos) estavam em território alemão desde 12 de setembro de 1944, na região de Aix-la-Chapelle, cidade que cairia em 21 de outubro. À medida que a ameaça se aproxima, Hitler sai cada vez menos de seu abrigo. Seus últimos dias são passados a 8,5 metros de profundidade.

Os detalhes dos últimos momentos do Führer chegam a nós por intermédio dos sobreviventes do bunker — militares em sua maioria, mas também alguns civis (em especial secretárias). Seus testemunhos podem ser questionados: não devemos esquecer que todos aderiram ao nazismo e que, em graus variados, eram admiradores de Hitler.

Os depoimentos provêm de duas fontes diferentes: interrogatórios conduzidos pelos soviéticos e/ou pelos aliados depois da prisão dos sobreviventes, e livros de memórias ou entrevistas publicados depois de saírem da prisão.

No primeiro caso, a informação, extraída de bom grado ou à força, nunca é destinada à publicação ou a ser revelada ao grande público; no outro, é fruto da vontade de seus autores, e permite que eles justifiquem perante o mundo inteiro suas ações e, na maioria das vezes, que se reabilitem.

Nos dois casos, os relatos nada têm de neutros. O confronto entre os dois tipos de fonte permite, no entanto, que se desenhe um quadro bastante verossímil dos últimos doze dias de vida do ditador alemão.

Pelo menos até a tarde do dia 30 de abril de 1945.

19 de abril de 1945

Onde estão os russos? A linha de frente consegue resistir? O que o Führer está fazendo? Quando sai de Berlim?

Altos funcionários nazistas presentes no Führerbunker, em Berlim

Finalmente volta-se a sorrir no Führerbunker. A ordem de fuga não deve tardar. Fuga dos bombardeios e dos berlinenses, cada vez mais hostis ao regime nazista. A partida está programada para 20 de abril, aniversário de Hitler. Pode-se imaginar melhor presente que a fuga para a fortaleza de Berchtesgaden, nas montanhas bávaras? O Führer poderá festejar seu 56º aniversário sob o sol opalino dos Alpes alemães de que tanto gosta. Acima de tudo, deixará seu bunker, o mausoléu de concreto armado enterrado sob os jardins da Nova Chancelaria do Reich. Em meados de março, Hitler havia transferido seu quartel-general para o abrigo antiaéreo localizado em pleno coração da capital alemã.

Todos no círculo mais próximo do ditador sonham com a fuga. Dos militares da Wehrmacht aos membros de primeira hora da ss, passando pelos altos funcionários do aparelho estatal, todos estão à espera de um sinal de Hitler para empacotar armas e bagagens. Mas que fique claro: a pressa em abandonar a frente de guerra é oficialmente ditada pela necessidade de preservar a integridade física do líder da Alemanha e de dar seguimento aos combates. São raros os que confessam o medo ou a vontade de salvar a pele.

Quantas pessoas se escondem nos abrigos da Nova Chancelaria? Cinquenta, sessenta? Difícil dizer. A cada dia, novas personalidades do regime chegam ao número 77 da Wilhelmstrasse em busca de um lugar ou de uma cama, num quarto ou mesmo num corredor. Tecnicamente falando, o complexo do Führerbunker pode acolher duzentas pessoas. Acima desse número, corre-se o risco da falta de oxigênio, apesar do potente sistema de ventilação. O Führerbunker é uma junção de dois abrigos subterrâneos. O primeiro é chamado de *Vorbunker*, ou "pré-bunker", e fica seis metros abaixo do grande hall da Nova Chancelaria. Construído em 1935, estende-se por cerca de trezentos metros quadrados. É composto por catorze cômodos de dez metros quadrados cada um ao longo de um corredor de doze metros de comprimento. Criado para resistir a ataques aéreos, o teto tem 1,6 metro de espessura, e as paredes, 1,2. Ou seja, exatamente duas vezes maior que o abrigo construído abaixo do ministério da Aviação, em Berlim. Mas ainda insuficiente.

Após os primeiros bombardeios ingleses sobre Berlim, em janeiro de 1943, Hitler ordena a construção de um segundo bunker, ainda mais sólido, o *Hauptbunker*, ou "bunker principal". Ele é 2,5 metros mais profundo que o *Vorbunker* e fica 8,5 metros abaixo da superfície. Os dois são interligados por uma escada fechada por portas blindadas e vedadas, capazes de resistir a um ataque com gás. As medidas de segurança do *Hauptbunker* superam tudo o que veio antes. A espessura das paredes chega a quatro metros. Ele é protegido por uma camada de concreto de 3,5 metros de espessura e se estende por pouco menos de vinte metros de largura por 15,6 metros de comprimento. Um total de 312 metros quadrados.[1] As divisórias foram pensadas para resistir a bombardeios em massa. Têm cinquenta centímetros de espessura. Não se planejou nenhum conforto supérfluo. O chão não tem tacos de madeira nem tapetes, o mobiliário se resume ao estritamente necessário. Em tamanha profundidade, a umidade é constante. As bombas de sucção para retirar a água que se infiltra não impedem a sensação de frio e umidade. As paredes, quando pintadas, receberam uma tinta cinza. Devido à espessura das divisórias, os cômodos são ainda menores do que no *Vorbunker*. Mesmo os de Hitler, que não chegam a dez metros quadrados por três metros de altura. Seis cômodos minúsculos, para os militares, estão localizados à frente de seus aposentos. Os únicos luxos do Führer são um banheiro privativo, um gabinete e um quarto. Ao contrário do restante do abrigo, esses cômodos foram mobiliados com capricho.

"Hitler tinha seu próprio bunker, com poucos cômodos para si; um médico, um criado e o pessoal absolutamente necessário de sua equipe",[2] diz seu piloto particular, Hans Baur, em suas memórias. O Führer não quer se separar de alguns homens, entre os quais seu médico particular, o dr. Morell; seu secretário, Martin Bormann; seu ajudante de campo, Otto Günsche; seu criado, Heinz Linge. Há também Blondi, sua cadela, que às vezes é trancada na sala onde ocorrem reuniões estratégicas diárias.

Eva Braun chega ao abrigo da Nova Chancelaria no início de abril. Hitler hesita entre ficar furioso ou radiante com o fato de sua companheira ter a audácia de ir para o centro do confronto. Seja como for, aceita sua presença e ordena que um quarto perto do seu lhe seja reservado. Ali, ela estará segura, pensa o Führer.

Ao menos provisoriamente. Embora sejam refúgios, os dois bunkers correm o risco de logo se transformar em armadilhas mortais se a ordem de fuga da capital não for dada rapidamente.

A situação militar é catastrófica. No dia 16 abril, as tropas comandadas pelos marechais Júkov e Konev iniciam uma grande ofensiva na direção de Berlim. Elas ainda estão longe e combatem a uma centena de quilômetros a leste da capital do Reich, no rio Oder. Mas todos os oficiais alemães sabem que será difícil defender a cidade. Muito espraiada e com grande aglomeração urbana, Berlim exige um número grande demais de homens e equipamentos para ser protegida. Hitler não ignora esse fato. No entanto, não ordena a evacuação da população civil. Quando os combates chegarem ao bairro central e ao Portão de Brandemburgo, Berlim continuará abrigando 2,5 milhões de habitantes.

Num primeiro momento, discursos e eficazes slogans da propaganda nazista tentam transformar o Oder na última barreira natural contra a invasão revanchista dos soviéticos. Água lodosa contra o tsunami de aço siberiano. A imagem seria eloquente numa ópera wagneriana, mas, naquela primavera de 1945, faz pensar em suicídio coletivo.

A ideia de suicídio não desagrada a Hitler. Não o dele próprio, mas o de seu povo. O suicídio como um último sacrifício à sua mortal ideologia.

Para convencer a opinião pública a continuar a luta, o ditador dá o melhor de si. No início de março, comparece à linha de frente do Oder. É sua última saída oficial em zona de combate. Quer mostrar aos alemães que tem a situação sob controle. As manchetes dos jornais e noticiários de cinemas são sóbrias e marciais: "O Führer em pessoa está na linha de frente do Oder!" e "A defesa de Berlim é feita no Oder". Tudo isso acontecera havia um mês. Em outra época, de esperança.

Embora a guerra seja uma questão de vontade, de sacrifício

e, às vezes, de gênio tático, na maioria das vezes ela depende da mais banal aritmética. Stálin sabe disso muito bem. E, para esmagar o inimigo, não poupa meios. Contra 1 milhão de soldados alemães, o senhor do Kremlin reúne mais que o dobro de homens: 2,1 milhões. Além disso, os russos estão muito mais bem equipados: têm 41 600 peças de artilharia, 6250 tanques e 7500 aviões de combate, contra 10 400 peças de artilharia, 1500 tanques e 3300 aviões de combate nazistas.

Os generais de Hitler estão perfeitamente a par desses números. Se o Exército Vermelho atravessar o Oder, Berlim aguentará poucos dias. Mas isso não os preocupa, previram tudo. O combate continuará na "fortaleza alpina", para os lados da Baviera e da Áustria, num triângulo montanhoso entre Salzburg, Bad Reichenhall e Berchtesgaden. Em meados de março, o secretariado do Führer havia dado ordens para que o aparelho de Estado nazista fosse transferido para lá. Construiu-se uma rede de bunkers especialmente interligados por linhas telefônicas. Enviou-se até mesmo a frota de veículos da Chancelaria.

Muitos anos depois, durante seu encarceramento nas prisões russas, Heinz Linge e Otto Günsche, o criado e o ajudante de campo pessoal de Hitler, revelam esse plano de retirada.

Nos primeiros dias de abril de 1945, Hitler chamou a Berlim três Gauleiter [o equivalente ao prefeito da administração nazista] austríacos: Hofer, de Innsbruc; Uiberreither, de Klagenfurt; e Eigruber, de Linz. Conversou com eles na presença de Bormann [seu secretário e conselheiro]. Falaram da construção de uma "fortaleza alpina" nas montanhas austríacas, o "último bastião" que permitiria o prosseguimento da guerra.[3]

Depois da queda do Reich, os serviços secretos ingleses prendem e interrogam as pessoas mais próximas de Hitler. Seus testemunhos corroboram a fuga prevista para 20 de abril. Um trecho do relatório secreto entregue em 1º de novembro de 1945 pelo general britânico Edward John Foord, responsável pela informação militar do Quartel-General Supremo das Forças Expedicionárias Aliadas, a seus homólogos dos serviços secretos americanos, soviéticos e franceses com base em Berlim, diz: "A intenção original de Hitler era voar para Berchtesgaden em 20 de abril de 1945, seu aniversário, e haviam sido dadas ordens a seus servidores para que sua chegada fosse preparada para essa data".

Hitler, porém, subitamente muda de ideia. Na tarde de 19 de abril, o general Krebs, novo chefe do Estado-Maior do Exército, informa-o de que os blindados russos conseguiram abrir caminho e estão a apenas trinta quilômetros do norte de Berlim. A situação se torna insustentável. O Führer descarrega sua raiva nos generais. Considera-os um bando de incapazes e conclui que precisa tomar o comando das operações. Consequentemente, decide ficar no coração da batalha e adia a retirada para Berchtesgaden.

Sua decisão logo começa a circular pelos corredores dos dois bunkers. A notícia deixa perplexo seu círculo mais próximo e é recebida como uma tragédia. Para os moradores dos abrigos da Chancelaria e os oficiais presentes na capital, é impossível fugir sem a partida de Hitler. Haveria alguma chance de que ele mudasse de ideia? Heinz Linge assiste ao angustiado balé dos figurões do nazismo. "Ley, Funk, o ministro da Economia, Rosenberg, Speer, Axmann, Ribbentrop e outros, que ainda estavam em Berlim, telefonavam o tempo todo. As perguntas eram sempre as mesmas: 'Quais as notícias do front? Onde estão os russos? A linha de frente consegue resistir? O que o Führer está fazendo? Quando sai de Berlim?'"[4] Otto Günsche responde sistematicamente: "A linha de frente resiste bem. A chegada dos russos a Berlim foi descartada. O Führer não vê nenhuma razão para deixar Berlim".

20 de abril de 1945

> *Aniversário do Führer. Infelizmente, o clima não está para festa.*
>
> Diário de Martin Bormann

As ordens são precisas. Hitler não quer comemorar seu aniversário. Seria ridículo e despropositado. Na véspera, ele informa Heinz Linge, seu criado, de sua disposição, e pede que todos no bunker a respeitem. Mas não adianta. O *Führergeburtstag* (o aniversário do Führer) é uma data sagrada na Alemanha nazista, quase equivalente ao 25 de dezembro. Como impedir que os mais fervorosos defensores do regime não celebrem seu herói? No círculo íntimo do ditador, o costume dita que ele seja cumprimentado à meia-noite. As centenas de milhares de soldados soviéticos que avançam na direção de Berlim não fazem a menor diferença. Como alunos preocupados em atrair a atenção do professor, sete nazistas se acotovelam nos poucos metros quadrados da antessala do ditador. Com uniforme impecavelmente passado, medalhas à vista e queixo alto, nada na atitude deles deve transparecer o ardente desejo de fugir de Berlim. Linge menciona a presença do general Hermann Fegelein (cunhado de Eva Braun); do general Wilhelm Burgdorf; do major da ss Otto Günsche (ajudante de campo pessoal de Hitler); do diplomata Walther Hewel (agente de ligação entre Hitler e Ribbentrop, ministro das Relações Exteriores do Reich); de Werner Lorenz (representante do chefe da imprensa do Reich); de Julius Schaub (ajudante de campo de Hitler), e de Alwin-Broder Albrecht (ajudante de campo de Hitler para a Marinha).

Todos se agitam em torno de Linge, oficial da ss que ninguém leva a sério porque só pisou numa linha de frente ao visitá-la de carro conversível ao lado do chefe. Linge veste os galões de tenente-coronel, mas não passa de um criado pessoal. O momento, porém, não é adequado a arrogâncias. Ele é o único no bunker em contato permanente com Hitler. Todos os orgulhosos oficiais e membros do partido se dirigem a ele para convencer o Führer a aceitar suas congratulações. "Depois de ter sido informado a respeito", recorda Linge, "Hitler me lançou um olhar cansado e deprimido. Precisei responder aos presentes que o Führer não tinha tempo para eles."[5] Mas ele não conta com a determinação de Fegelein. O jovem e ambicioso general de 38 anos se sente praticamente intocável desde que casou com Gretl, irmã de Eva Braun, em 3 de junho de 1944. Hitler não pode se recusar a recebê-los se o pedido vier de Eva, pensa Fegelein. E ele tem razão. Então pede à cunhada que convença o Führer a receber as homenagens de seus homens. A contragosto, Hitler sai e aperta rapidamente as mãos que lhe são estendidas. Os outros mal têm tempo de lhe desejar um feliz aniversário e ele já está de volta ao gabinete de trabalho, com as costas arqueadas. Fegelein fica orgulhoso de si mesmo. Pensa ter marcado alguns pontos. Na hora certa, podem servir para alguma coisa.

Ao longo desse dia 20 de abril, outras personalidades do Reich comparecem à Chancelaria sob a qual o bunker foi construído. Hitler deixa seu abrigo e sobe à superfície para reuniões no prédio imperial. Um a um, os membros do partido o cumprimentam, vassalos em homenagem ao suserano, mais por obrigação do que por adesão. A Gestapo vigia as ações de todos e ninguém está imune a uma condenação à morte por traição. Nem mesmo generais e ministros. Entre os visitantes distintos estão os nazistas mais envolvidos com o regime: Heinrich Himmler, comandante da ss; Herman Göring, vice-chanceler do Reich; o grande almirante Karl Dönitz; o marechal Keitel e o ministro das Relações Exteriores, Ribbentrop.

Com o braço esticado para a saudação fascista, eles simulam um faz de conta. Fingem que o homem à frente deles ainda é capaz de salvar o país, ou ao menos Berlim. Hitler completa oficialmente 56 anos, e mais parece um espectro amaldiçoado. Um fantasma que se esconde sob a terra úmida da capital do Reich.

O que foi feito do homem que doze anos antes inflamava milhões de alemães? Tornou-se um velho com mal de Parkinson, que pena para reinar acima de um abrigo antiaéreo de concreto armado. Erwin Giesing, um de seus médicos pessoais, escreveu sobre ele depois de auscultá-lo, em fevereiro de 1945: "Parecia mais velho e ainda mais encurvado. Seu rosto estava lívido e com olheiras profundas. Sua voz saía clara, mas apagada. Notei que o tremor no braço esquerdo se agravava quando ele não segurava a própria mão. Por isso, Hitler mantinha o braço pousado em cima da mesa ou no encosto do sofá. [...] Fiquei com a impressão de estar diante de um homem absolutamente exausto e ausente".[6]

Erich Kempka, seu motorista, também presencia o 56º aniversário. "Nesse 20 de abril de 1945, me lembrei dos anos anteriores, quando o povo alemão celebrava a data e quando eram organizadas grandes recepções e desfiles."[7] Desses desfiles grandiosos, nada sobrou. As orquestras militares e suas músicas cheias de pompa na praça da Technische Hoschule em Berlim desapareceram, os bandos de admiradores amontoados à beira das estradas com bandeirinhas com a suástica negra foram esmagados pelas bombas aliadas. E onde foram parar as centenas de diplomatas que vinham do mundo inteiro para prestar homenagem ao homem forte de uma Alemanha conquistadora?

Um documento surpreendente, guardado no Arquivo Militar do Estado Russo, em Moscou, resume o declínio do regime nazista. Depois de entrar na Chancelaria do Reich, em 1º de maio de 1945, o Exército Vermelho se apodera de uma obra curiosa: um grande livro de couro vermelho com uma águia ornada de uma coroa de louros e uma cruz gamada ao centro. É nada mais, nada menos que um "livro de ouro", onde os diplomatas estrangeiros convidados para cerimônias importantes inscreviam seus nomes. Entre as festas celebradas, destacam-se o Ano-Novo, a festa nacional alemã e, é claro, o aniversário do Führer. Cada conviva assinava, indicava sua função e, às vezes, registrava seu entusiasmo pelo regime nazista.

No dia 20 de abril de 1939, Hitler festeja seus cinquenta anos. Está no poder há seis anos, tendo anexado a Áustria, a região dos Sudetos e a Boêmia-Morávia. Persegue abertamente os judeus-alemães e preocupa cada vez mais as democracias europeias. Mas quem se importa? O ditador não deixa de ser respeitado pelos sessenta diplomatas que lhe prestam homenagem. As assinaturas caprichadas desse dia ocupam seis páginas do livro. Entre elas, a dos representantes da França e do Reino Unido. Para eles, será a última ocasião de desejar um feliz aniversário a Hitler, pois em menos de cinco meses, no dia 1º de setembro, a guerra contra a Alemanha será declarada.

Virando algumas páginas, chegamos a 1942. Hitler celebra seus 53 anos. Ele não preocupa mais as democracias ocidentais: ele as aterroriza, quando não as destrói. A lista de vítimas é longa: França, Bélgica, Holanda, Dinamarca, Noruega, Polônia... O Führer está no auge do poder, e isso se faz sentir no afluxo de diplomatas a seu aniversário. Mais de cem assinaturas ocupam doze páginas. Não encontramos mais as dos franceses nem as dos ingleses, muito menos as dos americanos, mas seguem presentes as dos italianos, japoneses e espanhóis. E a assinatura de um fiel das festas nazistas: o núncio apostólico do papa Pio XII.

Dia 20 de abril de 1945. Última data registrada no imponente compêndio de assinaturas.

Faltam as letras em grandes caracteres tipográficos no início da página. Talvez o secretário pessoal do Führer estivesse sem tempo. Em vez disso, uma simples data foi esboçada às pressas na margem: 20.4.45. Há cinco assinaturas de diplomatas. Cinco. Quem são eles? Os nomes estão quase ilegíveis, tão trêmulas são as letras. Conseguimos decifrar um embaixador afegão, um tailandês e um chinês. Onde estão os outros, que se orgulhavam de participar das festas do regime? Desapareceram. Nem mesmo o representante do Vaticano ousa assinar aquele livro doravante maldito. O núncio apostólico, contudo, não perdia nenhuma cerimônia nazista desde 1939. Ainda presenciou o Ano-Novo de 1945. Sua letra bem caprichada e desenhada nessas páginas infames comprova a existência de laços diplomáticos hoje muito constrangedores.

Nesse 20 de abril de 1945, todos fogem de Hitler. Todos que podem e ousam.

Mesmo os nazistas, inclusive do primeiro círculo dos altos dirigentes, como o marechal Göring, um dos homens mais emblemáticos do regime.

Hermann Göring não deixa de ir a Berlim. Fiel a seu temperamento excessivo, mais uma vez jura com ardor sua profunda afeição, sua fidelidade eterna e sua certeza na vitória iminente. Depois, foge o mais rapidamente possível para as montanhas de Obersalzberg. Não por medo dos combates em Berlim, mas, segundo ele, para preparar, nos Alpes bávaros, a contraofensiva. A partida apressada do impetuoso marechal não passa despercebida no bunker. "Após um momento espantosamente breve, Göring saiu do gabinete de Hitler e do Führerbunker", escreve o motorista do ditador, Erich Kempka. "No mesmo dia, ele fugiu de Berlim e nunca mais voltou."[8]

A fuga de Göring deixa os moradores do bunker chocados e, acima de tudo, apavorados. Seria sensato esperar a decisão de Hitler para deixar Berlim? O sargento-ajudante Rochus Misch, telefonista do Führerbunker, confirma o perigo à espreita: "Em 20 de abril, dia do 56º aniversário de Hitler, os tanques soviéticos haviam chegado aos subúrbios da capital. A cidade estava praticamente cercada. Na véspera ou nesse mesmo dia, alguém desceu ao bunker para anunciar que era possível ouvir o estrondo dos tiros de artilharia".[9]

Para as tropas russas, essa era uma data angustiante. E se os rumores da arma especial nazista, capaz de inverter o curso da guerra, fossem verídicos? A propaganda alemã afirmava que a arma seria revelada no dia do aniversário do ditador. "Alguns homens tinham avistado os veículos cobertos por lonas que transportavam a arma secreta em questão", conta Elena Rzhevskaya, intérprete alemã do Exército Vermelho. "Tentávamos adivinhar seu poder de destruição. Esperávamos o anúncio pelo rádio."[10] Mas nada aconteceu. A nova arma era a bomba atômica. Os engenheiros nazistas trabalhavam nela havia anos. Os ataques aéreos dos Aliados sobre os terrenos industriais alemães por meses a fio atrasaram de maneira considerável o plano insano de Hitler. O ministro do Armamento, Albert Speer, estima em suas memórias que "se tivéssemos conseguido concentrar e mobilizar ao máximo todas as forças do país, a Alemanha talvez tivesse conseguido produzir uma bomba atômica em 1947, mas com certeza não ao mesmo tempo que os americanos, em agosto de 1945".[11]

21 de abril de 1945

O último ato começou.
Erich Kempka, motorista de Hitler

Os tanques russos estão a poucos quilômetros de Berlim. A capital se encontra sob tripla ameaça soviética: a norte, leste e sul. A oeste a cidade segue preservada. A ofensiva anglo-americana está atrasada e suas primeiras tropas avançam a quinhentos quilômetros dos subúrbios berlinenses. Hitler aproveita para transferir suas unidades da frente oeste para a frente russa.

Mas a situação não deixa de ser catastrófica. Os obuseiros soviéticos conseguem atingir os jardins da Chancelaria. As detonações das bombas explodem as vidraças do palácio de Hitler, causam rachaduras nas paredes de mármore, como se elas fossem de papelão, e chegam a reverberar nos abrigos subterrâneos. Mais uma vez, o círculo mais próximo do Führer implora para fugir. O aeroporto de Gatow, a sudoeste de Berlim, continua acessível. Hans Baur, piloto oficial de Hitler, está no bunker há várias semanas, pronto para evacuar o Führer a qualquer momento. Vários aviões são especialmente preparados e apenas aguardam um sinal verde para decolar. Bormann, secretário de Hitler e seu homem mais fiel, também o pressiona por uma partida imediata. Na véspera, chegou a tomar a iniciativa de acelerar a transferência do quartel-general berlinense para Obersalzberg.

As esperanças se esvaem com a decisão do Führer de lançar um contra-ataque. Para levá-lo a cabo, ele conta com o general Steiner, da ss, um militar de personalidade forte, endurecido por dois anos na frente russa. É sobre ele que recai a pesada tarefa de impedir o cerco fatal de Berlim. Para cumpri-la, Steiner recebe tudo de que precisa. Hitler reúne milhares de homens bem equipados e aguerridos num novo exército chamado Armeeabteilung Steiner [Destacamento do Exército Steiner]. Para o Führer, é evidente que essas tropas de choque conseguirão deter o ataque do Exército Vermelho. Como em 1940, durante a Batalha da França, Hitler quer mostrar aos líderes da Wehrmacht como se vence uma guerra. Mas as coisas mudaram em cinco anos. As unidades alemãs, massacradas, só existem nos delírios autocráticos de Hitler. As tropas que deveriam se unir ao exército de Steiner são virtuais. Elas se esvaem em meio ao bulício dos combates ou são bloqueadas pelas tropas soviéticas e se veem incapazes de se movimentar.

Hitler se recusa a enxergar essas evidências. Seu séquito não ousa contradizê-lo. O Führer decide ficar o mais perto possível dos combates, ou seja, no bunker. É impensável deixar Berlim em plena batalha. No entanto, ele consente que seus pertences pessoais e os arquivos militares sejam transferidos em segurança para a "fortaleza alpina". Na mesma ocasião, diz que quem quiser partir está livre para fazê-lo. A notícia se espalha pelos dois bunkers e desencadeia um início de pânico. Os interessados em partir sabem que os poucos quadrimotores Condor e trimotores Junkers ainda em serviço não podem levar todos. Uma lista de felizes eleitos é elaborada. Os homens quase brigam para estar nela. "Todos queriam partir. A todo momento chegavam homens que precisavam ir a Obersalzberg, dizendo que sua família estava na Baviera, que eram originários da região, que queriam defender o local etc. Na verdade, só queriam fugir de Berlim o mais rápido possível."[12]

Os aviões chegam a seu destino. Menos um. O que leva os documentos pessoais de Hitler é derrubado pela aviação americana.

A sorte havia definitivamente abandonado o líder nazista.

22 de abril de 1945

A guerra está perdida!
Adolf Hitler

Ao amanhecer, os tiros da artilharia russa retomam sua cadência mortal sobre a Chancelaria. Mesmo uma dezena de metros abaixo da superfície, os bombardeios ecoam violentamente e acabam despertando Hitler por volta das dez horas. O Führer se queixa da algazarra. Quem ousa perturbar seu sono? Todos no Führerbunker sabem que ele não acorda antes da uma da tarde.

Faz vários meses que Hitler sofre de insônia e só vai se deitar por volta das quatro ou cinco da manhã. Todos a sua volta precisam se adaptar rapidamente a seu novo ciclo de sono. Como não consegue dormir, ele decide aproveitar as noites em claro. É com toda naturalidade, portanto, que marca reuniões militares para as duas ou três da manhã. As secretárias não são poupadas, pois são regularmente convidadas a tomar chá com ele. E isso sempre no meio da noite. Um ritmo estafante.

Hitler não admite ter sido acordado às dez horas. Ele se queixa ao criado, o oficial da ss Linge. "Que barulho é esse?", pergunta. O bairro da Chancelaria está sendo bombardeado?

Linge responde, para tranquilizá-lo, que é apenas a DCA alemã, a defesa antiaérea, e alguns canhões russos de longo alcance.

A realidade é completamente outra. As defesas em torno de Berlim cedem sob a pressão dos russos. Ao sul, eles abrem uma brecha e avançam sobre os subúrbios da cidade. Ao norte e a leste, os blindados do Exército Vermelho esmagam tudo ao passar.

Mas isso logo cessará, pois Steiner e seu exército com certeza começaram seu ataque ao inimigo. É questão de tempo, julga Hitler. Às quatro da tarde, durante uma reunião militar, seu Estado-Maior ousa anunciar a tenebrosa verdade: por falta de homens e equipamentos, a ofensiva Steiner não foi lançada. E o mais importante: nunca será.

A reação do ditador, segundo os testemunhos, é... assustadora. Nicolaus von Below, oficial adjunto do Führer na Luftwaffe, presenciou a cena. "Hitler ficou furioso. Ele ordenou a todos que deixassem o recinto, com exceção de Keitel, Jodl, Krebs e Burgdorf, depois começou um furioso sermão contra os generais e sua 'traição permanente'. Eu estava sentado ao lado da porta na sala ao lado e ouvi quase tudo. Foi uma meia hora terrível."[13] A ira do ditador é tal que os generais da Wehrmacht e da ss presentes reagem como alunos assustados. Baixam a cabeça e fogem do olhar do mestre. O fiel Linge, íntimo do Führer, não escapa a sua cólera. "Agora você está contente, Linge. Até os membros da ss agem pelas minhas costas e me decepcionam no mais alto grau. Agora, só me resta ficar em Berlim e morrer aqui."[14]

Morrer aqui! A ideia de que o Führer possa morrer deixa os presentes aterrados. Goebbels é informado e chega ao bunker às pressas. Num primeiro momento, tenta trazê-lo de volta à razão. Não conseguindo, muda de estratégia. Como costuma fazer, imita o líder e declara a quem quiser ouvir que também permanecerá em Berlim, custe o que custar. Chega inclusive a considerar a absolutamente genial ideia do sacrifício último. Entre os presentes, o desânimo rivaliza com a repulsa. Os oficiais não compreendem a mórbida complacência de Goebbels. Suicidar-se seria o mesmo que abandonar o povo alemão. Uma opção impensável! Ao menos com o inimigo às portas da capital. "Quais são nossas ordens?", perguntam, quase implorando, os generais a Hitler. Há tantos anos obedecem cegamente que tomar iniciativas lhes parece impossível, inconcebível.

Logo depois da guerra, em junho de 1945, um dos oficiais presentes na sala de reuniões, o general Jodl, capturado pelos ingleses, esclarece mais alguns detalhes sobre a crise de 22 de abril. "Não tenho mais ordens a dar", responde Hitler. "Se quiserem um líder, recorram a Göring. Ele dará as ordens a partir de agora." Göring?! Jodl e os outros oficiais do Estado-Maior se recusam a ser comandados por um dos homens mais corruptos e incompetentes do Reich. "Nenhum soldado aceitará lutar por ele!", protestam. "Mas quem falou em lutar? Não se trata mais disso", continua Hitler, com a voz grave. "É preciso negociar... e Göring é melhor do que eu nesse jogo."[15]

Como bom oficial bávaro, Jodl bate os calcanhares e transmite a informação ao general Koller, representante de Göring no bunker. Koller parte apressado para Obersalzberg para avisá-lo da decisão de Hitler.

Goebbels assiste à cena. Para ele, está fora de questão deixar seu inimigo mortal, o gordo Göring, tomar o poder. É verdade que, no decreto assinado em 29 de junho de 1941, Hitler já fizera dele seu sucessor oficial. Se morresse, o novo Führer seria automaticamente... Göring. Para Goebbels, é imperioso convencer

Hitler a prosseguir com a guerra. Deve restar alguma esperança, alguma opção militar. Goebbels pergunta a Jodl se ainda é possível impedir a queda de Berlim. "Respondi que seria possível apenas se desmobilizássemos as tropas do rio Elba para lançá-las à defesa de Berlim."[16] Goebbels comunica isso a Hitler imediatamente. Existe uma esperança, informa. Não será Steiner que libertará o Reich, mas outro general, Walther Wenck, à frente do 12º Exército, composto por quinze divisões, com cerca de 70 mil homens, em sua maioria aprendizes e cadetes, mal formados e mal equipados.

Hitler se permite acreditar na nova quimera.

Goebbels triunfa sobre Göring.

23 de abril de 1945

Sei que Göring é corrupto.
Adolf Hitler

A crise da véspera deixa marcas no coração dos ocupantes dos bunkers. Parte dos generais e dos dirigentes do aparelho nazista abandona o abrigo como se fugisse de uma zona contaminada por um vírus mortal. O círculo íntimo de Hitler se reduz um pouco mais. Restam apenas os apoiadores indefectíveis, os desvairados do Reich, como Goebbels, que chega ao Führerbunker na véspera, junto com a mulher e os filhos, além da fiel Eva Braun e do servil Martin Bormann.

Depois de tomar a decisão de ficar em Berlim até o fim, Hitler parece mais calmo. Como se aliviado. Sua saúde física continua frágil, a mão esquerda treme cada vez mais, e ele se queixa regularmente de dores no olho direito. Linge precisa lhe aplicar diariamente uma pomada ocular com 1% de cocaína. Sua saúde mental, porém, segundo os testemunhos dos moradores do bunker, não se altera.

Mas um radiotelegrama abala profundamente a frágil serenidade de Hitler. A mensagem chega no fim da tarde, vinda de Obersalzberg e assinada por Göring. O comandante-chefe da Luftwaffe foi informado da decisão de Hitler de lhe deixar a possibilidade de iniciar negociações em seu nome. Coisa impensável em tempos normais, já que Hitler tinha o costume de decidir tudo sozinho. O herdeiro do regime conclui que seu superior não goza mais de liberdade de movimentos e ações. Terá caído nas mãos dos russos? Ou estará tecnicamente incapacitado de comunicar suas ordens aos diferentes Estados-Maiores do Exército alemão? Seja como for, das profundezas de seu posto de comandante nos Alpes bávaros, ele julga que Hitler não tem mais condições de dirigir o Reich e que deve tomar seu lugar. Prudente, Göring informa seu superior de sua intenção, conferindo-lhe a possibilidade de tranquilizá-lo e, portanto, de interromper o processo. Eis o conteúdo do radiotelegrama: "[...] senti-me obrigado a considerar, se nenhuma resposta chegar até mim antes das dez horas da noite, que o senhor perdeu sua liberdade de ação. Porei em prática então as condições de seu decreto e tomarei as decisões necessárias para o bem de nossa Nação e de nossa Pátria".

Assim que a mensagem chega ao bunker, Bormann a intercepta. O secretário do Führer exulta. Finalmente conseguirá se livrar de Göring, homem que considera ao mesmo tempo incapaz e corrompido. Ele se apresenta a Hitler com o radiotelegrama em mãos, denunciando um golpe de Estado, um ultimato, uma traição. Sugere uma viagem imediata a Obersalzberg para restabelecer a ordem no Reich e atirar Göring na prisão.

Bormann havia sido informado, nesse 23 de abril, de que o sudoeste de Berlim ainda estava livre, de modo que era possível encontrar uma passagem para fugir. Albert Speer, ministro do Armamento e arquiteto do Reich, testemunha a cena. Num primeiro momento, as palavras de Bormann não causam efeito algum sobre Hitler. Mas um segundo radiotelegrama de Göring acaba chegando.

Assunto importante! A ser transmitido somente por oficiais! Radiotelegrama n. 1899. Robinson a Príncipe-eleitor, dia 23-4, 17h59. Ao ministro do Reich Von Ribbentrop. Roguei ao Führer que me passasse instruções até o dia 23-4 às 22h. No caso de, nesta data e nesta hora, ficar evidente que o Führer perdeu sua liberdade de ação no comando dos assuntos do Reich, seu decreto de 29-6-1941 entrará em vigor. A partir desse momento, preencherei, conforme indicado no decreto, todas as funções em seu lugar. Se, até as 24h de 23-4-45 não receber nada do Führer diretamente ou por meu intermediário, rogo-lhe que venha me encontrar imediatamente por via aérea. Assinado: Göring, Reichsmarschall.

Bormann exulta com a nova prova da duplicidade de Göring. "É uma traição", ele argumenta diante de um Hitler em estado de choque. "Ele está enviando telegramas aos membros do governo para comunicar que assumirá suas funções à meia-noite de hoje." Speer lembra da reação do Führer: "Com o rosto vermelho e os olhos esbugalhados, Hitler parecia ter esquecido todos a seu redor. 'Sei que Göring é abominável. Sei disso há muito tempo', ele repetia. 'Corrompeu a Luftwaffe. Está corrompido. Foi seu exemplo que permitiu que a corrupção se instalasse em nosso Estado. Além disso, faz anos que usa morfina. Sei disso há muito tempo'".[17] Göring não terá chance de se defender. Bormann se encarrega de dirigir um radiotelegrama a seu inimigo pessoal.

Para Hermann Göring, Obersalzberg. Com sua ação, o senhor se tornou culpado de alta traição ao Führer e ao nacional-socialismo. A traição é punida com a morte. Contudo, devido aos serviços prestados ao Partido, o Führer não impingirá o castigo supremo, sob a condição de que o senhor renuncie a todas as suas funções por motivos de saúde. Responda sim ou não.

O comandante das unidades da ss de Obersalzberg recebe, enquanto isso, outra mensagem de Bormann. Nela está escrito que Göring é um traidor, que deve ser preso imediatamente e que, se Berlim vier a cair nos próximos dias, deverá ser executado.

Meia hora depois, a resposta de Göring chega ao bunker da Chancelaria. Ele se demite oficialmente de todas as suas funções em razão de uma grave doença cardíaca.

24 de abril de 1945

Soldados, feridos, berlinenses, todos às armas!
Apelo de Goebbels na imprensa

Berlim está quase toda cercada. O aeroporto de Schönefeld, no subúrbio sudeste, é tomado. Júkov e Konev aceleram as investidas. Os marechais soviéticos apostam a carreira nessa batalha. Vence aquele que derrubar Berlim e capturar Hitler.

A cada hora, milhares de alemães morrem sob os bombardeios russos. Sobretudo civis, mulheres e crianças impossibilitados de sair da cidade. A idade legal para posse de arma no Exército alemão é consideravelmente ampliada. Adolescentes e aposentados são recrutados e postos no apocalíptico campo de batalha.

Recusar-se a lutar ou tentar se entregar aos russos para acabar com uma guerra já perdida leva a mortes não menos trágicas.

Grupos de fanáticos nazistas percorrem dia e noite as ruas de Berlim em busca de "traidores", que são fuzilados ou enforcados em público.

Protegido em seu pequeno quarto no Führerbunker, Goebbels transborda de energia. A capital do Reich está prestes a cair, mas o ministro da Propaganda produz um caudaloso número de comunicados delirantes e ameaçadores. Conclama todos os berlinenses, saudáveis ou feridos, a engrossar as fileiras de combatentes nazistas. Para Goebbels, os que hesitam não passam de "filhos da puta". A rádio alemã, por sua vez, difunde ininterruptamente mensagens como "O Führer pensa por vocês, apenas cumpram suas ordens!" ou ainda "O Führer é a Alemanha".

O jornal nazista *Der Panzerbär* (urso blindado, em referência ao animal que é símbolo da cidade de Berlim) publica na capa da edição de 24 de abril de 1945 aquela que será a última declaração pública de Hitler.

Lembrem-se:
Quem apoiar ou simplesmente aprovar diretrizes que enfraquecem nossa perseverança é um traidor! Deve ser imediatamente condenado ao fuzilamento ou à forca.

Cerca de dez metros abaixo da superfície, Hitler e seus últimos seguidores não podem imaginar o inferno vivido pelos berlinenses. Não sem razão, não ousam pôr o pé para fora. Os oficiais da SS encarregados da segurança do abrigo antiaéreo e de seus ocupantes são os únicos a sair ao ar livre. Mas nunca lhes perguntam a respeito da situação, e eles nem cogitam prestar contas ao Führer. A hipótese de abandonar o abrigo aterroriza até mesmo esses soldados aguerridos. A lei marcial entra em vigor em toda Berlim no dia 20 de abril. Rochus Misch, o telefonista do bunker, não escapa à angústia geral: "Eu também tinha medo de ser preso pela Gestapo se fosse capturado nas ruínas da cidade. [...] Hentschel [seu colega no receptor telefônico do bunker] e eu estávamos convencidos de que a polícia secreta nos mataria se fôssemos capturados".[18]

***

A cada hora que passa, o Führerbunker se transforma um pouco mais na mortalha de seus ocupantes.

Mesmo assim, a vida aos poucos se organiza entre as espessas paredes de concreto. As más notícias do cotidiano se sucedem com monotonia. A tragédia hitlerista encena seu último ato com esmero. Restam apenas algumas dezenas de atores, mas eles desempenham seus papéis com absurda perfeição. Nesse microcosmo de um agonizante Terceiro Reich, uma fauna patética tenta se manter viva. Há militares convencidos de que a obediência cega ao líder os exime de qualquer responsabilidade, políticos unidos por um ódio recíproco e uma jovem geração de alemães nazificados desde a escola devotos até a morte. Hitler é o único que ainda consegue unir esses homens e mulheres com os nervos à flor da pele. E impedir que matem uns aos outros.

Embora alguns comecem a titubear, a maioria continua dedicando um culto absoluto ao Führer. Ele calculou, previu e organizou tudo, pensam. As sucessivas derrotas só podem ser uma armadilha para os russos. Sim, só pode ser isso. A prova é que Hitler parece muito tranquilo. Ele brinca com a fêmea de pastor-alemão, a famosa Blondi, que acaba de ter filhotes. Os cachorrinhos correm e latem pelos corredores atravancados de botas e capacetes. O bunker inteiro praticamente se converte em jardim de infância depois que Goebbels pede à mulher, a altiva e loira Magda, que vá a seu encontro junto com os seis filhos do casal. Arrumam um lugar para eles no *Vorbunker*. Nada menos que quatro cômodos são reservados às crianças e à mãe. Joseph Goebbels, por sua vez, é alojado no *sactum sanctorum*, o *Hauptbunker*. A poucos metros de seus queridos filhos: Helga, de doze anos, Hildegard, de onze, Helmut, de nove, Holdine, de oito, Hedwig, de sete, e Heidrun, de quatro. O nome de todos começa com a letra H, de Hitler. Era o mínimo que o casal Goebbels podia fazer por seu Führer.

Como crianças entre os quatro e os doze anos de idade passam o tempo dentro de um bunker bombardeado dia e noite? Brincando. Brigando. Correndo de um aposento a outro aos gritos. Às vezes os soldados se veem obrigados a repreendê-las ou expulsá-las das salas de operações militares. Outras, divertem-se ensinando-as a cantar uma melodia em homenagem às glórias daquele que elas afetuosamente chamam de "tio Führer". Elas não parecem preocupadas. Logo se acostumam ao estrondo das bombas e ao tremor das fundações de concreto. Diferentemente de alguns adultos, como o médico pessoal de Hitler, o dr. Morell, charlatão obeso, de higiene duvidosa e olhar oblíquo, que literalmente morre de medo. Morell não aguenta mais. Solicita e obtém autorização para ir embora, pois seu coração, ele garante, não consegue mais suportar as rajadas da artilharia russa. Os filhos de Goebbels acham graça da cara severa e preocupada dos oficiais da ss. Não lhes passa pela cabeça que o "tio Führer" possa mentir. Pois não disseram que logo, logo soldados bonzinhos chegariam e expulsariam os russos malvados? E que, depois, poderiam brincar no jardim, ao ar livre?

Magda Goebbels também tenta se ocupar. Símbolo quase wagneriano da esposa nazista, reúne todas as forças para não ceder à pressão. Aos 43 anos, faz tempo que não acredita mais nas histórias delirantes do marido. Não finge mais acreditar na certeza da vitória, na presciência do Führer ou em nada do tipo. Entendeu perfeitamente que o bunker será um túmulo para ela e para os filhos. Em pouquíssimo tempo, consegue encontrar uma atividade para não perder a razão, uma obsessão doméstica que pode parecer absurda num momento tão dramático, mas que a devolve ao mundo dos vivos: manter limpas as roupas das crianças. E arrumadas. Como as Valquírias, tão importantes no imaginário nazista, Magda aceita o fim trágico de sua família. Está convencida de que, se o Terceiro Reich deve desaparecer, ela desaparecerá com ele e protegerá os filhos de uma vida num mundo sem nazismo. Um único medo a paralisa: morrer cedo demais. Antes de poder tirar a vida de seus queridos filhos. Ou, pior ainda, perder a coragem e não ter forças para o sêxtuplo infanticídio que precisará cometer. Então, regularmente, com um olhar quase enlouquecido, pede ajuda e apoio às pessoas a sua volta. Ajuda para matar seus filhos quando chegar a hora.

25 de abril de 1945

> *Pobre Adolf, abandonado por todos, traído por todos!*
>
> Eva Braun

A ofensiva do exército de Wenck não dá em nada. O impetuoso general é detido na altura de Potsdam, meia hora a sudoeste da capital. O centro de Berlim fica vulnerável aos ataques das tropas de choque soviéticas. A Nova Chancelaria, edifício maciço desenhado e construído seis anos antes pelo arquiteto do regime, Albert Speer, resiste surpreendentemente à avalanche de bombardeios russos. E isso apesar de a artilharia do Exército Vermelho concentrar os tiros sobre a toca do Führer. Os americanos, por sua vez, efetuam um amplo ataque aéreo a Obersalzberg. A principal opção de recuo dos líderes nazistas desaparece.

Nos corredores do Führerbunker, a disciplina antes muito estrita dá lugar a um ambiente de fim de reinado. Os homens se permitem fumar e beber, hábitos normalmente impensáveis, pois

Hitler, o asceta, era contra. As secretárias do Führer, Gerda Christian e Traudl Junge, não têm mais nada a fazer (as duas outras, Christa Schroeder e Johanna Wolf, deixaram o bunker no dia 22 de abril) e conversam com a nutricionista pessoal dele, Constanze Manziarly, e com Eva Braun, que muitas vezes se junta a elas para o chá. Frau Goebbels não participa do grupo. Todos a evitam, pois parece muito perto da demência, quase caindo em prantos cada vez que fala nos filhos.

Já Eva Braun se mostra inteiramente à vontade. A jovem de 33 anos brilha mais do que nunca, saboreando o momento histórico. A amante do Führer pode enfim desfrutar da plenitude da vida. Enfraquecido demais, Hitler precisa dela. A elegante bávara nunca perde o sorriso e adora receber os distintos visitantes do bunker. Desculpa-se pelo pouco conforto, é claro. Quando Speer passa para se despedir do Führer, ela o convida para beber alguma coisa. Consegue inclusive um pouco de champanhe gelado para a ocasião — uma garrafa de Moët & Chandon. Em vez das descomunais salas de recepção da Chancelaria, é preciso se contentar com um aposento pequeno de paredes-cegas e cheiro acre de concreto. Eva o decora de maneira encantadora. "Ela o arrumou com gosto, utilizando os belos móveis que eu havia desenhado anos antes para seus dois quartos nos aposentos da Chancelaria", conta Albert Speer. "Na verdade, era a única no bunker, entre todas aquelas pessoas fadadas à morte, a demonstrar uma soberana e admirável calma. Enquanto outros estavam tomados de heroica exaltação, como Goebbels; preocupados com a própria sobrevivência, como Bormann; apáticos, como Hitler, ou dilacerados, como a sra. Goebbels, ela demonstrava uma serenidade quase alegre."[19] Não sem motivo, pois a jovem está prestes a obter o que Hitler lhe recusa há tanto tempo: o casamento. Enquanto espera a noite de núpcias, ela passa o tempo se arrumando, mantendo as aparências, servindo chá às companheiras de infortúnio e se queixando da guerra tão mortífera para os alemães. Sua própria morte não lhe parece um problema: ela está preparada. Mas como morrer adequadamente? "Quero ser um cadáver bonito", confidencia a Traudl Junge. Nem pensa em se dar um tiro na boca ou explodir o belo rosto como uma melancia madura. Ficaria péssima, e ainda não poderia ser reconhecida, ela argumenta. É claro que seu corpo será fotografado pelos vencedores e apresentado ao mundo inteiro, para depois ir parar nos livros de história. A única solução, Eva conclui, é o veneno. Cianeto. Parece que todos os oficiais do bunker dispõem de uma cápsula dele. Hitler também.

26 de abril de 1945

> *Mantenha-se vivo, meu Führer, essa é a vontade de todos os alemães!*
>
> Hanna Reitsch, ás da aviação alemã

Todos os generais o abandonam. Hitler acorda de mau humor. Oficiais da Wehrmacht, oficiais da ss, ele execra a todos. A seus olhos, na melhor das hipóteses não passam de um bando de incompetentes; na pior, são traidores e covardes. O bunker está cercado. Agora é a vez do aeroporto de Tempelhof cair nas mãos dos russos. Restam apenas as pistas de Gatow, a sudoeste da cidade. Por quanto tempo resistirão? Os russos intensificam os ataques. Mesmo assim, um pequeno aeroplano de dois lugares, um Fieseler-Storch, consegue aterrissar. O piloto é o general de aviação Ritter von Greim. Ele viaja com Hanna Reitsch, sua companheira, vinte anos mais nova. Ela atua como copiloto. Acaba de completar 33 anos e não quer por nada no mundo perder a oportunidade de rever Hitler. Além disso, é considerada um ás da aviação civil alemã e não teme ziguezaguear por entre as bombas da DCA soviética. Greim e Reitsch estavam em Rechlin, base nazista situada 150 quilômetros ao norte da capital, quando receberam, na antevéspera, uma ordem clara do Estado-Maior do Reich: "Venham imediatamente para Berlim! O Führer quer vê-los".

Em Gatow, Von Greim interroga os oficiais nazistas: por que ele arriscou a vida para ir a Berlim? Segredo de Estado, respondem-lhe. "Mas a ordem continua atual?", irrita-se o general de aviação. "Mais do que nunca. Vá ao bunker, custe o que custar."

Apenas trinta quilômetros separam o aeroporto de Gatow do Führerbunker, mas as estradas ameaçam cair sob controle inimigo. Apenas por via aérea pode-se alcançar Hitler. É preciso voltar ao pequeno avião. O casal tenta se esgueirar por entre os projéteis soviéticos que varrem o céu berlinense. Ao cabo de alguns minutos, a aeronave, que voa rente ao chão, é atingida por uma rajada de metralhadora. "Fui ferido", grita Von Greim antes de desmaiar. Uma bala atravessou a carlinga e perfurou seu pé. Hanna Reitsch, sentada atrás dele, passa por cima de seu corpo e pega o manche. Ela conhece Berlim como a palma da mão, pois a sobrevoou inúmeras vezes. Mas nunca pilotou sob o fogo da artilharia mais potente do mundo. Em Gatow, o oficial nazista lhe garantiu que uma pista improvisada fora preparada para que pudessem aterrissar perto do bunker, ao lado do Portão de Brandemburgo. Hans Baur organizara tudo. Os postes de luz haviam sido retirados em várias centenas de metros para impedir que as asas do avião quebrassem ao pousar. Ideia engenhosa. Reitsch consegue aterrissar em plena rua, um pouco além do local previsto por Baur. A hélice ainda está girando quando soldados soviéticos se aproximam. Por sorte um veículo nazista chega como uma flecha para resgatar os dois.

Eles chegam ao bunker por volta das seis da tarde, sãos e quase salvos. A primeira a recebê-los é Magda Goebbels. Tomada por uma crise nervosa, ela começa a chorar assim que vê o casal. Terá pensado que tinham vindo salvá-los? Von Greim não lhe dá atenção. Volta a si, mas sangra abundantemente. É carregado até uma pequena sala de operações. Hitler não tarda a ir a seu encontro. Finalmente um homem de coragem, exulta o Führer. O resto do diálogo entre ambos será relatado por Hanna Reitsch aos serviços secretos americanos, em outubro de 1945, quando caiu prisioneira.

> *Hitler: Sabe por que pedi que viesse?*
> *Von Greim: Não, meu Führer.*
> *Hitler: Porque Hermann Göring traiu e abandonou a mim e à Pátria Mãe. Pelas minhas costas, estabeleceu contato com o inimigo. Sua ação foi uma prova de covardia. E, contra minhas ordens, fugiu para Berchtesgaden. De lá, enviou um telegrama desrespeitoso. Disse que eu um dia o nomeei meu sucessor e que, agora, como não estou mais em posição de dirigir o Reich a partir de Berlim, está disposto a fazer isso em meu lugar, de Berchtesgaden. Encerrou o telegrama dizendo que, se não recebesse uma resposta minha até as nove e meia da noite [no texto de Göring, fala-se em 22h] da data do telegrama, deduziria que eu concordava.*

Hanna Reitsch, que admira o Führer apesar de nunca ter aderido ao partido nazista, descreve a cena como "dramaticamente pungente". Segundo ela, Hitler lacrimeja ao mencionar a traição de Göring. Parece profundamente ofendido, quase como uma criança. Depois, como costuma acontecer, seu humor muda da água para o vinho, num instante. Seus olhos voltam à vida, as sobrancelhas se franzem e os lábios se contraem nervosamente. "Um ultimato!", ele começa a berrar como um demente. "Recebi um ultimato!! Não fui poupado de nada. Nenhuma fidelidade foi respeitada, nenhuma honra, nenhuma decepção me foi evitada, não há traição que eu não tenha conhecido, e agora mais essa. Não resta mais nada. Terei sofrido tudo!"

Von Greim e Reitsch não ousam interrompê-lo, petrificados diante da torrente de ódio que emana do homem por quem acabaram de arriscar a vida.

Eles não sabem nada a respeito da "traição". Von Greim é um general da Luftwaffe e, por isso, depende diretamente do "traidor" Göring, o todo-poderoso ministro da Aviação alemã até o último dia 23 de abril.

Hitler retoma, com calma: "Mandei prender Göring imediatamente por traição ao Reich. Demiti-o de todas as funções e excluí-o de todos as organizações. Foi por isso que mandei chamar vocês". Von Greim se levanta com dificuldade da cama improvisada, o pé o faz sofrer terrivelmente. Ele dissimula uma careta de dor. "Declaro-o sucessor de Göring no posto de *Oberbefehlshaber* [comandante-chefe] da Luftwaffe", conclui o Führer.

Então foi por isso que pediu a Von Greim para vir ao bunker! Uma nomeação como essa poderia perfeitamente ter sido enviada à distância. Mas Hitler não faz a menor ideia da situação fora de seu refúgio e continua não se preocupando com a vida de seus compatriotas, nem mesmo quando se trata de seus últimos e ainda leais generais.

Agora que o anúncio foi feito oficialmente, Von Greim precisa voltar a Rechlin. O Führer o faz entender que não há um minuto a perder. O ferimento no pé? Um contratempo infeliz, mas suportável em tempos de guerra! "Volte e comande a contraofensiva aérea!", ordena Hitler. Mas o céu berlinense mais parece um céu russo naquele momento. Efetuar uma aterrissagem de urgência numa rua bombardeada é uma coisa, decolar é outra. Para Hitler, pouco importa. Suas ordens prevalecem sobre a realidade circundante. A base aérea de Rechlin envia seus melhores pilotos remanescentes para buscar em Berlin o novíssimo chefe da Luftwaffe. Um a um, os aviões alemães são derrubados pelos russos. Von Greim e Reitsch precisam prolongar a temporada no bunker. Uma perspectiva que os deixa absolutamente encantados, pois morrer ao lado do Führer lhes parece o derradeiro privilégio.

Mais tarde naquela noite, Hitler convoca a jovem piloto. Ela tem a mesma idade de Eva Braun, mas uma personalidade muito diferente. O que Hanna Reitsch mais ama é a aventura, o risco e os calafrios que os acompanham. Piloto de testes da Luftwaffe, a propaganda do regime a utiliza para ilustrar a bravura e a coragem da Alemanha do Terceiro Reich. Ela se tornou a única mulher do império nazista a receber a Cruz de Ferro, a mais alta condecoração militar do país, e ainda por cima das mãos do próprio Hitler. Isso em outros tempos, quando a Alemanha aterrorizava a Europa inteira e derrubava um a um os Exércitos que a enfrentavam. Hitler subjugava homens e mulheres com sua verve vingadora. Dizia-se que seu olhar os penetrava como uma lâmina de aço finíssimo. Nesse 26 de abril, Hanna Reitsch reconhece o homem que tanto a encantou? O espectro diante dela será mesmo Hitler? Eis o que confessa aos serviços secretos americanos a respeito dessa conversa: "Numa voz muito baixa, ele me disse: 'Hanna, você está entre os que morrerão comigo. Cada um recebeu uma ampola de veneno como esta'. Então me deu um frasco". Para a intrépida aviadora, é o golpe de misericórdia. Ela desaba numa cadeira e começa a chorar. Pela primeira vez, percebe que a situação é desesperadora. "Meu Führer, por que continua aqui?", Hanna lhe pergunta. "Por que privar a Alemanha de sua vida? Quando os jornais anunciaram sua permanência em Berlim até o fim, o povo ficou paralisado de horror. 'O Führer precisa viver, assim a Alemanha poderá viver', é isso que o povo diz. Mantenha-se vivo, meu Führer, essa é a vontade de todos os alemães!"

Como Hitler reage a essa declaração de amor, a essa prova de devoção? A cena se desenrola sem a presença de testemunhas, então Hanna Reitsch é a única que pode relatá-la. Ela quer apresentá-lo como um homem de bom senso, um chefe de Estado preocupado com o futuro de seu povo, um humanista? Sem dúvida. Hanna atribui a ele palavras cheias de empatia, que nenhum membro de seu círculo íntimo jamais ouviu em outras ocasiões. Mas vamos continuar acompanhando esse episódio pelos olhos dela. Com calma e profundidade, o ditador nazista responde à jovem que não pode escapar a seu destino e escolhe ficar em Berlim para defender melhor os cerca de 3 milhões de berlinenses cercados pelos ataques soviéticos. "Quando decidi ficar, pensei que todas as tropas do país seguiriam meu exemplo e viriam socorrer a cidade. Pensei que realizariam esforços sobre-humanos para me salvar e assim salvariam também meus 3 milhões de compatriotas." Hitler se sacrificando pelo bem de seu povo? Até então, ele nunca se preocupara com o destino dos berlinenses. Pelo contrário. Sempre que seus conselheiros lhe suplicavam para sair do bunker e se refugiar nos Alpes bávaros, poupando Berlim de um longo e destrutivo cerco, ele recusava.

Traudl Junge, uma das duas secretárias pessoais do Führer ainda presentes no bunker, tem na memória uma Hanna Reitsch fascinada por Hitler. "Ela provavelmente era uma daquelas mulheres que o idolatravam, de maneira incondicional e sem reservas. […] Falava com ardor da vontade fanática de morrer pelo Führer e seu ideal."[20]

Hanna Reitsch não se permitia experimentar nenhuma objetividade em relação a Hitler, mínima que fosse? Despede-se dele com uma ampola de veneno na mão e volta para Von Greim, que está de cama com o pé ferido. Então lhe anuncia que a guerra está perdida.

27 de abril de 1945

> *Eva, você precisa deixar o Führer...*
> Hermann Fegelein, general da ss
> e cunhado de Eva Braun

  É impossível dormir. Apesar da espessura dos tetos e das paredes, o Führerbunker treme de alto a baixo. A artilharia russa segue com seu ritmo infernal a noite inteira. Hitler compreende que o contra-ataque de Wenck foi bloqueado e que seu general precisa de tropas novas. Mas onde encontrá-las?
  Os habitantes do abrigo, por sua vez, perdem as esperanças e, aos poucos, cedem à pressão. Os que não se afundam no álcool se questionam em voz alta sobre a melhor maneira de acabar com aquilo de uma vez por todas. Outros se trancam no quarto para chorar escondido. Hitler sente que perdeu o controle. Em vez de convocar mais uma reunião de instruções militares, decide organizar uma especial. Com sobriedade, chama-a de "reunião suicida". Calmamente, diante de uma plateia petrificada, expõe em detalhe

seus planos para que todos se matem quando chegar a hora. Em suma, assim que os soldados russos pisarem no jardim da Chancelaria, cada um deve pôr um fim à própria vida. É impensável que alguém de seu círculo seja capturado vivo. Aqueles que hesitarem podem contar com a ajuda dos leais membros da ss ou da Gestapo. A reunião se encerra com as sempiternas saudações nazistas e ruidosas promessas de que a palavra de todos será mantida até o fim.

Tomadas as devidas providências, Hitler perde a paciência. Um barulho insuportável ecoa por todo o bunker. Não é o som das bombas inimigas, mas de outra coisa. Linge, seu criado, lhe diz que a ventilação do abrigo funciona com dificuldade. O Führer se inquieta. Sem ela, fica impossível respirar lá dentro. Um enorme incêndio devasta o exterior, logo acima do bunker. É por isso que o sistema de ventilação não funciona bem. Hitler ouve as explicações do criado com calma e perplexidade. Um incêndio nos jardins da Chancelaria? Será possível? Pela primeira vez desde o dia 20 de abril, quando houve a pequena cerimônia de aniversário improvisada no grande hall da Nova Chancelaria, o Führer pede para sair do abrigo. Quer ver com os próprios olhos o que está acontecendo. Com dificuldade, ele se dirige à escada que leva à superfície e sobe degrau por degrau, agarrando-se ao corrimão metálico. Linge segue logo atrás, para prevenir uma eventual queda. A espessa porta blindada que leva ao jardim está fechada. Linge corre para abri-la. Bem na hora, um obus cai a poucos metros dali. A deflagração é ensurdecedora. Quando o criado se vira para ter certeza de que o Führer está bem, ele já desapareceu escada abaixo, a caminho de sua toca. A saída não acontecerá.

Já o general Fegelein, da ss, sai do bunker e não pensa em voltar. A ausência do representante oficial de Himmler só é notada à noite, durante a reunião do Estado-Maior. O Führer é tomado por uma raiva fria; sabe que Fegelein não concorda com seu plano de suicídio coletivo. Jogador inveterado e mulherengo, o general de

38 anos tem uma ardente vontade de viver que o incita a cometer o impensável: fugir. Hitler transforma aquela fuga numa questão pessoal, exigindo que Fegelein seja encontrado prontamente. Erich Kempka, motorista particular do Führer e responsável pela frota automotiva do bunker, sabe onde o general se esconde. Ele afirma que, por volta das cinco da tarde, Fegelein lhe pediu que colocasse à sua disposição os dois últimos veículos ainda em condições de uso. "Por razões militares", explicara. Trinta minutos depois, os veículos e seus condutores voltam ao bunker, sem o general da ss. Após rápida investigação, descobre-se que Fegelein se refugiou em seu apartamento particular em Berlim. Hitler e Bormann o acusam de traição. Soldados são enviados com toda a urgência ao endereço. Eles o encontram na cama com uma mulher. Que não é Gretl, sua esposa, irmã de Eva Braun. Os soldados se apoderam de malas preparadas para uma longa viagem e de sacos cheios de ouro, cédulas e joias. Fegelein não se defende. Está absolutamente embriagado e mal consegue caminhar.

Mas ele não se importa. Como cunhado de Eva Braun, não é praticamente um membro da família do Führer? Casara-se com Gretl Braun em junho de 1944 com o único objetivo de se proteger do círculo mais próximo ao Führer, dos Bormann, Goebbels e aliados que tanto o detestavam. Eles logo tinham compreendido que aquele alemão ariano tão querido por Hitler nunca acreditara no nazismo nem no culto ao homem superior. Fegelein prezava muito as mulheres, a vida e o dinheiro para se satisfazer com uma doutrina tão severa e mortal.

Mas ele não era um dos "protegidos" de Hitler? Não tinha sido o primeiro a lhe desejar um feliz aniversário no dia 20 de abril? Tudo lhe era perdoado. Quem pensava assim pouco conhecia o Führer. Embora, num primeiro momento, Hitler tenha decidido puni-lo com uma nomeação para uma unidade de combate em plena Berlim, acabou mudando de ideia. Fegelein seria julgado por deserção, por um conselho de guerra improvisado. Estaria sujeito a pena de morte.

Eva Braun não faz nada para defender o cunhado. Ela chega a revelar a Hitler que ele lhe telefonara na véspera. Queria convencê-la a fugir de Berlim com ele. "Eva, você precisa deixar o Führer se não conseguir fazer com que ele saia de Berlim. Não seja tão tola, agora se trata de uma questão de vida ou morte!", ele teria dito.[21]

É o que basta para selar em definitivo o destino do general da SS. Mas não se pode julgar um homem embriagado. Fegelein é posto numa cela, sob vigilância. Aguardarão que fique sóbrio para julgá-lo.

28 de abril de 1945

Abertura das negociações com Himmler para pôr um fim à guerra na Europa.

Agência Reuters

O dia começa mal. Por volta das nove horas, um oficial de uma unidade de combate da ss faz seu relatório a Hitler. Ele informa que os primeiros comandos russos se aproximam da Wilhelmstrasse, a pouco mais de um quilômetro da Chancelaria. E que Wenck ainda não chegou. A questão não é mais saber se o bunker cairá, mas quando a queda ocorrerá. Assim que a notícia se espalha, todos no abrigo pedem sua cápsula de cianeto. Não há ampolas para todos, somente alguns eleitos têm a honra de recebê-las. Os soldados que formam a guarda mais próxima do Führer deverão se suicidar com suas armas de serviço. Quanto a chamar eventuais socorros externos, seria uma perda de tempo, porque as últimas linhas telefônicas haviam sido cortadas. Para se informar dos movimentos das tropas inimigas, os operadores do bunker interceptam ondas de rádio. Sobretudo da BBC. Graças à emissora britânica, o Führer descobre uma nova traição, ainda mais dolorosa que a de Göring. Apesar do som quase inaudível, a informação é repetida incessantemente pela emissora e não deixa dúvidas: Himmler teria proposto a capitulação do Terceiro Reich aos Aliados. A BBC cita um despacho da agência inglesa Reuters segundo o qual o chefe supremo da SS, Heinrich Himmler, teria oferecido paz aos ingleses e americanos. O artigo da Reuters se intitula "Abertura das negociações de Himmler para pôr um fim à guerra na Europa" e afirma: "A proposta de Himmler, de capitular apenas diante dos britânicos e dos americanos, e não diante dos russos, que causou sensação no fim de semana, é percebida como a abertura das tratativas que logo colocarão um fim à guerra na Europa". O acordo dizia que Hitler seria deposto, Himmler assumiria em seu lugar, o Terceiro Reich seria mantido e o Exército alemão combateria os bolcheviques ao lado dos Aliados. No bunker, isso é visto como um excesso. Se a atitude de Göring não surpreendeu ninguém, a atitude de Himmler, o homem da "solução final da questão judaica", o mais leal entre eles, abala as últimas certezas do regime.

Hitler tem uma reação ensandecida. Hanna Reitsch relata: "De rosa que estava, seu rosto se tornou carmim e realmente irreconhecível [...] Depois de uma longa crise, Hitler acabou caindo numa espécie de estupor e o bunker ficou em silêncio absoluto". Como fizera com Göring, Hitler demite Himmler de suas funções na mesma hora e o exclui do partido.

Fegelein pagará pela traição do chefe da SS. Como era seu representante oficial junto a Hitler, sua condenação à morte é validada na mesma hora. Para o Führer, o cunhado de Eva Braun conhecia os projetos de Himmler de tomar o poder e negociar com o inimigo, e sua tentativa de fuga fora prova disso. "Alguns policiais do RSD [Serviço de Segurança do Reich] foram buscar Fegelein. Depois de percorrerem poucos metros no corredor, um dos guardas pegou a metralhadora e atirou nele pelas costas."[22]

Com todas essas traições, um sentimento de paranoia se espalha pelo bunker. Quem será o próximo? Todos se observam, atentos à menor alusão a tentativas de fuga e a críticas ao chefe supremo. Na superfície, o centro de Berlim não passa de ruínas. A cólera russa continua se abatendo sobre a capital do Reich. Os potentes tanques soviéticos devastam os prédios da Potsdamer Platz, próxima ao bunker. A resistência alemã, composta por alguns soldados e, em sua maioria, por uma milícia de civis, a Deutscher Volkssturm (Tormenta do Povo), consegue atrasar em apenas alguns dias a inexorável derrota.

A Volkssturm, criada no outono de 1944, era uma ideia de Himmler. Esperava-se que o povo participasse dos esforços de guerra. Num primeiro momento, o recrutamento em massa é dirigido aos homens saudáveis entre dezesseis e sessenta anos. Depois, sobretudo em Berlim, até mesmo os feridos, os mais jovens e os velhos são chamados a engrossar as tropas lançadas aos lobos. Os milicianos da Volkssturm, que não estão adequadamente equipados tanto em termos de armas como em uniformes, são considerados franco-atiradores pelos soviéticos e, por isso, não se beneficiam das determinações protetoras das convenções internacionais em caso de guerra. Em resumo, mesmo quando se rendem, são fuzilados.

Pela última vez, os habitantes do refúgio imploram pela fuga de Hitler. Artur Axmann, chefe da Juventude Hitlerista, quer bancar o salvador. Ele se diz capaz de tirar o Führer de lá. Graças a uma divisão seletíssima de homens dispostos a morrer por ele, é possível fugir. Ainda resta, no aeroporto de Gatow, um avião em condições de voar. A pista improvisada preparada logo ao lado da Chancelaria continua sob controle alemão. Hans Baur confirma: é perigoso, arriscado, mas possível. Uma palavra, um gesto do Führer e a fuga será iniciada.

Hitler fica em dúvida, ouve, mas se sente muito cansado. Está doente e seus nervos estão frágeis. Conseguiria aguentar? Para Hanna Reitsch, o homem de 56 anos parece um velho no fim da vida. "Se houvesse uma passagem segura para permitir que deixasse o abrigo, ele não teria forças para usá-la", avalia. Hitler tem perfeita consciência dessa realidade. Sua última esperança de sair com vida do bunker é vencendo a Batalha de Berlim.

29 de abril de 1945

> *Diante das testemunhas aqui reunidas, pergunto-lhe, meu Führer Adolf Hitler: deseja se unir à sra. Eva Braun?*
>
> Walter Wagner, tabelião nazista

É meia-noite.

Hitler está muito excitado. Pensa ter encontrado a solução para escapar às garras soviéticas. Não é a sugestão de Axmann, de fugir sob os bombardeios, que ele acolhe. Num passo firme, vai ao quarto onde descansam o novo chefe da Luftwaffe, Von Greim, e Hanna Reitsch. As autoridades americanas arquivaram como "confidencial" o depoimento da jovem sobre o episódio.

"Von Greim fica estupefato quando ouve Hitler lhe ordenar que deixe o bunker naquela mesma noite", ela conta. Embora o novíssimo marechal de aviação (Hitler acaba de promovê-lo) continue ferido, ele recebe a missão absolutamente insensata de inverter o curso da história e enfrentar, ou ao menos retardar, a ofensiva russa. Para isso, num primeiro momento deve chegar à base aérea de Rechlin, distante 150 quilômetros ao norte, e, dali, dirigir ataques sobre as forças soviéticas em torno de Berlim. Hitler tem tanta certeza do êxito de seu plano que aproveita para lhe confiar outra tarefa, de cunho mais pessoal. "A segunda razão de sua partida para Rechlin é que Himmler deve ser detido." Assim que pronuncia o nome do Reichsführer-ss, Hitler começa a tremer, seus lábios e mãos quase entram em convulsão. Mas ele insiste. Von Greim deve avisar o grande almirante Dönitz, no QG de Plön, perto da fronteira dinamarquesa, de que é preciso prender Himmler. "Um traidor jamais irá me suceder como Führer. Você deve partir para garantir que isso não aconteça!"

Berlim é um mar de soldados do Exército Vermelho. Em solo, agora eles são mais de 2 milhões a reduzir a cinzas a capital nazista. O céu está tomado por cerca de mil aviões de caça com a estrela vermelha. Von Greim e Hanna Reitsch tentam trazer Hitler de volta à razão. Se os obrigar a partir, estará assinando a sentença de morte dos dois. "Enquanto soldados do Reich", irrita-se o Führer, "o dever sagrado de vocês é exaurir todas as possibilidades. Esta é nossa última chance. É nosso dever não a deixar passar." Conversa encerrada. Ele ordena e os soldados obedecem. Mas Hanna Reitsch não é um soldado. A jovem é uma civil de personalidade muito forte. "Não! Não!", ela grita. A seus olhos, é uma loucura. "Está tudo perdido. Tentar mudar as coisas agora é puro delírio." Contra todas as expectativas, Von Greim a interrompe. O novo marechal não quer entrar para a história como o homem que hesitou em socorrer o Führer. Mesmo que só reste uma chance em cem de êxito, precisam agarrá-la, ele declara, olhando bem dentro dos olhos de sua companheira.

Os preparativos para a partida levam poucos minutos. Below, representante da Luftwaffe no bunker, encoraja seu novo chefe. "O senhor vai conseguir. A revelação da verdade a nosso povo só depende do senhor, bem como a honra da Luftwaffe e da Alemanha diante do mundo." No abrigo, os demais residentes são avisados do plano de Hitler. Todos invejam os candidatos à partida. Alguns lhes entregam testamentos improvisados escritos às pressas aos familiares. Mais tarde, Hanna Reitsch declara aos militares aliados que a interrogam ter destruído todas as cartas — inclusive a de Eva Braun para sua irmã Gretl —, para que não caíssem nas mãos do inimigo. Menos duas. Cartas dos Goebbels para Haradl Quandt, filho do primeiro casamento de Magda. Ele tem 24 anos e é o único membro da família fora do bunker. Por um bom motivo, pois fora feito prisioneiro pelos Aliados em 1944, na Itália. Magda Goebbels não entrega apenas a correspondência a Hanna Reitsch, mas também um anel de brilhante, como recordação.

Apenas trinta minutos se passaram desde a ordem de Hitler. Greim e Reitsch estão prontos. Saem e entram num veículo blindado leve, preparado para os dois. Menos de um quilômetro os separa do Portão de Brandemburgo. Lá, um pequeno avião, um Arado 96, está à espera deles, camuflado. Os tiros dos morteiros russos ecoam pelas ruas num ritmo entrecortado que se torna alucinante, o céu se inflama em eco às centenas de imóveis em chamas. O ar saturado de cinzas escurece o rosto e irrita a garganta. Hanna Reitsch é atirada de uma porta à outra do carro que ziguezagueia pelas ruas repletas de cadáveres. Ela mal esboça uma careta de dor, tão concentrada está. Sabe que é a parte mais simples de sua missão.

Em poucos segundos assumirá o comando do avião que já se avista ao longe. Ele está posicionado bem no meio da avenida, sobre uma linha que vai de leste a oeste, ao lado do monumento mais famoso de Berlim, o Portão de Brandemburgo.

O Arado 96 não é um avião de guerra — a Luftwaffe o emprega principalmente para treinamentos. Não é muito rápido — faz apenas 330 quilômetros por hora —, mas tem uma maneabilidade notável. Hanna Reitsch conhece bem o modelo; com ele, sente-se capaz de qualquer coisa. Mesmo assim, ainda precisa decolar de uma avenida pavimentada e cheia de destroços. Pelo menos o impacto dos obuses não transformou a pista improvisada em queijo derretido. Por outro lado, tem apenas 440 metros de comprimento. Hanna Reitsch se posiciona no comando e mal dá tempo a Von Greim de se instalar na parte de trás. Ela tem uma única chance. Assim que os russos ouvem o zumbido dos 465 cavalos do Arado, pensam que talvez Hitler esteja fugindo. Às dúzias, como demônios, escalam o mais rápido possível as ruínas em chamas e correm na direção do avião. Tarde demais. A aeronave decola e sobe quase na vertical para escapar aos tiros de metralhadora. Chegando acima dos prédios, outro perigo se apresenta. Holofotes gigantes da DCA soviética esquadrinham nervosamente o céu. Depois, como uma espuma de metal, uma barragem de artilharia tenta interromper a fuga espetacular. Por milagre o avião só é atingido de leve, sem consequências. A 20 mil pés de altitude, não pode ser derrubado. A façanha é quase inconcebível. E, acima de tudo, inútil. Cinquenta minutos depois, por volta das duas horas da manhã, Von Greim e Reitsch alcançam a base aérea de Rechlin. Como ordenara o Führer, o novo comandante-chefe da Luftwaffe lança todos os aviões disponíveis sobre Berlim. Que evidentemente são insuficientes para mudar o curso da guerra.

Von Greim não fica em Rechlin para tomar conhecimento disso. Ele só pensa em cumprir a segunda parte da missão: deter Himmler. Para isso, viaja com Reitsch por via aérea até o quartel-general do grande almirante Dönitz, em Plön, sediado a trezentos quilômetros a noroeste de Rechlin. Dönitz, um dos últimos homens fiéis a Hitler, não está a par da traição de Himmler. Além disso, existem coisas mais importantes a fazer do que prender o chefe da ss, ele explica a Von Greim. Para este, o fracasso é total.

No dia 2 de maio, Himmler finalmente se vê diante dos emissários de Hitler, em Plön. O chefe da ss ia participar de uma reunião de instruções militares com Dönitz. Reitsch o intercepta antes que entre na reunião.

"Um momento, Herr Reichsführer, é muitíssimo importante, por favor."

"Claro", responde Himmler, quase jovial.

"É verdade que contatou os Aliados com propostas de paz sem ter recebido ordens de Hitler para tanto?"

"Mas é claro."

Exemplar conservado no GARF do depoimento de Hanna Reitsch ao serviço secreto americano.

"O senhor traiu seu Führer e seu povo na hora mais difícil? Um ato como esse equivale à mais alta traição, Herr Reichsführer. Agiu assim enquanto deveria estar ao lado de Hitler no bunker?"

"Alta traição? Não! A história verá as coisas com outros olhos. Hitler queria prosseguir com os combates. Estava obcecado por seu orgulho e sua suposta honra. Queria derramar ainda mais sangue alemão, mas não havia mais para ser derramado. Hitler estava louco. Deveria ter sido detido há muito tempo."

Reitsch afirma ao serviço secreto americano ter enfrentado o chefe da SS. A conversa entre os dois só teria sido interrompida por um ataque dos Aliados ao QG de Dönitz.

Himmler teria mesmo contado essa história? É possível. Ele a repete várias vezes a outros altos dirigentes nazistas. Mas sua súbita lucidez a respeito da demência destruidora de Hitler não basta para salvá-lo. Perseguido pelos Aliados, é capturado no dia 22 de maio de 1945, numa tentativa de fuga pela Baviera. E se mata no dia seguinte, com uma cápsula de cianeto. Do mesmo tipo em poder de Hitler.

Voltemos a Berlim, ao dia 29 de abril. Hitler não desconfia que a ordem de se livrar de Himmler jamais será cumprida. Acabam de informá-lo sobre o sucesso da fantástica partida do chefe da Luftwaffe e de Hanna Reitsch. Enfim um sinal de que as coisas começam a mudar e de que nem tudo está perdido.

Agora ele pode se dedicar serenamente à cerimônia que está sendo preparada.

Faz alguns minutos que soldados correm febrilmente pela pequena sala em que Hitler costuma conduzir as reuniões militares. Sob a vigilância de Linge, retiram cadeiras e mudam os móveis de lugar com certa pressa. Será finalmente a partida?

No corredor, um desconhecido em uniforme nazista aparece. É Walter Wagner, que chega escoltado por dois homens circunspectos. O pessoal do abrigo fica intrigado. Quem será? Teria a ver com a traição de Himmler? O sargento-ajudante Rochus Misch tenta se informar com um de seus camaradas. "Ele me disse, lacônico, que se tratava de um tabelião. Fiquei espantado. 'Sim, um tabelião, porque Hitler vai se casar!'"[23]

Eva Braun exulta. Há dias suplica ao amante para desposá-la. Não aceita a ideia de morrer sem levar oficialmente o nome do amado. Do homem que conheceu em Munique em 1929. Na época, a jovem Eva tinha apenas dezessete anos e trabalhava no ateliê do fotógrafo oficial de Hitler, Heinrich Hoffmann. Eles logo formaram um casal. Ela falava em casamento. Ele respondia que não pertencia a si mesmo, que já tinha uma esposa que se chamava Alemanha. Hoje a Alemanha já não o satisfaz. Como se o país fosse uma amante indigna, o Führer decide que é livre para se unir a Eva Braun.

A escolha das testemunhas — Joseph Goebbels e Martin Bormann — é limitada pelas circunstâncias. Não há nenhuma mulher. Eva Braun não é consultada e precisa aceitar a presença de Bormann, embora o deteste. Faz anos que ambos disputam o afeto de Hitler, invejosos um do outro da influência junto ao líder. Bormann, como muitos dos mais próximos a ele, tem uma opinião dura sobre a jovem. Falta-lhe profundidade, ela é fútil, preocupa-se mais com a cor do esmalte do que com política. Hanna Reitsch, que talvez estivesse secretamente apaixonada pelo Führer, chega a caracterizá-la quase como idiota, egoísta e infantil.

Por volta da uma da manhã, os futuros cônjuges entram na sala de recepção. Hitler tem a tez lívida de quem não vê a luz do sol há vários dias. Veste o uniforme de sempre, amarrotado devido às horas que passou na cama vestido. Como única vaidade, ostenta a insígnia de ouro do partido, a Cruz de Ferro de primeira classe e a medalha dos feridos de guerra da Primeira Guerra Mundial. Eva Braun está sorridente com um bonito vestido de seda azul-marinho, sobre o qual ela usa uma capa de pele cinza, macia. Os noivos estão de mãos dadas e se posicionam à frente de Walter Wagner, que treme de medo. Mal acredita estar diante do grande líder. Com voz hesitante, começa a ler as duas páginas de pré-requisitos para a realização de um casamento sob o Terceiro Reich. À medida que lista os pré-requisitos, ele se dá conta de que eles não podem ser cumpridos. Formado e condicionado para respeitar ao pé da letra as regras promulgadas pelo regime nazista, o funcionário não sabe como proceder. Faltam muitos documentos oficiais, como a certidão de bons antecedentes criminais (que Hitler não poderia apresentar, pois fora condenado a cinco anos de prisão depois do golpe fracassado de 1923), o certificado policial de bons costumes e a garantia de lealdade política ao Reich. Ele se sente num beco sem saída. Mas o Führer não pode esperar. Por fim o sujeito decide abrir uma exceção e afirma com todas as letras na certidão de casamento que os noivos provam estar sob circunstâncias excepcionais devido à guerra, sendo dispensados das exigências e dos prazos de praxe. Portanto, o tabelião deve se basear apenas na palavra dos noivos para validar suas origens puramente arianas e a ausência de doenças hereditárias.

Chega então a pergunta fundamental. Wagner pigarreia e começa: "Diante das testemunhas aqui reunidas, pergunto-lhe, meu Führer Adolf Hitler: Deseja se unir à sra. Eva Braun? Em caso afirmativo, peço-lhe que responda com um 'sim'".

A cerimônia não dura mais que dez minutos. O tempo necessário para os noivos responderem afirmativamente, assinarem os documentos oficiais e se felicitarem. O sobrenome de Eva não é mais Braun, e sim Hitler. A noiva está tão feliz que erra a assinatura. Ela começa um B maiúsculo, de Braun, e se corrige. O B é rasurado e substituído pelo H de Hitler.

A recepção dura poucos minutos. Os escassos convidados importantes ainda presentes no bunker são recepcionados no quarto do Führer. Generais cansados, funcionários nazistas deprimidos e três mulheres à beira de uma crise de nervos — Magda Goebbels e as duas secretárias pessoais de Hitler. Todos têm direito a algumas xícaras de chá e até champanhe. Somente Traudl Junge, a mais jovem das secretárias (25 anos), não aproveita esse raro momento de descanso. Mal tem tempo de apresentar seus cumprimentos aos recém-casados e se retira, ansiosa.

"O Führer estava impaciente para ver o que eu havia transcrito", ela conta em suas memórias. "Ele vinha a minha sala, conferia em que ponto eu estava, não dizia nada e lançava olhares inquietos para as notas estenográficas que eu ainda precisava digitar." Traudl Junge passava a limpo as palavras que Hitler lhe ditara logo antes da cerimônia de casamento. Seu testamento. Mais exatamente, seus testamentos. Um de ordem pessoal, um outro mais longo, político. No pessoal, Hitler começa justificando o súbito casamento com Eva Braun. Como se, a seus olhos, fosse necessário explicar um gesto no fim das contas bastante comum a um homem que vive maritalmente com uma mulher por tantos anos. "Decidi, antes que minha carreira chegue ao fim, tomar como esposa a jovem mulher que, após muitos anos de amizade fiel, entrou por vontade própria nesta cidade praticamente cercada a fim de partilhar de meu destino." Um gesto generoso, que no entanto tem um preço: a morte. No parágrafo seguinte, ele diz que a mulher vai segui-lo até o túmulo. Embora evoque o suicídio, ele nunca emprega a palavra de fato. "Minha esposa e eu, para escapar da infâmia da renúncia ou capitulação, optamos pela morte. Nosso desejo é sermos cremados no lugar onde executei a maior parte de meu trabalho cotidiano durante os dozes anos a serviço de meu povo."

Eva Braun, embora diretamente envolvida nessas palavras, não participa da redação do testamento. Estará a par do presente de casamento preparado pelo noivo?

Traudl Junge relê suas anotações. Ela tem consciência da dimensão histórica de sua tarefa e não se permite errar. Quando, trinta minutos antes, Hitler lhe pediu para segui-lo à chamada sala de conferências do bunker, esperava ter que transcrever novas ordens militares. Como de costume, sentara-se à frente da máquina de escrever especialmente concebida com letras grandes para que Hitler pudesse ler sem esforço. "Tome notas estenográficas diretamente em seu bloco", ele lhe pediu, mudando seus hábitos. Logo continuou: "Eis meu testamento político...".

Depois da guerra, Traudl Junge falou várias vezes — à imprensa, em seu livro de memórias e em depoimentos aos Aliados — sobre a decepção que teve com aquele texto. Ela esperava muito mais, talvez um epílogo que justificasse todos os sofrimentos desencadeados pelo nazismo. Algo que tornasse intelectualmente aceitável a loucura sanguinária de um desastre programado desde a redação de *Mein Kampf*, em 1924. Mas não: a secretária ouviu a costumeira logorreia nazista. Com todas as fórmulas peculiares do idioma do Terceiro Reich. A linguagem nazista é teorizada por um intelectual judeu-alemão, o filólogo Victor Klemperer, que também lhe dá um nome: Lingua Tertii Imperii (LTI). Klemperer analisa a expansão e a generalização dessa nova maneira de se expressar no decorrer dos doze longos anos do Terceiro Reich. Não tendo saído da Alemanha, ele vive escondido e por pouco escapa dos campos de extermínio. É só em 1947, depois da queda do regime, que consegue editar sua obra dedicada ao estudo da LTI. Segundo ele, a língua seguiu regras perfeitamente consolidadas, cujo objetivo era adaptar o novo homem ao regime que vigoraria nos séculos seguintes. A LTI fora pensada tanto para assustar o inimigo quanto para galvanizar o povo. Seu vocabulário valoriza a ação, a vontade, a força. Como um rufar de tambores, as palavras são repetidas, marteladas com ênfase e agressividade. Palavras que permitem banalizar os piores atos de crueldade. Assim, os nazistas não matam, eles "purificam". Nos campos de concentração, não eliminam seres vivos, mas "unidades". O genocídio judaico, por sua vez, se torna uma simples "solução final". O testamento político de Hitler é um dos melhores exemplos dessa linguagem. O Führer se apresenta como vítima e logo passa a atacar o inimigo de sempre: o judeu.

É falso dizer que eu, ou qualquer pessoa na Alemanha, tenha almejado a guerra em 1939. Ela foi desejada e provocada unicamente por homens de Estado internacionais, de origem judia ou que trabalham para os interesses judeus. [...] Séculos passarão, mas das ruínas de nossas cidades e de nossos monumentos renascerá o incessante ódio contra esses responsáveis, a quem devemos culpar por tudo isso: a judiaria internacional e seus colaboradores.

Traudl Junge se esforça para reproduzir o mais fielmente possível o estilo do Führer a partir de suas anotações. Sob o olhar febril do líder nazista, ela datilografa o mais rápido que pode. O trecho seguinte evoca, sem menção explícita, o destino que o regime reservara a milhares de judeus.

Não deixei dúvidas quanto ao fato de que, se os povos europeus são mais uma vez tratados como meros pacotes de ações nas mãos dos conspiradores dos fundos econômicos e financeiros internacionais, então a única responsabilidade pelo massacre deve caber aos verdadeiros culpados: os judeus. Tampouco deixei dúvidas de que, dessa vez, milhões de crianças europeias de ascendência ariana não morreriam de fome, milhões de homens não morreriam na batalha e centenas de milhares de mulheres e crianças não seriam queimadas ou bombardeadas até a morte em nossas cidades sem que o verdadeiro culpado expiasse sua culpa, ainda que de maneira mais humana.

Apesar do resultado fatal do conflito provocado e atiçado por sua política agressiva, Hitler não se arrepende de nada.

Depois de seis anos de guerra que, apesar de todos os fracassos, um dia entrarão para a história como a manifestação da luta mais gloriosa e heroica pela existência de uma nação, não posso abandonar a cidade que é a capital do Reich. Considerando que nossas forças são pequenas demais para resistir aos ataques do inimigo e que nossa resistência foi degradada por criaturas cegas e sem caráter, pretendo compartilhar meu destino com os milhões de outros que também decidiram ficar nesta cidade. Além disso, não vou cair nas mãos do inimigo que precisa de um novo espetáculo, apresentado pelos judeus, para o divertimento das massas histéricas.

Decidi, portanto, permanecer em Berlim, e aqui escolherei a morte voluntária quando eu determinar que a posição do Führer e da própria Chancelaria não mais será sustentável.

Na segunda parte do testamento, ele confirma oficialmente as decisões a respeito das exclusões de Himmler e Göring, que condena ao opróbrio. "Göring e Himmler trouxeram uma desonra irreparável a toda a nação ao negociarem secretamente com o inimigo, sem meu conhecimento e contra minha vontade, e ao tentarem ilegalmente tomar o controle do Estado, sem falar de suas perfídias para com minha pessoa."

Depois, ele nomeia seu sucessor à frente do Terceiro Reich: o grande almirante Dönitz, que não recebe o título de Führer, mas de presidente do Reich. Goebbels, por sua vez, é nomeado chanceler. Ao todo, uma dúzia de ministérios ficam a cargo de seus últimos seguidores, sem esquecer os Estados-Maiores dos exércitos de terra, ar e mar. Todos cargos virtuais, pois o Estado e a máquina de guerra nazistas estão à beira da implosão.

Hitler conclui com um último conselho: "Acima de tudo, recomendo aos dirigentes da nação e a seus súditos que observem meticulosamente as leis raciais e que resistam sem piedade ao veneno de todas as nações: a judiaria internacional".

Traudl Junge está quase terminando quando é interrompida por um Goebbels visivelmente transtornado, que acaba de ser informado que fora nomeado chanceler. Ele recusa categoricamente a nomeação, pois significa que deve sobreviver a seu líder. É impensável. Complicando ainda mais a tarefa da secretária, o chefe da Propaganda alemã decide lhe ditar seu próprio testamento ali mesmo. "Minha vida não terá sentido algum se o Führer morrer", ele se lamenta, com lágrimas nos olhos. "Escreva, Frau Junge, escreva o que dito." Seu estilo também é eminentemente nazista. Ele fala da lealdade a Hitler e da decisão de não sobreviver à queda do nacional-socialismo na Alemanha. Incorpora toda a família em seu desejo de morrer. "Bormann, Goebbels e o Führer entravam a todo momento para ver se eu tinha acabado", conta Traudl Junge. "Por fim, quase arrancaram a última folha da máquina, voltaram para a sala de conferência e assinaram as três vias…"[24]

São quatro horas da manhã quando Goebbels, Bormann e os generais Burgdorf e Krebs assinam o testamento político de Hitler como testemunhas. As três cópias são entregues a três mensageiros. Cada um recebe a pesada e perigosa tarefa de levar o precioso documento para fora de Berlim. Um destinado ao grande almirante Dönitz, no norte do país; outro ao marechal Schörner (comandante do grupo central do Exército alemão), então em região tcheca, e o último para o QG nazista em Munique.

Exausto, o Führer vai se deitar. Seu descanso será curto.

Um novo ataque russo ao bunker o desperta em sobressalto às seis da manhã. A seu redor, gritos ecoam por toda parte. Alguns estão convencidos de que a Chancelaria está cercada. A porta de emergência do abrigo estaria sob fogo de metralhadoras. Aguentaria por muito mais tempo? Hitler confere as cápsulas de cianeto que sempre leva no bolso. É tomado por uma dúvida. Não fora Himmler quem as providenciara? E se forem uma armadilha? Bastaria substituir o veneno por um poderoso sonífero e ele seria capturado vivo. Para dirimir a dúvida, decide testar uma das cápsulas em alguém. Mas em quem?

Hitler se decide pela cadela Blondi. A fêmea de pastor-alemão que tanto ama. Para fazê-la engolir o veneno, o adestrador é chamado. O animal se debate. Vários homens precisam segurá-la para que se possa esmagar a ampola com um alicate dentro de sua boca. Blondi logo tem uma convulsão e, depois de alguns minutos de intenso sofrimento, expira aos olhos do dono. Hitler olha para o animal sem dizer nada. Está mais tranquilo: a cápsula contém de fato cianeto.

Os ocupantes do bunker não desejam esperar por uma morte certa sem tentar fugir. Mas para tanto necessitam da autorização de Hitler. Sem ela, acabariam com um tiro da Gestapo na cabeça. Vários jovens oficiais obtêm o sinal verde do Führer. "Se cruzarem com Wenck lá fora", ele diz, "digam-lhe que se apresse, caso contrário estaremos perdidos." O coronel da Luftwaffe Nicolaus von Below também decide tentar a sorte. Ele deixa o bunker na noite de 29 para 30 de abril e se dirige para oeste. Duas cartas lhe são entregues. Uma de Hitler para o marechal Keitel, outra do general Krebs para o general Jodl. Como Hanna Reitsch fizera na véspera, Von Below queima as duas assim que deixa a Chancelaria. Segundo ele, por medo de que caiam nas mãos do inimigo. O mais provável, porém, é que tenha tentado dissimular a identidade caso fosse apanhado pelos russos. No fim, ele acabará sendo capturado pelos ingleses, mas muito mais tarde, em 7 de janeiro de 1946. De todo modo, a guerra estava perdida, ele argumentará diante dos militares britânicos que o interrogarão. Que diferença fariam aquelas cartas? Antes de destruí-las, Von Below toma o cuidado de lê-las. E é de memória que informa seu conteúdo ao Intelligence Bureau britânico (os serviços secretos militares) de Berlim, em março de 1946. Eis o que, segundo o coronel, Hitler escrevera ao marechal Keitel:

O combate por Berlim chega ao fim. Nas outras frentes, o fim também é para logo. Vou me suicidar em vez de me render. Designei o grande almirante Dönitz como meu sucessor, no cargo de presidente do Reich e comandante-chefe da Wehrmacht. Espero que mantenha seu posto e dê a meu sucessor o mesmo zeloso apoio que me ofereceu. [...] Os esforços e os sacrifícios do povo alemão nesta guerra foram tão grandes que não posso conceber que tenham sido em vão. O objetivo final continua sendo ganhar territórios a leste para o povo alemão.

Hitler explicita sua decisão de se matar. Conforme observado pelo oficial britânico que assina o relatório sobre Von Below, nada prova que tenha de fato escrito essas palavras. Mas "elas coincidem com outras provas obtidas junto a outras fontes".

Se para Von Below a noite de 29 de abril marca o fim de semanas de tortura mental dentro do Führerbunker, para Hitler o pesadelo continua. Ele recebe, em plena noite, uma notícia aterrorizante, uma prévia do destino que a história lhe reserva. Seu fiel aliado, que tanto o inspirara em seus começos, Benito Mussolini, está morto. Guerrilheiros italianos executaram o Duce na véspera, quando ele tentava fugir pelo norte da Itália disfarçado de soldado alemão. Não é tanto a morte do aliado que gela o sangue de Hitler, mas a semelhança de seus destinos. O italiano fora abatido como um cão ao lado da amante, Clara Petacci, após um simulacro de julgamento. Depois, seus cadáveres foram expostos em Milão, na piazza Loretto, pendurados pelos pés. A multidão enfurecida mutilara os corpos. Somente a intervenção dos aliados que acabavam de libertar o país permitira pôr um fim àquelas cenas de histeria coletiva. Mussolini fora enterrado às escondidas, na mesma noite, num cemitério de Milão.

Hitler fica apavorado. Para ele, está fora de questão ser humilhado daquele jeito. Então confessa a Hans Baur, seu piloto: "Os russos vão fazer de tudo para me capturar com vida. São capazes de utilizar gases soníferos para impedir minha morte. Querem me exibir como um animal de circo, como um troféu de guerra. E então acabarei como Mussolini".

30 de abril de 1945

Onde estão seus aviões?
Hitler a seu piloto particular, Hans Baur

"Wenck? Onde está Wenck?" Uma hora da manhã e a pergunta de sempre circula pelos dois bunkers. Hitler se impacienta. Quando o ataque de Wenck virá libertá-lo? O Führer não aguentará por muito tempo. Faz semanas que passa as noites perambulando pelos corredores, em busca de um sono que não vem. Na verdade, noite e dia são noções que se tornam abstratas quando se vive tanto tempo embaixo da terra, longe de qualquer luz natural. O ar úmido dos abrigos agride a pele e as vias respiratórias. Será também o responsável por perturbar a mente e enfraquecer até os mais resistentes? Ou isso se deve à certeza do inferno absoluto reservado aos náufragos do Terceiro Reich?

Os escassos contatos com o exterior estreitam o campo de possibilidades. Soldados empoeirados, espantados com a própria sobrevivência, descem regularmente ao bunker para prestar contas. A batalha está perdida. Os russos destroem tudo. Avançam na direção do prédio do Reichstag (a Assembleia do Reich) e estão a míseros trezentos metros da Nova Chancelaria. Ou seja, praticamente ao alcance de um tiro de fuzil.

Por volta das duas horas, a resposta que todos esperam enfim chega por telegrama: o exército de Wenck luta bravamente, mas não terá condições de chegar a Berlim e menos ainda de salvar Hitler.

É o fim.

"Por quanto tempo conseguimos resistir?" A pergunta do Führer não se refere à Alemanha, nem mesmo a Berlim, apenas ao bunker. Quantos dias, ou quantas horas, até o assalto final? O oficial a sua frente se coloca em posição de sentido e responde sem hesitação: "No máximo dois dias".

São 2h30. Todas as mulheres presentes no quartel-general da Nova Chancelaria, quase todas serviçais, se reúnem numa sala de jantar. São dez, e se mantêm muito eretas. Nenhuma sabe por que as acordaram no meio da noite. De repente Hitler entra no recinto, seguido por Bormann. A cena é descrita em detalhes num relatório dos serviços secretos britânicos, elaborado em 1º de novembro de 1945 a partir de testemunhas oculares. O ditador parece ausente, tem os olhos vítreos, como se estivesse sob efeito de medicamentos ou drogas. Cumprimenta uma a uma todas aquelas mulheres, aperta suas mãos, depois diz algumas palavras quase inaudíveis sobre o traidor Himmler, a gravidade da situação e, acima de tudo, sua decisão de evacuar o local. Assim, libera-as do juramento de fidelidade a sua pessoa. Seu único conselho é que fujam para oeste, pois o leste está totalmente controlado pelos soviéticos. Se caírem em mãos russas, Hitler enfatiza, certamente serão violadas pelas tropas. Ele fala e de repente sai da sala, seguido por Bormann. As mulheres se veem a sós. Por alguns segundos, ficam paralisadas. O Führer acaba de abandoná-las à própria sorte.

* * *

Agora é a vez dos oficiais generais e do círculo íntimo. Enquanto isso, Eva Hitler arruma as coisas em seu quartinho. Chama Traudl Junge, que chega com um bloco de notas, pensando que ouviria outro testamento. Nada disso. Mergulhada num armário abarrotado de vestidos e casacos de pele, Eva Hitler convida a jovem secretária a se aproximar. "Sra. Junge, gostaria de lhe dar este casaco de presente de despedida", ela diz. "Sempre gostei de mulheres bem-vestidas a meu redor. Agora é sua vez de usá-lo e fazer bom proveito dele."[25] É a capa de pele de raposa que vestiu no casamento.

Às oito da manhã, a ordem de evacuar a sede do governo é oficializada, logo depois que Hitler a dita a Bormann. Pequenos grupos se organizam imediatamente. Todos querem tentar a sorte. Alguns optam pelo sudoeste, outros pelo norte. Por mais que os russos esquadrinhem a capital, eles não a conhecem, muito menos a rede de canais subterrâneos ou os meandros do metrô berlinense. Ainda é possível escapar. O aviador Hans Baur se entusiasma. Enfim servirá para alguma coisa. Corre até o Führer e lhe diz que sabe como sair de Berlim. Sabe como retirar aviões da capital. Baur pensou em tudo. Vai levar Hitler para longe dali. Ainda restavam alguns países amigos: Japão, Argentina, Espanha... "Ou um desses sheiks árabes que sempre tiveram simpatia pelo senhor e por sua atitude em relação aos judeus."[26]

Para agradecer ao fervoroso piloto, Hitler lhe deixa de herança o grande quadro que decora seu gabinete. Uma imagem de Frederico, o Grande, célebre rei da Prússia, representante do despotismo esclarecido, referência política e militar do Führer. Baur fica encantado. Muitos no bunker acreditam se tratar de um

Rembrandt de valor inestimável. Na verdade, segundo Heinz Linde, é de Adolph von Menzel, pintor alemão morto em 1905 e muito popular no país. "Custou 34 mil marcos em 1934", acrescenta o Führer, com precisão de contador. Uma quantia equivalente, hoje, a cerca de 400 mil euros. "É seu." Depois, em voz baixa, acrescenta: "Onde estão seus aviões?".

Heinz Linge, criado pessoal do Führer, também mostra serviço. Ao nascer do dia, o chefe lhe confia que a "hora da verdade" soou. Ele o aconselha a fugir para o oeste e a render-se aos ingleses e americanos. Confirma sua decisão a respeito do retrato de Frederico, o Grande. Acima de tudo, exige que, mesmo em momentos de grande desordem como aquele, suas vontades sejam respeitadas. O quadro, inclusive, se torna uma obsessão para o Führer, que quer protegê-lo da pilhagem que se seguirá à queda do bunker. Linge se compromete a zelar por ele pessoalmente.

Tranquilizado, Hitler volta ao quarto para descansar por algumas horas. Deita vestido e pede aos guardas da SS que se postem diante da porta.

À uma da tarde, mais ou menos, sai para tomar o café da manhã na companhia da mulher, das duas secretárias e da nutricionista. Recusa-se a comer na presença de homens há vários dias. Ao redor da pequena mesa, todas tentam manter uma atitude digna. No entanto, a conversa é truncada. Nenhuma das mulheres ousa se animar, como faziam até a véspera.

Terminada a refeição, Eva Hitler é a primeira a se retirar. As secretárias saem para fumar. Günsche, o austero ajudante de campo do Führer, anuncia a elas que o chefe deseja se despedir. As jovens apagam os cigarros e seguem o impressionante oficial da SS — ele mede 1,93 metro — até encontrar um pequeno grupo. Os últimos fiéis do regime esperam no corredor: Martin Bormann, o casal Goebbels, os generais Burgdorf e Krebs, e Linge. São quase três da tarde quando a porta da antessala se abre. Hitler sai lentamente e se dirige aos presentes. A cerimônia se repete. Sua mão mole e quente aperta as que se estendem em sua direção. Ele murmura algumas palavras e sai. Eva Hitler se mostra mais animada que nunca. Seus cabelos, recém-penteados, brilham intensamente. Ela trocou de roupa e usa um vestido preto com uma passamanaria de rosas no decote, de que seu marido gosta muito. Abraça as secretárias pela última vez, incita-as a fugir o mais rápido possível e segue Hitler para dentro do quarto. Linge fecha a porta e se posta diante dos aposentos do Führer. Todos estão entregues à própria sorte.

1º de maio de 1945

> *Hitler está morto. Lutou pela Alemanha, contra o bolchevismo, até seu último suspiro.*
> Discurso do grande almirante Dönitz
> na rádio Hamburg

Onde está Hitler? No meio da noite, pelas ruas de Berlim, as três palavras soam como uma rajada de metralhadora. Os soldados russos decoraram a frase em alemão: *Wo ist Hitler?* Onde está Hitler? Para o Estado-Maior do Exército Vermelho, encontrá-lo é uma necessidade quase vital. Os marechais Júkov e Konev, que dirigem a ofensiva contra a cidade, receberam duas missões de Stálin: conquistar a capital antes da chegada dos ingleses e americanos e capturar Hitler. Nem Júkov nem Konev cogitam decepcioná-lo.

Eles logo compreendem que Hitler se esconde perto da Nova Chancelaria. A defesa ensandecida dos nazistas em torno do bairro imperial é um indício importante; além disso, eles conhecem os depoimentos dos prisioneiros civis e militares: "Hitler declarou que permaneceria na cidade até o fim. Encerrou-se dentro de um bunker".

Sua captura é inevitável e iminente. Os símbolos do poder alemão caem um após o outro. Na noite anterior, por volta das dez horas, o Reichstag foi tomado. Agora a bandeira da União Soviética drapeja sobre as ruínas de sua cúpula. Em solo, os combates continuam com cruel intensidade. Em quinze dias, a batalha de Berlim mata no mínimo 20 mil civis e 200 mil militares no total. É uma hora da manhã, e os últimos metros até os prédios governamentais são percorridos ao preço do sangue de centenas de soldados. Os últimos regimentos da ss defendem com fanatismo as ruínas fumegantes da Nova Chancelaria.

De repente, como que por magia, o silêncio se abate sobre a cidade. Não se ouve nenhum tiro, nenhum grito. O bairro inteiro mergulha em irreal calmaria. Dois homens de uniforme da Wehrmacht avançam às cegas por entre as pedras calcinadas e os escombros disformes daquela que havia sido uma das mais belas ruas de Berlim. O general de infantaria Hans Krebs fala bastante bem o russo. É devido a essa competência linguística e à condição de chefe do Exército que deve arriscar a vida em meio à pior zona de combate de Berlim. As ordens que recebeu no Führerbunker foram muito claras: tentar negociar com os soviéticos. O coronel Von Dufving, que está a seu lado, foi encarregado de auxiliá-lo e, se necessário, protegê-lo. Poucas horas antes, um acordo entre os dois lados fora firmado para deixá-los passar livremente, mas os russos iriam respeitá-lo?

Os dois oficiais alemães são rapidamente conduzidos ao posto de comando soviético mais próximo, do 8º Exército, dirigido pelo general Chuikov. Filho de camponeses russos, incansável e intransigente com o inimigo, ele é um colosso de modos rudes. Hans Krebs, por sua vez, representa a aristocracia militar alemã. Bem escanhoado, veste seu melhor uniforme, com a Cruz de Ferro bem visível e um impecável sobretudo de couro. Como último sinal de vaidade, um monóculo no olho esquerdo. Os dois têm quase a mesma idade, 45 anos o russo, 47 o alemão. Mas são o oposto um do outro. Chuikov tem cabelos pretos desgrenhados, a testa sulcada de rugas profundas nas quais se percebem cicatrizes terríveis, sobrancelhas volumosas e severas, nariz achatado, a pele grossa amolecida pela bebida e, acima de tudo, dentes inacreditáveis, todos postiços, de metal prateado. Seu sorriso se transforma num esgar e parece ainda mais ameaçador. Krebs mantém a frieza diante do poder animal que emana do inimigo. Nas fotos tiradas pelos soviéticos ao longo das negociações, pode-se adivinhar a angústia do alemão. Krebs comete um primeiro erro. Coloca-se em posição de sentido e exibe sua melhor saudação militar. Está convencido de estar na presença do marechal Júkov. Chuikov diverte-se com o mal-entendido e volta-se para seus oficiais às gargalhadas. Krebs consegue entender algumas palavras trocadas na sua frente, em especial quando Chuikov lança um tonitruante "Teremos que acabar com todos!", que não é exatamente um bom prenúncio.

Por fim, o general russo telefona a Júkov e lhe diz: "Eu, pessoalmente, não faria concessões. Rendição incondicional, ponto". Durante a conversa telefônica, a atitude dos soldados soviéticos preocupa os dois alemães. O ódio deles é quase palpável. Krebs é violentamente puxado à parte por um coronel que quer arrancar a pistola de sua cintura. Vários outros oficiais são chamados para acalmá-lo. Júkov, por sua vez, confirma a impossibilidade de qualquer negociação na ausência dos Aliados.

Krebs joga então sua última carta. Estende um documento que tira da pasta de Von Dufving: uma carta de Goebbels endereçada ao "dirigente do povo soviético". Nela, lia-se que Hitler pôs um fim a seus dias na véspera e legou o poder a Dönitz, Bormann e a ele, Goebbels.

Hitler morto! Por essa os russos não esperavam. Na mesma hora informam a Júkov. A notícia é grave demais, de modo que ele decide ligar imediatamente para Stálin. São quatro horas da manhã em Moscou, e o ditador soviético dorme. "Peço-lhe que o acorde", grita Júkov ao oficial em serviço. "É urgente, não podemos esperar até amanhã."[27] O anúncio do suicídio deixa o líder do Kremlin contrariado: "O filho da mãe teve o que merecia. Pena não o termos capturado com vida. Onde está o cadáver?".[28]

Enquanto isso, às 15h18, um radiotelegrama urgente chega ao Estado-Maior do grande almirante Dönitz, em Plön. Vem assinado por Goebbels e Bormann:

Grande almirante Dönitz
Pessoal e secreto

A ser transmitido apenas por oficial

Führer morto ontem 15h30. Em seu testamento de 29 de abril, deixa-lhe o cargo de presidente do Reich, atribui ao Reichsminister Goebbels o de chanceler do Reich, ao Reichsleiter Bormann o de ministro do Partido, ao Reichsminister Seyss-Inquart o de ministro das Relações Exteriores. Por ordem do Führer, um exemplar do testamento lhe foi enviado, outro levado ao Feldmarschall Schörner e outro guardado em segurança fora de Berlim. O Reichsleiter Bormann tentará hoje mesmo ir a seu encontro para informar a situação. A maneira e o momento de levar a notícia ao conhecimento da tropa e da opinião pública serão deixados a seu critério.
Confirmar recebimento da mensagem.
Assinado: Goebbels, Bormann[29]

Algumas horas depois, por volta das sete da noite, a rádio Hamburg interrompe a programação e toca um trecho de *O crepúsculo dos deuses*, de Wagner. Depois, por diversas vezes é lido um comunicado afirmando que Hitler é apoiado por suas tropas em Berlim. Passadas duas horas, uma voz lúgubre informa que um anúncio solene será transmitido. A voz de Dönitz ecoa sobre uma trilha musical fúnebre. "Alemães e alemãs, soldados da Wehrmacht: nosso Führer, Adolf Hitler, caiu. O povo alemão se recolhe em luto e veneração."

Fim do dia no Führerbunker, em Berlim. O general Krebs está de volta. Os russos recusam categoricamente a proposta de cessar-fogo e exigem uma rendição incondicional. Acima de tudo, querem o corpo de Hitler como evidência de que não fugiu e está de fato morto.

2 de maio de 1945

Hitler fugiu!
Agência soviética de notícias (TASS)

Edição do jornal *Pravda* de 2 de maio, segundo um despacho da agência soviética de notícias (TASS):

Ontem à noite, a rádio alemã transmitiu um comunicado do suposto quartel-general do Führer afirmando que Hitler morreu na tarde do dia 1º de maio. […] As mensagens da rádio alemã não passam de uma nova artimanha dos fascistas: difundindo a notícia da morte de Hitler, eles esperam fazer com que seu Führer saia de cena e passe para a clandestinidade.

TERCEIRA PARTE

A INVESTIGAÇÃO (II)

Moscou, dezembro de 2016

Percebe-se a proximidade da Praça Vermelha. Guirlandas e outras decorações de Natal cercam um conjunto de pequenos chalés retangulares, orgulho da arte popular russa. Num fluxo ininterrupto, moscovitas em casacões de cores vivas ziguezagueiam por entre as barracas natalinas. Passam rindo pela longa rua Nikolskaya, restrita a pedestres, na direção dos tijolos vermelhos da muralha do Kremlin. Os mais friorentos ou os menos agasalhados encontram um oásis de calor ao cruzar uma das portas da GUM, a histórica loja de departamentos de Moscou. É impossível não ver o gigante de pedra e vidro que se ergue na frente do mausoléu de Lênin. O templo do hiperconsumo burguês se mantém indiferente ao sinistro sarcófago de mármore escuro que homenageia o líder da Revolução Russa. Como que para melhor escarnecer do velho Vladimir Ílitch, a GUM exibe mil luzinhas piscantes para as festas de fim de ano e vitrines inacreditáveis, abarrotadas de produtos ocidentais de marcas de luxo. Alguns turistas estrangeiros, extremamente felizes de poder testar a qualidade de seus gorros russos, enfrentam o vento polar. Como que espantados com a própria resistência ao frio, fotografam a si mesmos brandindo celulares na ponta de frágeis bastões de selfie. O Natal se aproxima.

Nosso presente nos aguarda na outra ponta do bairro turístico. Estou de volta ao território russo. Fiz as malas depois de um telefonema de Lana na semana passada. "Tudo certo", ela anunciou. "Recebi sinal verde. Pegue o primeiro voo Paris-Moscou." Por isso estamos, Lana e eu, em pleno centro, perto do Kremlin.

A natureza do presente ainda nos é desconhecida no momento em que atravessamos a Nikolskaya em sentido contrário ao da multidão.

A escuridão dos dias invernais russos torna a sensação de frio ainda mais pavorosa, embora a temperatura de -15ºC continue aceitável para um moscovita. O aparecimento de carros com faróis azulados sinaliza o fim da zona exclusiva para pedestres. À nossa frente, vemos uma praça monumental, daquelas que os russos sabem construir tão bem. No centro dela, há um promontório coberto de neve. Mais ao longe, um prédio de um alaranjado pastel, de inspiração italiana. O rigor de uma arquitetura desprovida de floreados decorativos lhe confere uma dimensão monumental imediatamente reconhecível. É a famosa praça Lubyanskaya e seu prédio tristemente famoso: o edifício Lubyanka.

Lubyanka é sinônimo de KGB, que por sua vez é sinônimo de terror. Se a história da União Soviética tem seus episódios sombrios, o Lubyanka sem dúvida alguma é seu sol negro. Por décadas a fio, o edifício no número 2 da rua Bolshaya Lubyanka abrigou os serviços secretos do regime comunista. Não apenas seu departamento administrativo, aquele que, com um simples carimbo, deportava quem quer que fosse para os campos siberianos. Dentro do Lubyanka também havia salas de interrogatório e uma prisão. Para gerações de soviéticos, entrar naquele prédio equivalia a uma sentença de morte ou, no mínimo, à certeza de desaparecer por muito anos. Alguns dos nazistas mais importantes, capturados depois da queda do Reich, conheceram suas piores sessões de tortura no interior de suas espessas paredes. Mais tarde, em 11 de outubro de 1991, a KGB deixou de existir; em 1995, foi em parte substituída pelo FSB. A sede continua no mesmo lugar. É lá que temos hora marcada para nossa tentativa de consultar os relatórios secretos sobre a morte de Hitler, que permanecem sob sigilo. Em especial aqueles relacionados à suposta descoberta do corpo. Mais de setenta anos depois da queda do Terceiro Reich, o dossiê Hitler segue parcialmente confidencial e sob a guarda dos serviços secretos.

Com o passar do tempo, logo entendemos, graças a nossos interlocutores do Arquivo de Estado da Federação Russa, que uma das chaves do mistério Hitler é guardada no coração do FSB. Como um gigantesco quebra-cabeça espalhado por uma criança geniosa, as peças do "dossiê H" foram distribuídas entre vários serviços governamentais. Isso foi feito de propósito, para não deixar um segredo dessa magnitude nas mãos de uma única administração? Ou deve-se apenas a uma guerra latente entre burocratas ciosos de seus arquivos? A União Soviética e, depois dela, a Rússia, souberam criar e manter essas disputas administrativas, ilustração perfeita de um sistema paranoico. Seja como for, consultar os documentos é como um jogo de caça ao tesouro cujas regras variam conforme os interlocutores. Stálin não desaprovaria esse método. Ao GARF cabe o pedaço do suposto crânio de Hitler; ao Arquivo de Estado Militar da Federação Russa, o RGVA, os dossiês policiais das testemunhas dos últimos dias do Führer; ao TsA FSB, o dossiê sobre a descoberta e a autenticação do corpo. Uma distribuição caótica para historiadores e jornalistas que só querem consultar os documentos. Com o grande número de armadilhas e de responsáveis que precisam ser convencidos, uma pequena investigação sobre o desaparecimento do ditador alemão logo assume proporções infernais e, acima de tudo, devoradoras. De tempo e dinheiro.

Já faz três meses que enviamos uma solicitação ao FSB. Foi em outubro passado. Quase três meses de espera. De silêncio. De nada. E então uma resposta. "Não. Nem pensar. Impossível." Lana conhece bem demais a mentalidade russa para desistir na primeira recusa. Ela escreve novos e-mails. Depois, faz o pedido pessoalmente. Persuadir é seu melhor talento. Para aumentar nossas chances de êxito, recorre ao departamento de comunicação do Ministério de Relações Exteriores. Alexander Orlov é o encarregado dos correspondentes estrangeiros. Graças a ele, consegui uma credencial temporária, sem a qual não poderia participar de nossa investigação. Alexander fala francês e está a par de nossas pesquisas sobre Hitler. Sem dúvida tem contatos dentro do FSB. Lana está convencida disso e recorre a ele. Demora um pouco, mas então ela recebe uma ligação de Alexander. "Sim. Na semana que vem. Quarta-feira!"

Na véspera do grande dia, chego a meu hotel em Moscou e Lana anuncia que o encontro não ocorrerá mais. Foi adiado. Adiado para quando? Quinta-feira, talvez. Ao telefone, Lana negocia com Alexander, argumenta. "Ele veio de Paris só para isso", ela explica. "Quando o jornalista francês volta para casa?", ele pergunta. "Sexta-feira!" "A que horas é o voo dele?" "Uma e meia da tarde!" "Então o encontro será às dez da manhã. Dmitri vai receber vocês. Sejam pontuais!"

Ainda que surpresos com a resposta afirmativa, e alegres, uma pergunta nos incomoda: por quê? Por que a súbita mudança de comportamento das autoridades russas? E por que o FSB decide nos mostrar segredos muito bem guardados há mais de setenta anos? Por que nós? Sejamos francos, Lana e eu logo percebemos que não nos consideram grande coisa. Não temos dúvida da seriedade de nossos próprios esforços e da legitimidade de nossa reputação profissional, mas deve haver algo mais.

* * *

Bem, há, é claro, o trabalho paciente e obstinado de Lana junto às diferentes engrenagens burocráticas da administração russa. Sem falar das incontáveis mãozinhas de seus amigos bem posicionados nas altas esferas do poder "putiniano". A combinação é perfeita para remover os obstáculos que o Arquivo de Estado nos apresenta. Ela nos permite obter com relativa facilidade o sinal verde dos departamentos envolvidos. E, acima de tudo, a certeza de poder consultar documentos que poucos pesquisadores, principalmente estrangeiros, tiveram em mãos. Mas os arquivos do FSB envolvem outro universo, bastante fechado. Sobretudo depois da volta de Putin ao poder. Na época de Iéltsin, nos anos 1990, quem tivesse suficientes meios financeiros poderia conseguir qualquer coisa; hoje isso é impensável. Não bastasse, todas as pessoas com quem falamos ao longo da pesquisa nos afirmaram, sempre, que o dossiê Hitler está diretamente ligado ao Kremlin. Nenhuma decisão pode ser tomada sem o consentimento da cúpula do Estado ou, no mínimo, sem que ela seja informada.

A hipótese mais verossímil que nos ocorre não nos é favorável. Resume-se a uma palavra: manipulação. E se a anuência em nos franquear os arquivos não passar de propaganda do poder russo? Como na época de Stálin, no imediato pós-guerra, Moscou desconfia do Ocidente, da Europa e, acima de tudo, dos Estados Unidos. As tensões diplomáticas entre a Casa Branca e o Kremlin se multiplicam há uma dezena de anos e não é preciso ser perito no assunto para perceber o esfriamento das relações entre os países ocidentais e a Rússia. Ora, nossa investigação ocorre dentro desse contexto de tensão. Ela talvez mostre ao mundo inteiro que o Exército Vermelho de fato venceu os nazistas e fez Hitler se curvar. A prova disso é o troféu mais importante da Segunda Guerra Mundial: os restos do cadáver do Führer — no caso, um pedaço de seu crânio. Pôr esses elementos em evidência hoje pode ser uma estratégia para lembrar a todos que a Rússia é uma grande nação, uma potência com a qual é preciso voltar a contar.

Para passar essa mensagem, nada melhor que uma equipe de jornalistas internacionais: Lana é russo-americana, eu sou francês.

Essa é nossa hipótese. Embora sem provas de que seja verídica, preferimos ficar alerta.

As feridas da Segunda Guerra Mundial cicatrizam à medida que os últimos atores desse drama sucumbem à velhice ou à doença. Afinal, os últimos dias do Führerbunker e de seus moradores são conhecidos há décadas. Não faltam detalhes e testemunhos, tampouco obras de referência. Conhecemos os moradores do abrigo de Hitler que foram presos pelos soviéticos, ingleses ou americanos. Os que morreram também. Existem provas visuais do paradeiro de todos, menos de Hitler e Eva Braun.

Para preparar nosso encontro com o FSB, Lana e eu retomamos os fatos históricos indiscutíveis da queda de Berlim.

Em 2 de maio de 1945, as primeiras tropas soviéticas tomam de assalto o Führerbunker. Nos aposentos de Hitler, encontram alguns feridos, exaustos demais para fugir, e três cadáveres — os corpos dos generais Krebs e Burgdorf, bem como o do chefe dos guarda-costas de Hitler, Franz Schädle. Os três se mataram. Nenhum sinal de Hitler. Na véspera, uma mensagem oficial assinada por Goebbels e Bormann, entregue ao Estado-Maior do Exército Vermelho, mencionara o suicídio do Führer. A par de tudo, Stálin dá ordens expressas para que se encontre o corpo do inimigo. Todos os serviços secretos da União Soviética e as unidades militares de elite são informados dessa missão.

Algumas horas depois da tomada do Führerbunker, os cadáveres dos Goebbels são encontrados, fotografados e filmados. São fatos incontestáveis.

Voltemos por um momento ao caso Goebbels. Não pairou nenhum mistério sobre ele. O suicídio é confirmado por vários documentos, e sobretudo por fotos e vídeos. O fanático chefe da Propaganda nazista se mata e leva consigo, em seu último delírio, a mulher e os seis filhos. No dia 1º de maio de 1945. Conforme as ordens recebidas do próprio Goebbels, os últimos oficiais da ss no bunker queimam seu cadáver e o de sua mulher. Depois, fogem rapidamente na esperança de escapar do Exército Vermelho. Na pressa, esquecem ou não têm tempo de se ocupar dos corpos das crianças.

Os soviéticos encontram os corpos dos Goebbels assim que chegam ao abrigo. Eis o que diz um relatório classificado "top secret" do NKVD, o Comissariado do Povo (equivalente a um ministério) para Assuntos Internos. Datado de 27 de maio de 1945, ele é enviado diretamente a um dos homens mais poderosos e temidos da União Soviética, Lavrenti Beria, o chefe do NKVD.

No dia 2 de maio, em Berlim, a alguns metros do abrigo antiaéreo no terreno da Chancelaria do Reich, onde nos últimos tempos havia se instalado o grande quartel-general de Hitler, foram descobertos os cadáveres carbonizados de um homem e de uma mulher; é de se observar que o homem tem baixa estatura e seu pé direito está em posição semidobrada dentro de um calçado ortopédico carbonizado; sobre seu cadáver encontram-se os restos do uniforme do NSDAP e a insígnia do partido danificada pelo fogo. O cadáver da mulher tinha consigo uma cigarreira de ouro chamuscada pelo fogo, a insígnia em ouro do partido e um broche de ouro também danificado pelo fogo.

À cabeça dos dois cadáveres jaziam duas pistolas Walter n. 1.

As crianças são encontradas mais tarde. O oficial que assina o relatório, o tenente-geral Alexandr Vadis, é um homem duro e habituado aos horrores da guerra de extermínio que os nazistas travam contra seu país. Ele não é qualquer um: dirige, em Berlim, uma unidade extremamente secreta e violenta, a SMERSH, o serviço de contraespionagem militar soviético que opera entre 1943 e 1946. Ainda assim, em seu relatório, mal consegue disfarçar o assombro.

No dia 3 de maio do ano em curso, numa sala à parte do bunker da Chancelaria imperial, foram encontrados seis cadáveres de crianças deitados em camas — cinco meninas e um menino, vestidos com camisolas leves e apresentando indícios de envenenamento.
[…]
O fato de que os cadáveres do homem, da mulher e das crianças são na verdade do ministro imperial da Propaganda, dr. Goebbels, de sua mulher e de seus filhos, é confirmado pelos testemunhos de vários prisioneiros. Convém notar que o testemunho mais característico e convincente é o do dentista da Chancelaria imperial SS-Sturmbannführer [comandante da SS] Kunz Helmut, que se envolveu diretamente no assassinato dos filhos de Goebbels.
Interrogado a esse respeito, Kunz declarou que já no dia 27 de abril a mulher de Goebbels pediu-lhe que a ajudasse a matar seus filhos, acrescentando: "A situação é difícil e, ao que tudo indica, morreremos". Kunz concordou em ajudá-la.
No dia 1º de maio de 1945, às doze horas, Kunz foi convocado à enfermaria do bunker de Goebbels, situada no terreno da Chancelaria imperial, e mais uma vez a mulher de Goebbels, depois o próprio Goebbels, lhe propôs matar os filhos, declarando: "A decisão já foi tomada, pois o Führer está morto e devemos morrer. Não há outra saída".
Depois disso, a mulher entregou a Kunz uma seringa com morfina e este injetou 0,5 ml em cada criança. Passados de dez a

quinze minutos, quando as crianças estavam semiadormecidas, a mulher de Goebbels introduziu na boca de cada filho uma ampola aberta contendo cianeto.

Assim foram mortos todos os seis filhos de Goebbels, com idade entre quatro e catorze anos [na verdade, Helga, a mais velha, tinha apenas doze].

Depois do assassinato dos filhos, a mulher de Goebbels, acompanhada de Kunz, entrou no gabinete do marido e informou-o de que tudo havia sido feito, então ele agradeceu a Kunz pela ajuda e o dispensou.

Conforme declarado por Kunz, depois do assassinato das crianças, Goebbels e a mulher também se suicidaram.

Os russos aceitam transmitir essas informações confidenciais aos aliados ingleses e americanos. Goebbels é um troféu de peso para o Kremlin. Convém exibi-lo ao mundo inteiro. Por falta de combustível e tempo para finalizar a cremação, o casal Goebbels continua facilmente identificável. O Exército Vermelho se apressa a divulgar as fotos e os vídeos de seus butins de guerra. Os cadáveres das crianças são retirados do quarto e depositados nos jardins da Chancelaria, ao lado dos restos mortais de seus pais. Os dois corpos enegrecidos pelas chamas, numa monstruosa pilha de carne, jazem ao lado das frágeis crianças de pijama branco. Elas parecem adormecidas. A cena é mórbida e terrivelmente eficaz. Os soviéticos querem chocar. Sua mensagem ao mundo é clara: vejam de que são capazes os líderes nazistas! Vejam o regime monstruoso que derrotamos!

Fotos, vídeos, há de tudo para confirmar a morte de Goebbels. É verdade que o ministro da Propaganda alemã personifica grande parte da loucura totalitária do regime nazista e que seu cadáver simboliza a queda do nazismo. Também é verdade que, por algumas horas, ele se tornara chanceler do Terceiro Reich, depois da morte de Hitler. Mas por que os soviéticos não divulgaram os mesmos vídeos e não tornaram públicos os mesmos documentos relativos à peça principal do regime nazista, o Führer? Ainda hoje, não existe prova visual oficial do cadáver calcinado de Hitler ou do cadáver de sua mulher.

Como acreditar que os serviços do Exército Vermelho não se preocuparam em fotografar ou filmar os restos de seu maior inimigo? Se não para a imprensa, ao menos para Stálin! Ainda mais porque sabemos que, depois da queda de Berlim, em 2 de maio de 1945, qualquer suspeita da descoberta do corpo de Hitler renderia filmes e fotografias. Em algumas, podemos ver soldados soviéticos apresentando com orgulho um morto de bigodinho, vagamente parecido com o ditador alemão. O Estado-Maior russo quer garantir a autenticidade desses "supostos Hitlers". Para tanto, pede a oficiais nazistas prisioneiros que o identifiquem. Um diplomata soviético que conhecera o Führer em vida é enviado de Moscou para participar das identificações. O resultado sempre é negativo. Oficialmente, nenhum daqueles corpos é de Hitler.

Em pouco tempo as histórias mais estapafúrdias começam a circular. O ditador estava morto ou conseguira fugir? O silêncio obstinado das autoridades soviéticas amplifica e desencadeia o mistério Hitler.

Um mistério que esperamos resolver no arquivo central do FSB, sete décadas depois da queda de Berlim. Se nos deixarem confirmar a autenticidade dos documentos que examinarmos. A confiança é um pressuposto desejável mas não obrigatório na Rússia.

É nesse estado de espírito voluntariamente prudente que seguimos para a sede do TsA FSB. Ao contrário das outras calçadas que cercam a praça Lubyanskaya, a que acompanha a longa fachada do prédio está totalmente vazia. Nenhum pedestre. Veem-se apenas dois policiais fardados de cassetete na mão. Nossa chegada não passa incólume. Eles nos observam com o canto do olho. Nada indica onde é a entrada do edifício. Olhando para cima e caminhando com hesitação, parecemos dois turistas perdidos. Um dos guardas se dirige a nós com irritação. "É proibido fotografar nesta calçada", ele nos avisa. "Vocês não devem ficar aqui. A zona é vigiada, tem câmeras por todo lado", ele continua, apontando com o cassetete para as várias câmeras nos parapeitos das janelas. Nossa resposta o surpreende. Estamos aqui porque queremos entrar, não para fotografar. "Vocês têm certeza?", insiste o policial, como se estivesse com pena de nós. "É esta porta aqui", ele diz, e vai embora erguendo a gola do grosso sobretudo. A porta é emoldurada por um pesado bloco de granito escuro, cinza, triste. Acima dela, as armas da antiga União Soviética. Se a entrada foi escolhida para impressionar, seu objetivo foi perfeitamente alcançado.

Lá dentro, Dmitri nos espera. Um soldado com uniforme de gala se mantém entre ele e nós. Deve ter uns bons dois metros de altura. Sem dizer nada, o sujeito estende secamente a mão em direção a nós. "Passaportes", explica Dmitri, com um sorriso amarelo. Lana ainda não sabe se serei autorizado a passar pela barreira de segurança. Um estrangeiro na sede do FSB, e ainda por cima jornalista, é pedir demais numa Rússia em plena crise diplomática internacional. Um jornalista russo seria convidado a entrar na sede da DGSE em Paris? Não sei dizer. Depois de muitos e-mails e telefonemas, ela acabou descobrindo bons argumentos para convencer o FSB. Mas na última hora tudo pode vir por água abaixo. Alguns dias antes, o embaixador russo na Turquia foi assassinado ao vivo na televisão por um turco em nome da jihad na Síria. Dmitri quase cancelou tudo. Vai saber se o Kremlin não mudou de ideia nessa mesma manhã. Nossa investigação sobre o desaparecimento de Hitler acabaria ali, no hall de entrada da sede do FSB, a poucos metros dos arquivos confidenciais.

Lubyanka, Moscou, dezembro de 2016

As regras são claras. Não devemos tocar em nada. Não podemos filmar sem autorização. Precisamos esperar. Lana ouve, faz que sim com a cabeça e depois, no elevador, traduz as recomendações de Dmitri. Nosso interlocutor tenta ser simpático. Seus esforços são perceptíveis. Ao contrário dos dois homens que nos recebem no terceiro andar. Como Dmitri, eles vestem roupas sóbrias: terno preto, gravata preta e camisa branca. Mas, à diferença de nosso anfitrião, mantêm o rosto impassível. Sem agressividade nem desconfiança, tampouco receptividade. Parecem malvados saídos diretamente de um filme de espionagem dos anos 1950. Dmitri caminha por um corredor com um carpete desbotado que torna o cenário ainda mais "foice e martelo". Agora somos acompanhados por três funcionários do FSB. Ninguém fala. As luzes são fracas e mal iluminam o interminável corredor. De onde estamos, não conseguimos ver onde ele termina. Ao que tudo indica, deve cobrir toda a largura do prédio, ou seja, várias dezenas de metros. A intervalos regulares, as paredes revelam portas de madeira clara. Nenhuma aberta. Não há nomes, apenas números as diferenciam. Somente naquele andar, naquela fachada, deve haver umas vinte portas de cada lado. Onde estão os funcionários? O silêncio é absoluto. Ao me aproximar de uma dessas portas, passo mais devagar e tento ouvir alguma coisa do outro lado. Nada. Nem um murmúrio. Somente nossos passos se fazem ouvir, apesar da espessura do carpete. O hotel do filme *O iluminado* parece quase acolhedor e confortável comparado a esse corredor.

"É aqui. Entrem! Acomodem-se, fiquem à vontade." A nosso pequeno grupo se juntam dois novos adeptos da vestimenta "terno preto, gravata preta e camisa branca". Esperavam em silêncio na frente de uma das portas de madeira, que tem a particularidade de estar aberta. O convite para ficar à vontade não deve ser recusado. Aliás, nada ali deve ser recusado. E nenhuma pergunta deve ser feita sem muita reflexão prévia. A sala em que nos instalamos é um gabinete de uma dezena de metros quadrados. A cortina da janela está cuidadosamente fechada. Há uma mesa redonda, estantes envidraçadas, outras mais modestas, algumas bandeiras russas, uma televisão, um sofá de couro meio vagabundo e até um nervoso pinheirinho de plástico que não para de piscar — os ambientes internos da administração russa são todos iguais. Com a diferença de que, aqui, o emblema do FSB decora orgulhosamente uma das paredes. Uma espada sobre a qual repousa um escudo com a águia bicéfala da insígnia russa nos lembra de que estamos num departamento administrativo da Federação. Dmitri desaparece. O tempo passa lenta e implacavelmente. Um homem, mais baixo e atarracado, se junta a nós no gabinete. Ele não fala, não responde às perguntas de Lana. Apenas nos observa, nos vigia escancaradamente, nem se preocupa em dissimular. Fora da sala, no corredor, o grupo com que cruzamos discute. Algumas vozes são mais distintas que outras. Principalmente a de uma mulher. Ela acaba de chegar e não parece muito satisfeita com nossa presença. O que vão nos mostrar? Que ordens receberam? Para me certificar do que está acontecendo, decido dar uma olhada. Assim que faço menção de me dirigir à porta, nosso vigia se posta na minha frente. Improviso um: "Xixi! Toalete?". Meu ar inocente não enternece Cérbero. Repito meu pedido. "Banheiro?" Sei que o sujeito me entende. Ele hesita, faz sinal para eu esperar e sai. Um segundo depois, Dmitri aparece e me diz para segui-lo. Estou de novo no corredor. Passo pelo grupo que discute rispidamente. São no mínimo sete homens e uma mulher. Todos se calam assim que passo. Ela usa um vestido escuro e sóbrio. Os cabelos loiros cortados à altura da nuca dão um pouco de cor ao universo monocromático. Mais alta que a maioria dos colegas, com ombros no mínimo tão largos quanto os deles, a mulher me faz entender com toda a clareza que nossa presença dentro daqueles muros é um insulto. Mesmo de costas, sinto seus olhos fixos em mim. Passo por outra porta, de novo sem indicação alguma, e Dmitri a abre. É o banheiro.

"Vão trazer os dossiês a qualquer minuto." Meu retorno ao gabinete é recebido por uma Lana triunfante. Durante minha ausência, ela recebeu a confirmação de que vão nos mostrar os documentos secretos. Ainda bem, pois só tenho mais uma hora e meia antes de zarpar para o aeroporto. Subitamente, o grupo com que eu havia cruzado no corredor entra em bloco no pequeno gabinete, liderado pela mulher. Ela carrega vários dossiês à frente do corpo, qual relíquias sagradas. E uma caixa grande de sapatos. Atrás dela, dois homens depositam no chão, delicadamente, um manequim com uma capa.

Tudo acontece com muita rapidez. A mulher espalha os dossiês e a caixa em cima da mesa e os dois homens depositam o manequim à nossa esquerda enquanto os outros se contentam em observar. Alguns se sentam, outros se mantêm em pé. São tantos que não cabemos todos na sala. Contemplamos a cena sem ousar abrir boca, com medo de que voltem atrás.

"As regras são as seguintes..." Numa voz controlada que não admite contestação, a loira expõe uma a uma as condições para a consulta dos documentos. Lana escuta, concentrada, com os braços cruzados às costas como uma aluna diante do professor. Ela me traduz o que é dito, baixinho. "Fotografias autorizadas, mas apenas dos documentos. É totalmente PROIBIDO fotografar qualquer membro do FSB..." A palavra "proibido" é tão enfatizada pela funcionária dos serviços secretos que consigo compreendê-la mesmo em russo. "Aliás, vamos verificar todas as fotos que vocês tirarem. Somente os itens selecionados por nossos serviços estarão acessíveis. Vocês vão reconhecê-los facilmente pelos marcadores presos aos dossiês." Um rápido olhar me permite estimar o número desses marcadores e, portanto, de documentos que poderemos consultar. Devem somar uma boa dúzia. É um bom começo, eu me consolo. "Também trouxemos as provas físicas da captura do corpo de Hitler por nossas tropas." Lana mal tem tempo de traduzir essa última frase. Como uma dupla de mágicos, os dois homens perto do manequim levantam a capa. O efeito é imediato. Um casaco amarelo mostarda surge à nossa frente. Parece antigo, mas está em perfeito estado. Num dos bolsos externos, na altura do peito, à esquerda, vemos três distintivos: um medalhão de contorno vermelho e branco que apresenta no centro uma cruz gamada; uma medalha militar; uma insígnia escura que representa um capacete militar sobre duas espadas cruzadas. "É a túnica de Hitler", afirma nossa interlocutora do FSB. Os três distintivos são perfeitamente identificáveis: o medalhão é a insígnia oficial do partido nazista, a medalha militar é uma Cruz de Ferro de primeira classe e a última condecoração é a insígnia dos feridos da Primeira Guerra Mundial. São os distintivos que Hitler costumava usar. "Onde esse uniforme foi encontrado?" A pergunta irrita a mulher. Ousamos duvidar da autenticidade da túnica? Seria o mesmo que chamá-los de mentirosos. Dmitri intervém. "As tropas soviéticas a recuperaram na sede da Chancelaria do Reich." Será que de fato ela pertenceu a Hitler? Ou seria apenas uma réplica, muito verossímil, sem dúvida, mas que não pode ser comprovada? No fim das contas, pouco importa. Não estamos aqui para ver restos de tecido, mas para obter provas irrefutáveis da morte de Hitler no dia 30 de abril de 1945 e, acima de tudo, para conhecer os detalhes da descoberta de seu corpo pelos soviéticos. Nem Lana nem eu sentimos fascínio algum pelos objetos nazistas. Muito pelo contrário. Nosso escasso entusiasmo diante da roupa e das medalhas leva Dmitri a acelerar a programação. Ele faz sinal para que a colega siga em frente. Com um suspiro, ela nos pede para aproximar da mesa redonda. Os dossiês estão bem à nossa frente. A pequena caixa que lembra uma velha caixa de sapatos, um pouco no estilo daquela que vimos no GARF com o fragmento de crânio, é empurrada para mais longe, fora de nosso alcance. "Isso é para mais tarde!" Meu olhar insistente para a caixa não passa despercebido. "Tomem, aqui estão os dossiês. São documentos confidenciais a respeito do cadáver de Hitler." Abrir, olhar, fotografar. Rápido, o mais rápido possível. Tenho apenas alguns minutos antes que me peçam para sair. Posso ao menos me sentar para consultar os documentos?, pergunto. Lana não pode traduzir, está ocupada com Dmitri. Tento falar em inglês com minha interlocutora. Claro que ela entende. "*Da, da*", ela se contenta em responder. Abro o primeiro dossiê, respeitando a instrução dos marcadores. Tomo cuidado para não cometer nenhum erro.

Trata-se de um relatório batido à máquina. O papel, de má qualidade, está quase enrugado. Há marcas que mostram que foi dobrado em quatro. As bordas estão gastas e levemente rasgadas, como acontece quando transportamos documentos num bolso pequeno demais. Algumas letras foram impressas pela metade; a fita de tinta da máquina de escrever devia estar no fim. Esses detalhes fazem supor que o texto não foi digitado num gabinete em condições normais de funcionamento. Teria sido nas ruínas de uma Berlim devastada por bombardeios?

A primeira coisa que faço é verificar a data. Embora não compreenda o russo falado, consigo lê-lo. "Ano 1945, mês de maio, 5º dia." O relatório indica quem descobriu os cadáveres de um casal. A informação é concisa, precisa, sem nenhum tipo de interpretação. Mesmo sobre a identidade dos corpos.

Eu, tenente-chefe da guarda, PANASSOV Alexei Alexandrovich, e os soldados TCHURAKOV Ivan Dmitrieich, OLEINIK Evgeniy Stepanovich e SERUKH Ilya Efremovich, na cidade de BERLIM, perto da Chancelaria do Reich de HITLER, nas cercanias do local da descoberta dos cadáveres de GOEBBELS e de sua mulher, ao lado do abrigo antiaéreo pessoal *de HITLER, descobrimos e apreendemos dois cadáveres queimados, um de mulher, outro de homem.*

Os corpos descobertos estavam extremamente danificados pelo fogo e impossíveis de reconhecer ou identificar sem análises aprofundadas.

Os cadáveres estavam na cratera de um obus, a cerca de três metros da entrada do bunker de Hitler e cobertos de terra.

Foram armazenados no departamento de contraespionagem "SMERSH" do 79º corpo do Exército.

O texto é finalizado por quatro assinaturas manuscritas, dos quatro soldados que fizeram a descoberta.

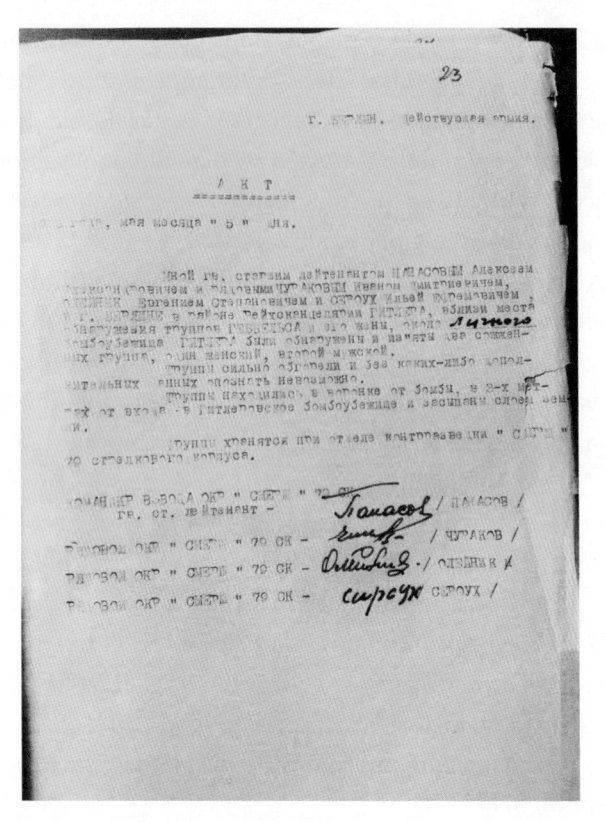

Relatório original dos serviços secretos soviéticos sobre a descoberta, em 5 de maio de 1945, dos cadáveres de um casal na frente do bunker de Hitler. O documento é conservado nos arquivos do FSB.

O documento seguinte é um mapa em cores cuidadosamente traçado à mão. O papel parece da mesma qualidade do anterior, mas não foi dobrado nem rasgado. Bem no alto, lê-se em letras grandes: "Mapa". Logo abaixo: "Lugar da descoberta dos cadáveres de Hitler e de sua mulher". Trata-se de um esquema do jardim da Nova Chancelaria do Reich realizado com extrema minúcia e respeito das proporções. Pequenos pontos numerados se espalham por toda parte. Representam os lugares exatos onde foram queimados os corpos do casal Goebbels e os supostos corpos de Hitler e Eva. Quanto ao buraco de obus, os soviéticos mencionam um "funil" no qual dois cadáveres, do Führer e da mulher, foram enterrados. O documento é assinado pelo comandante da guarda Gabelok, em 13 de maio de 1945.

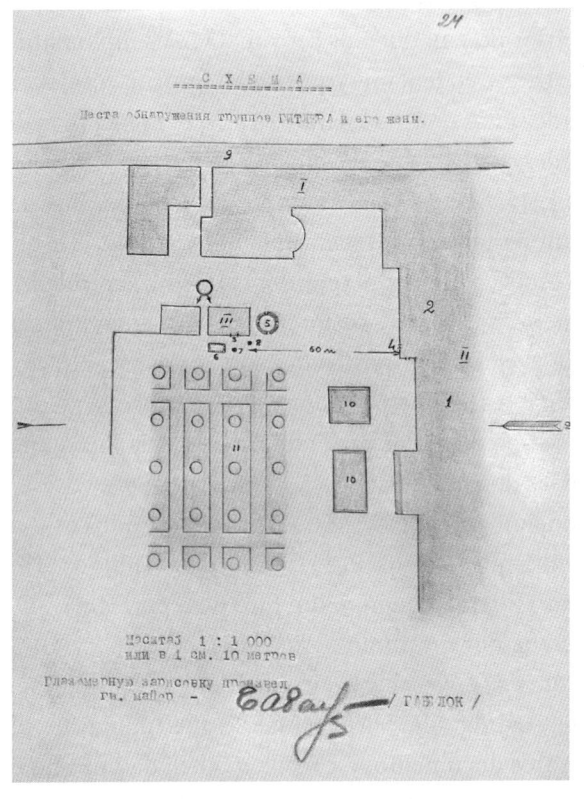

Mapa da descoberta dos prováveis corpos de Hitler, Eva Braun e do casal Goebbels diante da saída de emergência do Führerbunker, em Berlim. Ele foi desenhado em 13 de maio de 1945 pelos investigadores soviéticos. O número 6 indica o lugar onde foram encontrados os cadáveres calcinados de um homem e de uma mulher. O número 7, o lugar de incineração dos cadáveres dos Goebbels. O número 8, o lugar da provável incineração de Hitler e de sua mulher (TsA FSB).

O que acontece entre o primeiro documento, assinado em 5 de maio, no qual nada indica que os corpos descobertos sejam de Hitler e Eva Braun, e o de 13 de maio, em que a identificação parece uma certeza? Apenas oito dias separam os dois relatórios. Lana termina de traduzi-los e compartilho com ela, em voz alta, meus questionamentos e dúvidas. Como os russos puderam identificar com certeza os cadáveres carbonizados? Volto-me para os funcionários do FSB que nos cercam. O mais diplomaticamente possível, Lana e eu tentamos obter mais informações. Para começar, agradecemos por tudo. Graças a eles, temos a prova de que as autoridades soviéticas pensavam ter encontrado Hitler já em 5 de maio de 1945. Mas isso não é suficiente para nossa busca. Nossos interlocutores talvez não esperassem nossa reação. "De que lado a senhora está?", a mulher pergunta a Lana com severidade. "É russa ou americana?" Lana se esforça para permanecer o mais sorridente possível. Depois que tivera a sorte de conseguir, em 1997, o *green card* e, a seguir, o passaporte americano, está acostumada a ouvir esse tipo de pergunta. Traidora da pátria, nada menos que isso! "Esses documentos não são suficientes para vocês?", continua a funcionária do FSB. "Vocês são como todos os jornalistas americanos, que se recusam a acreditar que fomos os primeiros a encontrar Hitler. Só querem um furo de reportagem." O encontro envereda por um rumo perigoso. Atrás de nós, vozes se elevam, o tom da conversa sobe. Um homem careca se levanta bruscamente e sai da sala. Será o sinal de que tudo acabou? Ainda temos tantos documentos a consultar, além da caixa no canto da mesa. Deixo Lana tentando amansar a mulher, que se opõe claramente à nossa presença, e me viro para Dmitri. Tenho certeza de que ele fala inglês ou francês. "Algum problema?" Sem responder, ele me faz sinal para aguardar. Após longos minutos, o homem careca surge na minha frente e me estende um grande envelope em papel pardo. "*Open, open!*" Faço o que ele pede, enquanto

Lana se explica cada vez mais nervosamente à compatriota. Semicompatriota, eu deveria dizer.

Fotos de identidade, ou melhor, de identificação, em preto e branco puxando para o sépia. São cópias aumentadas. Uma mostra um homem ainda jovem, com os cabelos penteados para trás, como se usasse brilhantina. Seu nome aparece em grandes letras cirílicas: Echtman F., seguido de uma data, 1913.

Fotografias de identificação de Fritz Echtmann, protético de Hitler, tiradas pelos investigadores soviéticos (TsA FSB).

Na outra, há uma mulher também na flor da idade, com uma blusa de tecido xadrez. Seu nome está escrito ao lado de outra data: Hoizerman K., 1909.

Na verdade, trata-se de Friz Echtmann (com dois "n") e de Käthe Heusermann, os dois alemães que participaram da identi-

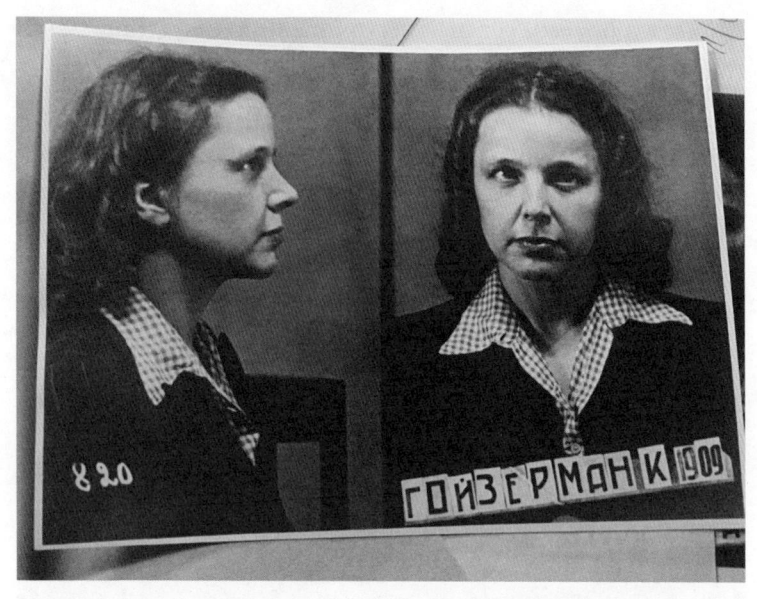

Fotografias de identificação de Käthe Heusermann, assistente do dentista pessoal de Hitler, tiradas pelos investigadores soviéticos (TsA FSB).

ficação da arcada dentária dos corpos encontrados na frente do bunker. O protético trabalhava com Hugo Blaschke, dentista pessoal de Hitler; Käthe Heusermann era assistente dele. Duas fichas biográficas acompanham as fotos. Ficamos sabendo que em 1951 ambos foram condenados pela União Soviética a dez anos de trabalhos forçados. Ele, por "ter sido o protético de Hitler e de seu círculo mais próximo"; ela, "por ter servido a Hitler, Himmler e outros líderes fascistas". Não há nada a respeito das conclusões da perícia macabra, nem uma foto dos dentes em questão. O homem careca que me entregou o envelope em papel pardo observa minha decepção com uma ponta de contentamento. É de fato tudo o que eles têm para nos mostrar? O tempo que nos foi concedido voa. Só temos mais meia hora. Meu visto expira esta noite e eles sabem que meu voo para Paris parte à tarde. Enquanto nos desesperamos por informações mais concretas e provas formais, nossa "amiga" severa e taciturna tira luvas de látex de um bolso da saia, como as dos cirurgiões. Sem dizer nada, ela finalmente pega a caixa, coloca bem no meio da mesa e abre a tampa. Como que hipnotizados, Lana e eu nos inclinamos imediatamente sobre seu conteúdo. Mal conseguimos identificar os objetos que estão lá dentro e a mulher já começa a manipulá-los. Ouço-me gritar "*Stop!*". Não sei quem fica mais surpreso com minha audácia, ela ou eu. No entanto, a mulher obedece e põe tudo no lugar. Quero todo o tempo do mundo para descobrir e entender o que temos diante dos olhos. Azar se perder o voo. Discretamente, faço um sinal a Lana para que ela comece o número que ensaiamos juntos. A ideia é simples: ela deve falar, falar sem parar. Precisa distrair nossos interlocutores e me deixar observar, tirar fotos à vontade, quantas forem necessárias. Tudo muito simples e, graças à extraordinária capacidade de Lana de falar por horas a fio, terrivelmente eficaz. Sem se fazer de rogada, ela dá início a um monólogo diante de sua plateia.

A caixa está cheia de um espesso algodão branco em camadas superpostas. Sobre ele, veem-se três objetos. O maior é composto por uma larga haste metálica em curva ligada a uma membrana de couro do tamanho de uma panturrilha. Logo penso no aparelho ortopédico que Goebbels usava por causa do pé torto. Será isso? O conjunto parece enegrecido e muito danificado, como se tivesse sido queimado por um fogo violento mas breve.

Há um pequeno objeto de metal dourado também muito danificado pelo fogo. Talvez uma cigarreira. Seu interior está cheio de marcas, mas pode-se distinguir claramente uma assinatura gravada no metal. É muito parecida com a de Hitler. Reconheço a espécie de risco, como um raio, com um pequeno traço na parte de baixo, e o H maiúsculo tão característico. Abaixo, uma data: 29.10.1934. Seria um presente do Führer para Magdalena Goeb-

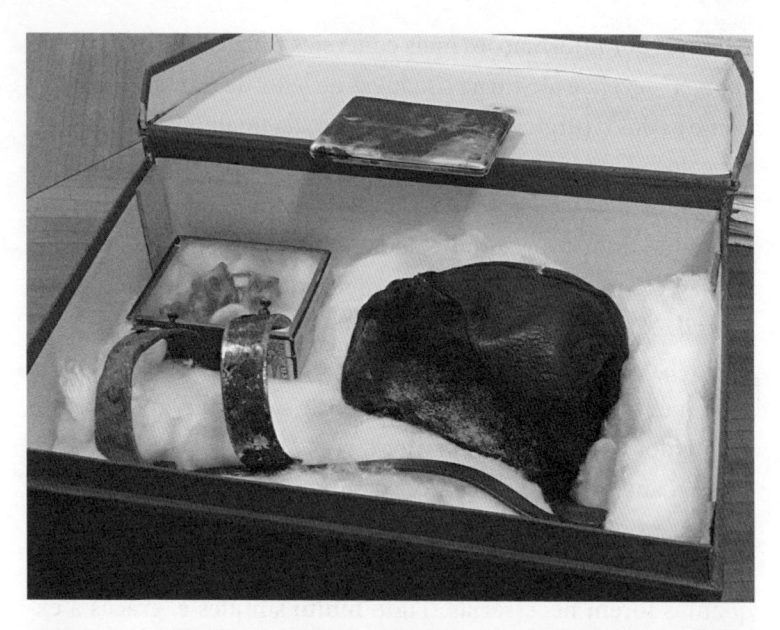

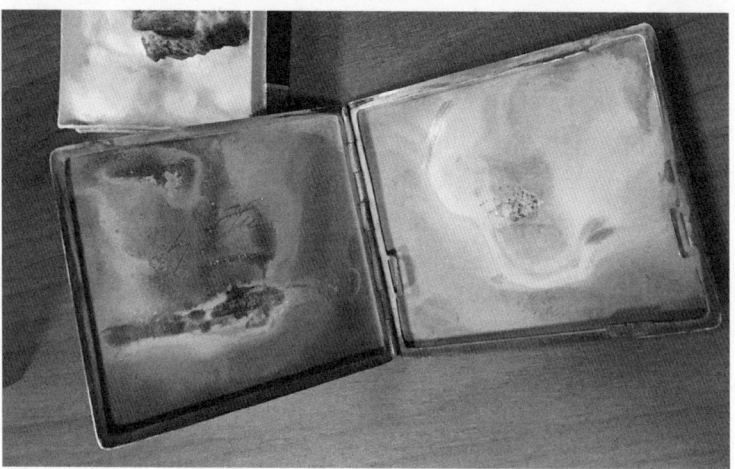

Caixa contendo, segundo os arquivos do FSB, a prótese de Joseph Goebbels e a cigarreira de ouro de Magda Goebbels oferecida por Hitler. Também se vê a caixa menor com os supostos dentes de Hitler.

bels? Seria a "cigarreira" mencionada pelo relatório do NKVD de 27 de maio de 1945, que dizia: "O cadáver da mulher tinha consigo uma cigarreira de ouro tocada pelo fogo"? O objeto corresponde à descrição. Se autêntica, a cigarreira foi assinada no dia 29 de outubro de 1934. Nessa data, Hitler concentrara havia pouco todos os poderes da Alemanha. Com a morte do presidente marechal Hindenburg, no dia 3 de outubro, ele se torna ao mesmo tempo chanceler e presidente do Estado alemão. Enfim, o Führer.

Mas voltemos a Moscou. Detenho-me no terceiro objeto, aquele que mais me intriga. Uma caixinha quadrada com uma tampa transparente. Numa das laterais, posso ler em russo e em francês "25 cigarros n. 57, sociedade Bostanjoglo". Ao que tudo indica, trata-se de uma caixa de cigarrilhas. Posso ver seu interior pela tampa transparente. Não tem nada lá a não ser mais algodão, sobre o qual foram colocados de qualquer jeito os restos de uma mandíbula humana, quebrada em vários pedaços. Sem que eu diga nada, as mãos enluvadas da funcionária do FSB abrem delicadamente a caixa e tiram uma a uma as quatro partes da mandíbula. À minha frente, alinham-se 24 dentes presos a tecidos ósseos enegrecidos. Quase todos são artificiais ou estão cobertos por implantes e pontes douradas. Distingo apenas alguns dentes naturais, três ou quatro. Os outros são de porcelana ou metálicos. O estado dos dentes do homem ou da mulher a quem pertenciam era catastrófico. "Aqui está a prova que vocês buscam." Com os braços cruzados e o olhar severo de sempre, ela finalmente decide me dirigir a palavra em inglês. Permito-me pedir uma confirmação: "São os dentes de Hitler?". O "*da*" que recebo como resposta deve supostamente me satisfazer. Mas não me contento. Não basta. Já que estamos aqui, vou aproveitar todo o meu tempo e fotografar de todos os ângulos possíveis os dentes e os restos de mandíbula que os prendem.

Enquanto Lana continua entorpecendo de palavras o resto da audiência, consigo ser compreendido por minha supervisora. Um a um, peço-lhe para posicionar na frente da câmera aqueles restos humanos. De frente, de trás, de um lado, do outro, não quero perder nada. Acima de tudo, quero fotografar a ponte peculiar que une dois dentes e passa em arco por cima de um terceiro.

A sessão de fotos chega ao fim. Os ânimos arrefecem. Resgato Dmitri e seus colegas da logorreia de Lana e faço um agradecimento a todos. Eles jogaram nosso jogo. Ao menos em parte, pois continuamos sem ver fotos de época do cadáver de Hitler ou de Eva. "Elas não existem", atalha Dmitri. Claro que não acreditamos nele. Mas não faz mal. Conseguimos avançar em nossas pesquisas. O quebra-cabeça aos poucos começa a tomar forma. A perícia do protético pessoal de Hitler e de sua assistente, em maio de 1945, havia convencido os soviéticos. Eles de fato acreditaram ter posto as mãos no cadáver do ditador nazista.

"Antes de partir, vejam isto aqui..." Dmitri nos estende um dossiê que ainda não consultamos. Ele o abre num dos marcadores. "Aqui consta o que foi feito do corpo de Hitler depois de sua identificação formal."

Avidamente, decifro algumas palavras do documento. No alto, à direita, "top secret", o título geral, "ata", a data, "4 de junho de 1945", e as assinaturas e o carimbo no fim da página. Lana traduz o resto:

Após buscas posteriores, em 5 de maio de 1945, a alguns metros do lugar onde foram encontrados os corpos de Goebbels e de sua mulher, no funil de explosões de uma bomba, foram descobertos dois cadáveres extremamente queimados: o do chanceler da Alemanha Adolf HITLER e o de sua mulher, Eva BRAUN. Esses dois corpos foram transportados para o mesmo departamento de contraespionagem SMERSH do 3º Exército de Assalto no bairro de Buch, em Berlim.

Todos os cadáveres levados ao departamento SMERSH do 3º Exército de Assalto passaram por um exame médico-legal e foram mostrados para identificação às pessoas que os conheceram bem e com vida.

Depois de passar pelo exame médico-legal e pelo conjunto de procedimentos de identificação, todos os cadáveres foram enterrados perto do bairro berlinense de BUCH.

Em razão da reorganização do departamento de contraespionagem SMERSH, os cadáveres foram retirados e transportados primeiro para os arredores da cidade de Finow [sessenta quilômetros ao norte de Berlim], depois, em 3 de junho de 1945, para as cercanias da cidade de Rathenow [oitenta quilômetros a oeste de Berlim], onde foram definitivamente enterrados.

Os cadáveres se encontram em caixa *de madeira e foram enterrados a uma profundidade de 1,7 metro e posicionados na seguinte ordem:*

De leste a oeste: HITLER; BRAUN, Eva; GOEBBELS, Magda; GOEBBELS; KREBS; filhos dos GOEBBELS.

Na parte oeste da fossa também se encontra um cesto com os cadáveres de cães, um que pertencia pessoalmente a HITLER e outro a BRAUN, Eva.

A localização dos cadáveres enterrados é a seguinte: Alemanha, província de Brandemburgo, arredores da cidade de Rathenow, floresta a leste da cidade de Rathenow, na estrada de Rathenow a Stechow, logo antes da aldeia de Neu Friedrichsdorf, a 325 metros da ponte das estradas de ferro, clareira, do poste de pedra com o número 111 — a nordeste até o marco de pedra com o mesmo número 111 — 635 metros. Depois, desse marco na mesma direção até o marco de pedra seguinte com o mesmo número 111 — 55 metros. Desse terceiro marco estritamente a leste — 26 metros.

A fossa com os cadáveres foi aplainada ao nível do solo, e sobre sua superfície foram plantadas pequenas sementes de pinheiro formando o número 111.

O mapa com o esquema segue em anexo.
Esta ata foi redigida em três vias.

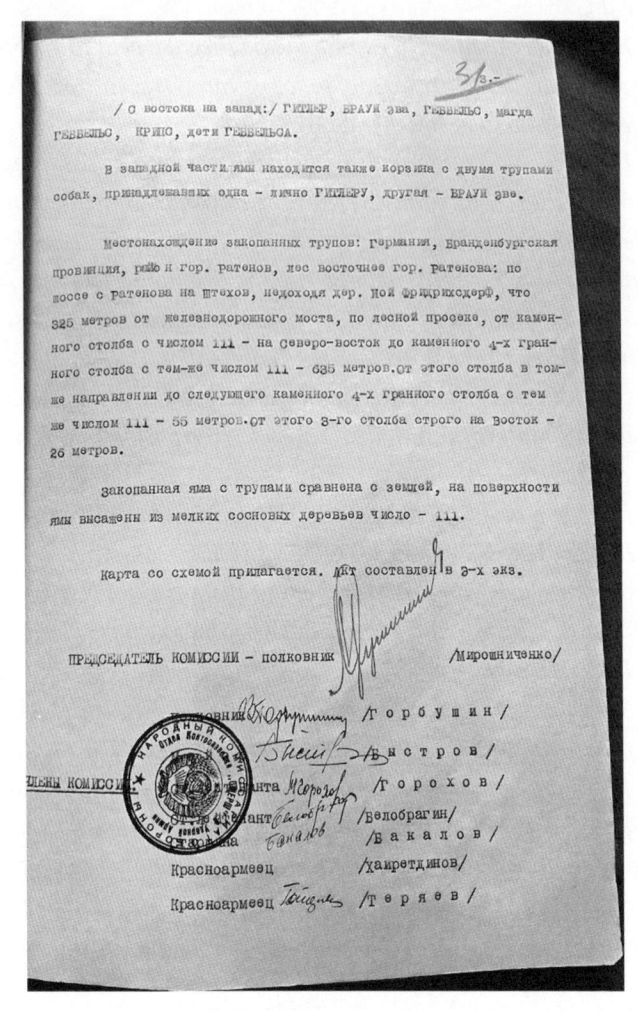

Relatório secreto original da contraespionagem soviética sobre a inumação secreta de Adolf Hitler e de sua esposa, Eva Braun, em 4 de junho de 1945, na floresta perto de Rathenow.

to 1: As duas peças principais do arquivo Hitler conservado no GARF (Arquivo de [Est]ado da Federação Russa), em Moscou. De acordo com os russos, seriam pedaços do [sof]á em que o Führer se suicidou e, dentro de um porta-disquetes, um fragmento do [crâ]nio de Hitler.

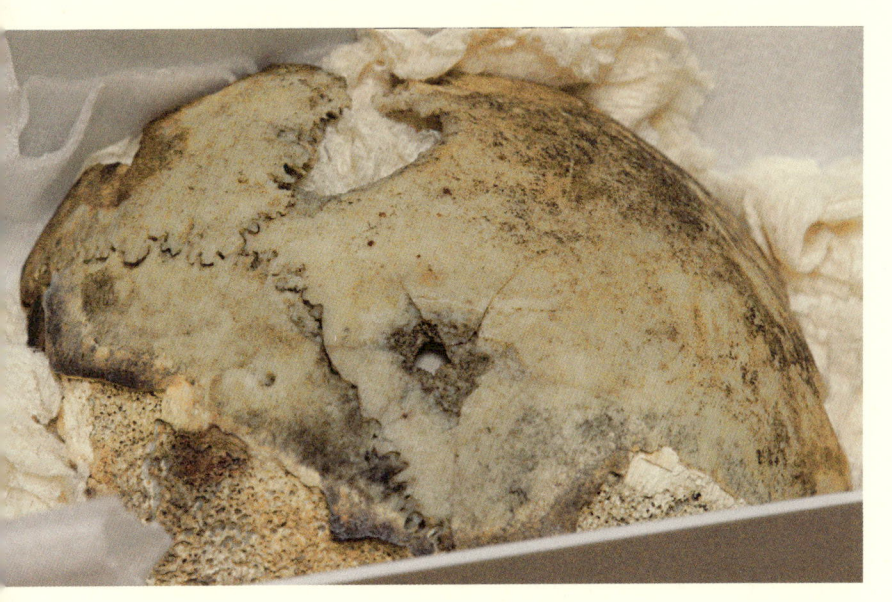

to 2: Fragmento de calota craniana conservado no GARF, em Moscou. Ele teria sido [en]contrado em frente à saída de emergência do Führerbunker, em Berlim, em maio de [19]46, por ocasião da contrainvestigação soviética sobre a morte de Hitler. O orifício de [bal]a, as marcas de cremação e os vestígios de terra são perfeitamente visíveis.

Foto 3: Pedaços da mandíbula de Hitler. Eles teriam sido arrancados do cadáver descoberto em 4 de maio de 1945 nos jardins da Nova Chancelaria do Reich, em Berlim, pelos investigadores soviéticos. Hoje, são conservados no arquivo central dos serviços secretos russos, o TsA FSB.

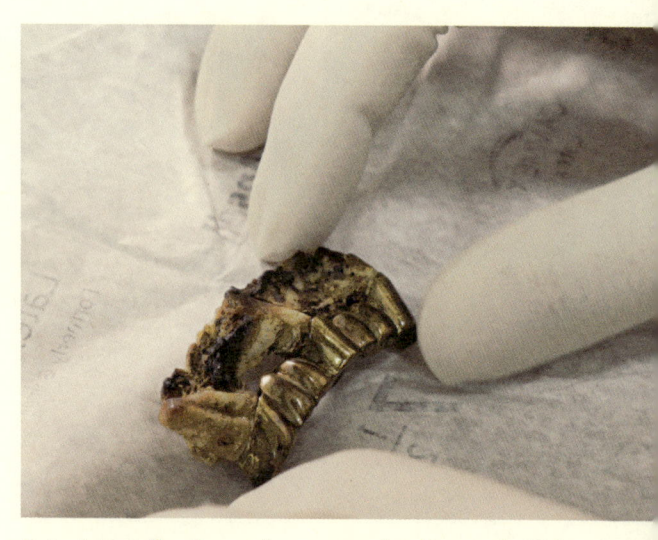

Foto 4: Detalhe de um fragmento dos dentes de Hitler. As ma[r]cas de carbonização sobre os restos de mandíbula provam qu[e a] cremação foi intensa. Mas não suficientemente longa para da[nifi]ficar os dentes e as próteses.

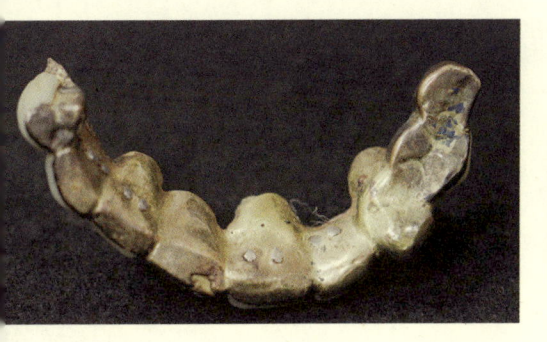

tos 5 e 6: As manchas azuis são encontradas apenas num dos lados da mandíbula. demos vê-las à direita na Foto 5. O azul intenso é surpreendente (na foto 6, amplia- ao microscópio). Será algum vestígio deixado pelo cianeto?

to 7: No fim da vida, Hitler ha apenas quatro dentes adáveis sem nenhuma pró- e. Foi para salvar um des- dentes que ele pediu a seu ntista que fizesse essa pró- e em forma de calha. Sua ma única e reconhecível ilitou o trabalho de identi- ação dos dentes do Führer.

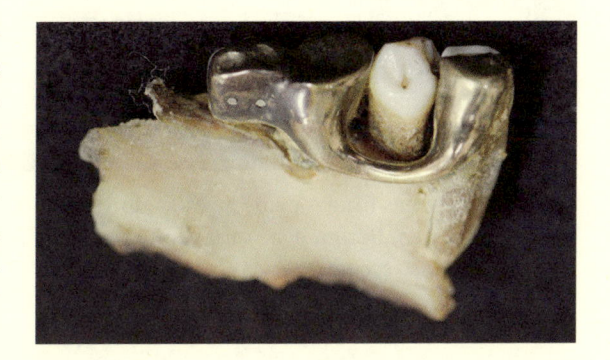

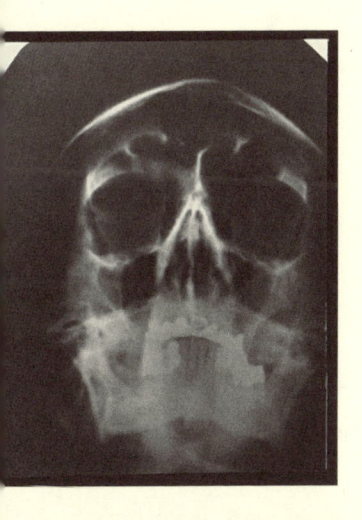

Foto 8: Radiografia da face de Hitler feita no outono de 1944 (hoje conservada nos National Archives, em College Park, Maryland, Estados Unidos, n. 27500765). As próteses metálicas dos dentes aparecem como manchas brancas na imagem. Destaca-se a prótese em forma de calha, embaixo à esquerda.

Foto 9: Fotografias tiradas pelos investigadores soviéticos em maio de 1946 dentro Führerbunker, em Berlim. Este seria o sofá em que Hitler se suicidou. No braço dire do sofá, manchas escuras. Seria o sangue do ditador?

Foto 10: Detalhe dos pedaços de sofá conservados no GARF, em Moscou. As manchas curas (bem ao lado do pedaço de tecido) continuam visíveis setenta anos depois dos fat

Também sou autorizado a fotografar o mapa, traçado à mão, cuidadosamente colorido de verde e vermelho. Ele indica com muita precisão o local onde os restos do dirigente nazista foram sepultados. Os soviéticos não escolhem a cidade de Rathenow ao acaso. Esse distrito, com uma boa dezena de milhares de habitantes em 1945, situado numa zona controlada pelo Exército Vermelho, é de fácil e rápido acesso a partir de Berlim.

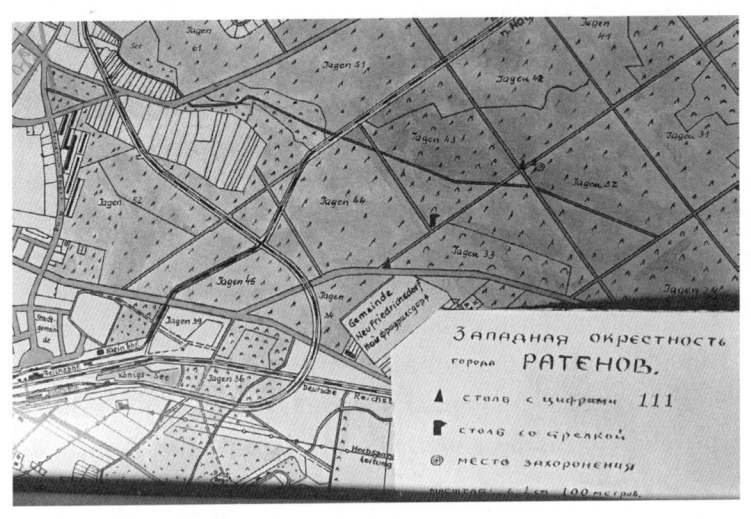

Original do mapa desenhado pela contraespionagem soviética em 4 de junho de 1945, indicando o local da inumação do casal Hitler, dos Goebbels e do general Krebs (TsA FSB).

Assim, se acreditarmos no documento, no dia 4 de junho de 1945 o cadáver de Hitler foi encontrado, identificado e enterrado sob sigilo absoluto na zona soviética da Alemanha vencida. Enquanto isso, oficialmente, Stálin afirmava ao mundo inteiro, e em primeira mão aos aliados ingleses e americanos, que Hitler ainda estava vivo e em fuga. Por quê?

Antes de responder, precisamos voltar aos dias que se seguiram à queda de Berlim. A partir de 2 de maio de 1945...

Berlim, 2 de maio de 1945

A capital do Terceiro Reich acaba de cair. Algumas horas antes, por volta das 8h30, o comandante militar de Berlim, o general Helmuth Weidling, ordenou a suas tropas que cessassem os combates. Sua decisão foi tomada depois do anúncio do suicídio de Hitler. Para Weidling, a morte do líder liberava seus homens do juramento de lutar até o fim. "Em 30 de abril de 1945, o Führer se matou e, com isso, abandonou os que tinham lhe jurado fidelidade. [...] Cada hora de combate suplementar prolonga os sofrimentos dos civis de Berlim e de nossos feridos", ele escreve em sua declaração pública. "Em comum acordo com o Alto-Comando das tropas soviéticas, peço que cessem o combate imediatamente."

Para os Estados-Maiores aliados, tinha início uma nova corrida contra o tempo. Quem seria o primeiro a pôr as mãos no ditador nazista? Estaria ele de fato morto ou se tratava de mais um ardil dos nazistas? Os soviéticos tinham a vantagem do terreno. A cidade ficou sob o controle deles até a Conferência de Potsdam, em 17 de julho de 1945. Berlim foi dividida em quatro zonas, uma para cada Aliado: Estados Unidos, Reino Unido, França e, é claro,

União Soviética. O bairro da Chancelaria, onde ficava o Führerbunker, estava em poder dos russos.

Na ausência de certezas, e para não ficar imaginando coisas sem provas, os investigadores soviéticos, americanos, ingleses e, em menor medida, franceses passam meses a fio interrogando, contrainterrogando e verificando informações. Sempre em busca de uma resposta para a mesma pergunta: o que aconteceu no Führerbunker no dia 30 de abril de 1945? Todos os nazistas que, de perto ou de longe, testemunharam as últimas horas de Hitler se tornam fonte de informações essenciais e, ao menos do lado soviético, são aprisionados em locais desconhecidos. Os serviços secretos da União Soviética praticamente se recusam a compartilhar o que sabem com seus aliados. A guerra mal termina e a desconfiança, ou a precaução, triunfa.

Os arquivos russos da época revelam o impressionante quadro das investigações conduzidas com urgência na Berlim ocupada. Stálin quer ser o único vencedor da Alemanha nazista e nem por um instante cogita dividir sua vitória ou seu valioso troféu, o cadáver do Führer. Para os investigadores soviéticos, o desafio é redobrado: encontrar Hitler e ser o primeiro a fazê-lo.

Moscou envia a Berlim seus melhores quadros dos serviços secretos e do Exército Vermelho. Tais homens e mulheres sabem que, em poucos dias, a carreira e até mesmo a vida de cada um estará em jogo.

Primeira etapa: encontrar testemunhas.

Na manhã de 2 de maio de 1945, enquanto a maior parte das tropas alemãs de Berlim capitula, o bairro da Nova Chancelaria ainda não foi isolado. Apesar da obstinação e da determinação de antes a morte que a rendição, os últimos fanáticos nazistas acabam varridos a tiros de metralhadora e granadas. Os abrigos subterrâneos são imediatamente inspecionados pelas tropas do 3º Exército de choque soviético, que se deparam com homens e mulheres estupefatos, quase ensurdecidos por dias inteiros de bombardeios. Estão feridos, cansados, famintos. Alguns em roupas civis, outros em uniformes do Exército alemão. O caos é total. Como encontrar no meio da multidão os membros do círculo mais próximo de Hitler? Instalam um cordão de isolamento. Ninguém pode sair sem ser interrogado. Mas os acontecimentos se sucedem com muita rapidez e os riscos de um atentado suicida continuam bastante reais. Ao cabo de algumas horas, os soviéticos precisam se render às evidências: o círculo mais próximo de Hitler conseguiu fugir.

Com exceção do casal Goebbels, de Krebs, Burgdorf e Schädle, que se suicidaram, todos deixam o bunker na noite anterior. É difícil saber ao certo quantas pessoas ainda viviam no abrigo de Hitler. No máximo trinta, incluindo quatro mulheres (três secretárias e a cozinheira pessoal do Führer). A fuga se inicia por volta das onze da noite. Para limitar os riscos de captura, eles se dividem em dezenas de pequenos grupos. A intervalos de trinta minutos, saem do bairro governamental e pegam os túneis subterrâneos do metrô. Uma vez ao ar livre, em meio ao estrondo de bombas e combates de rua, uns se dirigem a oeste, outros ao norte. Com raras exceções, não usufruem da liberdade por muito tempo. Em poucas horas a maioria cai nas mãos do Exército Vermelho. Outros são detidos pelos ingleses ou pelos americanos. Em meio à confusão, misturam-se aos milhares de prisioneiros alemães e tentam se fundir à massa, fazendo-se passar por simples soldados. Heinz Linge, criado de Hitler, foge com Erich Kempka, motorista particular do Führer. Os dois logo se separam ao avançar pelas ruas em chamas. Linge decide se refugiar nos túneis. Na altura de uma passagem que leva à superfície, julga ouvir soldados alemães. "Ouvi, vindo da rua: 'Os blindados alemães avançam. Venham, camaradas!'", ele conta em suas memórias. "Dei uma olhada e vi um soldado alemão. Ele me viu e me fez um sinal. Assim que saí de meu esconderijo, me vi cercado por vários tanques soviéticos."[1] O soldado alemão era uma isca para capturar fugitivos. Linge se apressa em arrancar de seu uniforme o distintivo da SS, a águia de prata e a cruz gamada, bem como sua patente. O estratagema funciona — os soldados russos, felizes com o fim dos combates, chegam a lhe oferecer um cigarro. Sua verdadeira identidade só será revelada dias mais tarde, devido à imprudência de outro membro eminente da guarda pessoal de Hitler, o piloto particular Hans Baur.

Erich Kempka, por sua vez, tem mais sorte. No dia 2 de maio, durante a fuga, após se separar de Linge, ele troca o uniforme da SS por roupas civis. Horas depois, ao deparar com o Exército Vermelho, passa facilmente por um trabalhador alemão. Consegue sair de Berlim e chega a Munique passadas algumas semanas. Acaba sendo capturado pelas forças americanas que ocupam a região.

Bormann, secretário particular de Hitler e seu confidente mais próximo, segue desaparecido. Rumores não tardam a se espalhar. Ele fugiu com Hitler, dizem alguns; foi morto durante a fuga, afirmam outros. Seu cadáver só é encontrado em dezembro de 1972, em Berlim, durante escavações para obras de trânsito. Em 1973, identificam o corpo ao comparar os dentes exumados com a ficha dentária do secretário. Mais tarde, em 1988, efetuam testes a partir do DNA retirado dos ossos do suposto Bormann e comparado ao de seus filhos. Os resultados são positivos.

Ao longo do mês de maio de 1945, mais do que todos os Aliados juntos, são os soviéticos que prendem o maior número de nazistas que se abrigaram no Führerbunker. Mas nem por isso suas investigações são menos complexas. Sobretudo devido às disputas internas que corroem os diferentes corpos do Exército e dos serviços secretos soviéticos. Cada um guarda zelosamente seus butins de guerra e não quer deixar seus "preciosos" prisioneiros serem interrogados por estranhos à corporação. O responsável pela primeira investigação sobre a morte de Hitler é Alexandr Anatolevich Vadis, chefe da unidade do SMERSH do 1º Front Bielorrusso. Dirigido pelo marechal Júkov, o 1º Front Bielorrusso era um dos principais corpos do Exército soviético lançados na Batalha de Berlim. O SMERSH, por sua vez, fora criado em 1943 especialmente para rastrear desertores, traidores e espiões dentro do Exército Vermelho. SMERSH é a contração de duas palavras russas, *Smiert Chpionam*, que podem ser traduzidas por "morte aos espiões". Ele logo se tornou um serviço de contraespionagem diretamente ligado à autoridade de Stálin. Vadis era um homem do líder de Moscou. Em maio de 1945, esse brilhante oficial tinha 39 anos e a patente de tenente-general. Não era um neófito. Entrara no serviço de segurança do Exército Vermelho em 1930, na contraespionagem soviética em 1942 e, no ano seguinte, no SMERSH. Stalinista convicto, dotado de um temível dom para a intriga política, conseguira escapar das sucessivas purgações militares anteriores à guerra. Stálin o considerava um de seus melhores homens em matéria de contraespionagem. Como seria de esperar, Vadis recebe todo o poder necessário para conduzir sua investigação até o fim. Ele não precisa prestar contas a ninguém em Berlim. Seus interlocutores são Stálin e seus apoiadores mais próximos, como o chefe da segurança da União Soviética, Lavrenti Beria. Mais ninguém é informado de sua missão. Nem mesmo o marechal Júkov, que derrubou Hitler — ele é mantido à parte e nunca saberá de seu encargo. Já na tarde de 2 de maio, quando os soldados do Exército Vermelho se certificam de que o Führerbunker está seguro, os homens do SMERSH do 1º Front Bielorrusso assumem o comando, expulsam sem reservas os militares soviéticos e interditam seu acesso, inclusive aos oficiais generais.

O relatório tão esperado por Moscou é enviado por Vadis no dia 27 de maio de 1945. Apesar dos meios que lhe são concedidos, o *missi dominici* de Stálin não opera milagres. Por falta de tempo, não consegue interrogar os últimos testemunhos do fim de Hitler. Em contrapartida, o líder espião apresenta o resultado da autópsia efetuada no cadáver do suposto ditador nazista.

Antes, porém, Vadis explica sob que circunstâncias o corpo foi localizado.

Em 5 de maio, com base no depoimento de um detento, o policial da polícia de segurança da Chancelaria imperial, o Oberscharführer [sargento-ajudante] Mengershausen, dois cadáveres incinerados, de um homem e de uma mulher, foram encontrados e exumados na cidade de Berlim, no bairro da sede da Chancelaria imperial, perto da saída de emergência do bunker de Hitler. Eles se encontravam numa cratera criada por um obus e estavam recobertos por uma camada de terra. Estavam extremamente calcinados, de modo que, sem dados suplementares, não puderam ser submetidos a identificação.

É necessário verificar com extrema cautela as informações contidas nos relatórios quando se trata do serviço secreto soviético. Aqui, Vadis está mentindo.

Elena Rzhevskaya era intérprete da equipe do SMERSH do 1º Front Bielorrusso. Lev Bezymenski também, mas diretamente junto ao 1º Front Bielorrusso. Eles estavam em Berlim no dia 2 de maio de 1945. Segundo ambos, o suposto cadáver de Hitler não teria sido descoberto no dia 5 de maio de 1945, mas na véspera. E não por indicação do Oberscharführer Mengershausen, mas por acaso, graças ao soldado soviético Churakov. Segundo Rzhevskaya e Bezymenski, Churakov, acompanhado do tenente-coronel Klimenko, do 3º Exército de Choque, teria voltado para inspecionar o local onde o casal Goebbels havia sido descoberto no dia 2 de maio. São onze horas da manhã do dia 4 de maio quando, logo ao lado, numa cratera de obus, Churakov grita ao oficial Klimenko: "Camarada tenente-coronel, encontrei um par de pernas!".[2] Os homens cavam e desenterram não um cadáver, mas dois. Klimenko não imagina nem por um instante estar diante dos restos de Hitler e de sua mulher. Ordena, portanto, que sejam reenterrados. Ele age assim porque, na véspera, outro corpo fora identificado por alguns prisioneiros nazistas como sendo o de Hitler. Às duas da tarde, Klimenko é finalmente informado de que a identificação não fora correta: não se tratava de Hitler. No dia seguinte, 5 de maio, ele pede a seus homens que desenterrem os dois cadáveres encontrados na véspera e que informem seus superiores a respeito.

Essa versão da descoberta dos supostos corpos de Hitler e de Eva Braun coincide em parte com o documento secreto dos arquivos do FSB que examinamos, sobre a descoberta de dois corpos calcinados, assinado em 5 de maio de 1945 pelo mesmo soldado Churakov. Por outro lado, em nenhuma linha se menciona o tenente-coronel Klimenko. Elena Rzhevskaya também se questiona sobre a surpreendente discrição do oficial, que lhe disse: "Jamais enviei a alguém um relatório a respeito desses cadáveres".[3]

Elena Rzhevskaya afirma ter visto os corpos queimados desenterrados no dia 4 de maio de 1945: "Os restos humanos, desfigurados pelo fogo, enegrecidos e horríveis, estavam enrolados em cobertores cinza sujos de terra".[4]

Vadis é ao menos informado das condições de descoberta dos dois cadáveres? Enquanto chefe incontestável da contraespionagem em Berlim, é obrigado a saber de tudo. Mas, mesmo que conheça essa versão, a decisão de silenciá-la é compreensível. Ele não quer narrar ao Kremlin a rocambolesca descoberta. Ainda assim, arrisca-se consideravelmente ao modificar a verdade. Sobretudo porque o fato já foi consignado num relatório enviado a Moscou. Mas Vadis ignora esse detalhe, pois as autoridades soviéticas, como de costume, compartimentam as informações, mesmo dentro dos serviços secretos.

O que Vadis tampouco conta é que dois cadáveres foram roubados do 5º Exército de Choque, ao qual Moscou incumbira do controle do bairro da Chancelaria. Um roubo executado por membros de sua unidade do SMERSH, que tomam a iniciativa de não deixar butim tão precioso aos militares do 5º Exército de Choque. Discretamente, na noite de 5 para 6 de maio, os restos humanos são enrolados em cobertores e acondicionados em caixas de munição. Elena Rzhevskaya participa do sequestro: "[...] os cadáveres foram passados por cima da grade do jardim e colocados dentro de um caminhão".[5] É a ilustração perfeita dos absurdos conflitos entre as unidades soviéticas. Para os comandos do SMERSH, se os corpos são de fato do casal Hitler, ninguém em Berlim deve saber disso. Em 6 de maio, as duas caixas são depositadas no novo quartel-general do SMERSH, no bairro de Buch.

Vadis evidentemente nada diz sobre esse "roubo" no relatório. Convém preservar em segredo a existência dos corpos.

Mas voltemos ao relatório a respeito do interrogatório de Mengershausen, feito em 13 de maio de 1945:

Mengershausen declarou ter reconhecido os cadáveres do homem e da mulher como sendo os do chanceler do Reich da Alemanha, Hitler, e sua mulher, Eva Braun. Ele acrescentou ter visto pessoalmente seus cadáveres serem queimados nas seguintes circunstâncias: em 30 de abril, às dez horas da manhã, Mengershausen estava no serviço de proteção da Chancelaria imperial, pa-

trulhando o corredor onde ficavam a cozinha e a sala de jantar. Paralelamente, tinha a tarefa de vigiar o jardim do bunker de Hitler, que ficava a oitenta metros do prédio onde estava Mengershausen. Durante a patrulha, encontrou o ordenança de Hitler, BAUR, que o informou dos suicídios de Hitler e de sua mulher, Braun.

Uma hora depois do encontro com BAUR, ao sair para o terraço situado a oitenta metros do abrigo de Hitler, Mengershausen viu o Sturmbannführer GÜNSCHE, ajudante de campo particular, e o Sturmbannführer LINGE, criado de Hitler, deixarem o abrigo pela saída de emergência carregando nos braços o cadáver de Hitler, que colocaram à distância de um metro e meio da saída. Em seguida eles voltaram a entrar. Alguns minutos depois, saíram com o cadáver da mulher de Hitler, Eva Braun, e o depositaram perto do cadáver dele. Ao lado, havia dois galões de gasolina. GÜNSCHE e LINGE jogaram combustível nos cadáveres e então os queimaram.

Depois que os cadáveres foram carbonizados, dois homens da guarda pessoal de Hitler [cujos nomes ele não conhece] *saídos do abrigo se aproximaram dos cadáveres queimados, colocaram ambos num buraco aberto pelo impacto de um obus e os recobriram com uma camada de terra.*

Vadis baseia toda sua demonstração num único testemunho, o do soldado alemão Harri Mengershausen. No entanto, a cena que Mengershausen descreve com tanta exatidão se desenrola ao longe, a oitenta metros. Uma distância respeitável que pode tornar arriscada qualquer identificação. Vadis pensa o mesmo, conforme atesta a continuação de seu relatório:

Interrogado sobre como reconheceu os cadáveres saídos do bunker como Hitler e sua mulher, o detento Mengershausen declarou: "Reconheci Hitler por seu rosto, seu tamanho e seu uniforme".

O sargento-ajudante da ss chega inclusive a especificar alguns detalhes de vestimenta: Hitler usava calça preta, gravata e camisa branca. Eva Braun trajava um vestido preto. "Eu a vi várias vezes com aquele vestido", afirma Mengershausen. "Além disso, eu conhecia bem o rosto dela. Era oval, fino, o nariz reto e pequeno, os cabelos claros. Assim, conhecendo bem Frau Braun, posso afirmar que foi de fato seu cadáver que saiu do abrigo."

Vadis certamente não imagina convencer seus superiores apenas com o testemunho de um suboficial da ss. Mas, como num bom romance policial, ele mantém o suspense. Seu grande trunfo, que lhe serve de prova final, é o seguinte:

O fato de os cadáveres descobertos serem realmente de Hitler e sua mulher é confirmado pelos depoimentos de Heusermann, assistente técnica de Blaschke, dentista que tratava de Hitler e de sua mulher, de Goebbels e de sua família, bem como de outros dirigentes do Reich.

Käthe Heusermann é o tesouro de Vadis, sua testemunha-chave. Ela é a jovem cujas fotografias nos foram mostradas pelos funcionários do FSB. A identificação do corpo do homem mais procurado do planeta está totalmente baseada no depoimento de uma assistente técnica na casa dos trinta anos.

Não será este, mais uma vez, um testemunho um tanto frágil? Vadis não tem escolha. Por mais que seus homens procurem por toda a capital, Blaschke não é encontrado. Segundo Heusermann, ele encontra refúgio em Berchtesgaden, longe da zona controlada pelos soviéticos. E é verdade. O dentista acaba capturado pelos americanos. Vadis precisa se conformar com sua assistente. Por isso se empenha em destacar suas qualidades.

Durante o interrogatório, ela revelou ter assistido o dr. Blaschke várias vezes no tratamento dos dentes de Hitler e de Braun. Além disso, descreveu em detalhe o estado dos dentes das mandíbulas superior e inferior de Hitler [...].

Somente depois de verificações sobre os reais conhecimentos da jovem a respeito do dossiê médico de Hitler é que as mandíbulas lhe são apresentadas.

Tendo identificado as pontes e os dentes como pertencentes a Hitler, Heusermann declarou: "Afirmo que as pontes e os dentes que me foram apresentados pertencem a Hitler de acordo com os seguintes indícios: na mandíbula superior apresentada vejo uma ranhura deixada pela broca quando serramos a ponte de ouro que se encontra perto do quarto dente. Conheço bem esta marca, pois a operação foi efetuada no outono de 1944 pelo dr. Blaschke, com minha participação, para arrancar o sexto dente de Hitler. Além disso, vejo aqui todas as características das pontes e dos dentes dele, sobre os quais depus em interrogatório".

Vadis ainda cita mais uma testemunha, Fritz Echtmann, o outro prisioneiro alemão apresentado pelo FSB em nossa visita. O protético também trabalhava com o dentista de Hitler. Vadis se serve dele para identificar os dentes de Eva Braun.

E os restos mortais, que fim levaram? Vadis fala muito sobre as mandíbulas, mas, curiosamente, é breve a respeito da autópsia dos cadáveres.

Depois do exame do cadáver carbonizado de Hitler e de sua mulher, a perícia médico-legal constatou que, em razão de várias deteriorações do corpo e da cabeça provocadas pelo fogo, os sinais visíveis de graves ferimentos mortais não foram descobertos. Na cavidade das bocas de Hitler e de Braun foram encontrados restos de ampolas quebradas contendo cianeto. A análise laboratorial constatou que eram idênticas às que foram detectadas nos cadáveres de Goebbels e sua família.

E nada mais. No entanto, a perícia médico-legal mereceria mais do que umas poucas linhas ao fim do relatório.

Os detalhes da autópsia são mantidos confidenciais até hoje. Nem no GARF nem nos TsA FSB somos autorizados a consultar os relatórios completos.

No máximo, conseguimos reunir informações factuais dispersas em outros relatórios confidenciais. Assim, conhecemos a equipe que efetuou a análise médico-legal, sob responsabilidade do legista do 1º Front Bielorrusso, o tenente-coronel Faust Chkaravski. Também sabemos que o exame ocorreu na região nordeste de Berlim, no bairro de Buch, em 8 de maio de 1945, dia da assinatura da capitulação alemã.

Quanto aos resultados da autópsia, eis o que encontramos num relatório do NKVD datado de 19 de janeiro de 1946:

O suposto cadáver de Hitler
(ata de 8 de maio de 1945)
Sinais visíveis de danos graves mortais ou de doença não foram descobertos no corpo extremamente danificado pelo fogo.

A presença, na cavidade bucal, dos restos da ampola de vidro quebrada, o cheiro marcante de amêndoa amarga que emanava do cadáver e os resultados da análise médico-legal das vísceras com a detecção de cianeto levaram a comissão à conclusão de que, no presente caso, a morte foi causada por envenenamento por cianeto.

O suposto cadáver de Eva Braun
(ata de 8 de maio de 1945)
No cadáver extremamente carbonizado, descobriram-se vestígios de ferimento de fragmentação da caixa torácica com hemotórax, dano do pulmão e do pericárdio e seis pequenos estilhaços metálicos.
Além disso, na cavidade da boca, descobriram-se restos de uma ampola de vidro quebrada.
Levando em consideração a presença da ampola, o cheiro de amêndoa amarga que se fez sentir durante a autópsia do cadáver, bem como os resultados do exame médico-químico dos órgãos do cadáver que detectaram a presença de cianeto, a comissão chega à conclusão de que, apesar da presença do grave ferimento da caixa torácica, a razão direta da morte foi o envenenamento por cianeto.
A comissão observa, ao mesmo tempo, que, em razão das grandes modificações dos cadáveres provocadas pelo fogo, a prova para a identificação dos cadáveres só pode ser dada pela análise dos dentes, das coroas dentais e das próteses intercaladas que foram conservadas na cavidade bucal.

Para obter mais detalhes das autópsias, precisamos recorrer a Lev Bezymenski, o intérprete bilíngue russo-alemão que serviu no Exército Vermelho. Em 1968, como jornalista, ele escreve um livro de grande repercussão sobre a morte de Hitler e consegue publicá-lo na Alemanha Oriental. A Europa está em plena Guerra Fria e a União Soviética é dirigida por Leonid Brejnev. Publicar uma obra do tipo só seria possível com o consentimento das autoridades soviéticas, caso fosse do interesse delas. É muito importante ter isso em mente. Bezymenski diz a verdade ou apenas repete a propaganda do regime comunista? Seja como for, explica nos mínimos detalhes de que modo as forças soviéticas encontraram o corpo de Hitler e conseguiram identificá-lo.

Ele se dá ao luxo de ilustrar suas palavras com documentos inéditos, como fotos de soldados russos na frente do bunker de Hitler. A legenda diz que estão "desenterrando os cadáveres de Hitler e Eva Braun". Também vemos fotografias dos membros da comissão responsável pela autópsia, perfeitamente alinhados atrás dos corpos do general Krebs e de Joseph Goebbels. Por outro lado, não encontramos nenhuma foto da autópsia de Hitler ou de Eva Braun — o responsável, Faust Chkaravski, afirma ter sido proibido de fotografá-los.[6] Mas Bezymenski publica duas fotos de má qualidade nas quais se consegue distinguir duas caixas de madeira cheias de uma massa escura e informe. A crer nas legendas, são os restos mortais do casal Hitler.

Além dessas peças iconográficas históricas, Bezymenski afirma ter obtido a totalidade dos relatórios de autópsia dos corpos descobertos no Führerbunker.

Os dos Goebbels, do general Krebs, dos dois pastores-alemães e, é claro, os que seriam de Hitler e Eva Braun.

O tom do livro é deliberadamente político. Bezymenski afirma que "as provas médicas, incidentalmente, refutam as declarações, frequentes nos estudos históricos ocidentais, de que o general Hans Krebs, o último chefe do Estado-Maior do Exército alemão, morreu como um soldado, matando-se com sua arma. [...] As conclusões médicas afirmam: 'Morto por envenenamento com cianeto'".[7]

Está tudo aqui: a oposição quase ideológica ao Ocidente, a verdade soviética que se baseia em fatos científicos e desmente as manipulações ocidentais, o descrédito do inimigo nazista. Krebs se suicida com veneno, atitude digna de um covarde aos olhos dos soviéticos. Para Moscou, um verdadeiro militar só pode se matar com um tiro.

Obrigação ainda mais premente para um chefe de guerra.

Como seria de esperar, a autópsia do corpo atribuído a Hitler apresenta, segundo Bezymenski, os seguintes resultados:

O homem mede cerca de 1,65 metro (segundo as declarações de seu médico particular, o dr. Morell, Hitler media 1,76 e pesava setenta quilos) e sua idade se situa entre os cinquenta e os sessenta anos (estimativa baseada no desenvolvimento geral, no tamanho dos órgãos, no estado dos incisivos inferiores e do pré-molar direito). Fragmentos de vidro provenientes de uma ampola médica são encontrados dentro da boca. Os legistas insistem no "odor típico de amêndoa amarga que emana dos corpos, e os exames médico-legais dos órgãos internos estabelecem a presença de cianeto".

A comissão chega à conclusão de que "a morte em questão foi causada por veneno à base de cianeto".[8]

A equipe médica soviética também constata a ausência de uma parte do crânio. Essa porção posterior esquerda corresponderia àquela hoje guardada nos arquivos do GARF.

Segundo Bezymenski, os médicos afirmam sentir um forte cheiro de amêndoa amarga nos corpos carbonizados e enterrados (supostamente de Hitler e da mulher) cinco dias antes. O cianeto pode emanar esse cheiro com tanta persistência? E por que Bezymenski não transcreve os resultados das análises toxicológicas dos órgãos dos dois cadáveres? Ele se contenta em dizer: "Os testes químicos dos órgãos internos estabeleceram a presença de cianeto".

Para o antigo intérprete do Exército Vermelho, isso não é importante. Seu objetivo é apresentar como certa a causa da morte do homem examinado: veneno. Em nenhum momento se menciona um indício de impacto de bala. Se de fato for o corpo de Hitler, o ditador se suicidou engolindo uma cápsula de cianeto.

A prova está aí: Hitler era um covarde, como seu chefe do Estado-Maior, o general Krebs, e como Goebbels.

A decisão do Kremlin de apresentar os dirigentes nazistas como "sub-homens" já aparece no anúncio do suicídio de Hitler a Stálin. É absolutamente impensável fazer o inimigo passar por herói. Assim, embora o ditador alemão tenha ficado até o fim na capital, malgrado os bombardeios, ele não o fez por coragem, mas por uma loucura destruidora.

O tenente-general do SMERSH, Alexandr Vadis, afirma isso em seu relatório de 27 de maio de 1945, dirigido a Beria, o braço direito de Stálin.

Beria recebe a mensagem e a transmite diretamente a Stálin.

Quanto às provas de que se trata de fato de Hitler, ou seja, os dentes, eles são enviados secretamente ao Kremlin.

O dossiê H está prestes a ser encerrado. Stálin poderá anunciar ao mundo inteiro que encontrou Hitler, morto como um rato em sua toca.

No entanto, um homem acaba de revelar aos serviços secretos do NKVD que Vadis e o SMERSH estão errados. Ele não é ninguém menos que Otto Günsche, o guarda-costas de Hitler. Capturado pelos soviéticos em sua tentativa de fuga do bunker, é logo identificado. Seu primeiro interrogatório coloca tudo em dúvida. Günsche é categórico: o Führer se matou com um tiro na cabeça!

Moscou, março de 2017

Em geral, somente as famílias são autorizadas a consultar esse tipo de dossiê. Vladimir Ivanovich Korotaev nos repete isso mais uma vez. Apesar de já ter sido aberto e de ter perdido a condição de "segredo de Estado", o dossiê militar "Otto Günsche" ainda é confidencial. "A não ser que um membro da família dele faça um pedido formal para consultá-lo", ele insiste, fechando bruscamente a pasta de papel pardo com a sigla MVD SSSR (ministério do Interior, URSS). Na capa, em grandes letras de fôrma, pode-se ler: "Dossiê pessoal: Günsche Otto Hermann". O mesmo Otto Günsche que foi ajudante de campo particular de Adolf Hitler até a morte dele. Uma das raras testemunhas do último ato do drama do Führerbunker. Vladimir Korotaev é diretor adjunto dos Rossiiskii Gosudarstvennyi Voennyi Arkhiv, o RGVA, ou seja, o Arquivo do Estado Militar da Federação Russa. Um órgão do Estado onde estão armazenados cerca de 7,3 milhões de documentos sobre as Forças Armadas soviéticas e russas, e sobre os serviços de informação militar. Encontram-se ali todos os documentos oficiais do Terceiro Reich apreendidos pelas forças soviéticas no fim da Segunda Guerra Mundial, incluindo os dossiês pessoais dos dirigentes nazistas, o diário de Goebbels e a agenda de trabalho de Himmler. Desde nosso primeiro encontro, Vladimir se mostra extremamente educado, quase amável. Homem na casa dos cinquenta anos, com cabelos grisalhos e barba curta, ele fala baixo e pouco. Por outro lado, tem uma rara capacidade de escuta. Seus olhos de um azul quase piscina não me perdem de vista nem por um segundo enquanto me dirijo a ele. O rosto, porém, não expressa emoção ou reação. É como uma máscara de cera.

Lana entrou em contato com o diretor adjunto há algumas semanas, depois de nossa visita à sede do FSB. Antes de sair do Lubyanka, perguntamos a Dmitri, nosso "oficial de operações" nos serviços secretos russos, como chegar aos arquivos militares. Ele teria algum nome para nos indicar? Um número de telefone, talvez? "Virem-se", foi sua resposta. "Não temos nada a ver com os militares, somos o FSB. Vocês erraram de instituição." Quem disse que os russos não se melindram? "Por que perder tempo nos arquivos militares?" Um velho instinto de jornalista me levava a não compartilhar todas as informações. Muito menos com um eminente membro do FSB. E se ele fizesse alguma coisa para bloquear nosso acesso aos dossiês militares? Por sugestão do Arquivo de Estado da Federação Russa, o GARF, pretendíamos penetrar nos arquivos do Exército. "Se quiserem mais informações sobre Günsche, é lá que devem procurar", recomendara Dina Nikolaevna, arquivista guardiã do crânio de Hitler. "Queremos consultar as fichas dos franceses presos pelo Exército Vermelho em 1945." A arte da improvisação é bastante delicada. Dmitri não reagiu à resposta que lhe dei. Limitou-se a nos cumprimentar uma última vez e a nos acompanhar até a saída. Até a calçada, para ser mais exato. Até o lado de fora do prédio.

Arquivos militares. O epíteto "militar" não deixa de despertar uma angústia adicional em Lana e em mim. Haveria uma instituição russa menos inclinada a receber jornalistas estrangeiros do que o FSB? Sim, o Exército. Como Lana, com sua dupla nacionalidade, e eu, francês, conseguiríamos penetrar em seus arquivos? Contra todas as expectativas, não é tão complicado assim. A mãe de uma amiga de Lana trabalhou como historiadora do RGVA. Está aposentada, mas mantém ótimos contatos com a atual direção. Ela passa a Lana o nome de Vladimir Korotaev. Já na primeira conversa telefônica, ele se deixa convencer. Não impõe nenhuma condição, não exige autorização especial de algum quadro. Não precisa prestar contas de nossa solicitação nem ao Kremlin nem a seus superiores. "Diga-me apenas o que estão procurando a respeito do Terceiro Reich", ele diz. "Hitler? De novo Hitler?" O tom do diretor adjunto muda imediatamente. Lana insiste. Ela modula o tom de voz, agora doce e suplicante. Ele responde seco: "Um dia ou dois. Dê-me tempo para encontrar os dossiês certos". Quarenta e oito horas depois, Vladimir telefona: encontrou tudo. A visita pode ser marcada. Para a próxima semana. Ao fim do dia, às cinco da tarde. Em Moscou, os serviços públicos fecham cedo. Às cinco da tarde, a maioria dos funcionários já foi embora faz tempo. Uma visita nesse horário não é fruto do acaso. Vladimir quer se certificar de que ninguém nos veja na sede dos arquivos. Estará sozinho.

Já são cinco e quinze, e nosso táxi está desesperadoramente parado na ponte Patriarshy, em pleno centro da cidade. O motorista desiste da ideia de prosseguir e liga um leitor de DVD no acendedor de cigarro. Ele nos brinda com um enjoado panorama da canção pop local em clipes repletos de jovens rebolando, de shorts. Os engarrafamentos fazem de Moscou uma péssima cidade onde viver, repete Lana em solilóquio. A época das avenidas moscovitas vazias é coisa do passado, do tempo em que a Rússia sucumbiu às sereias do liberalismo. Os velhos Lada e Volga soviéticos dão lugar a carros asiáticos baratos e a um fluxo de sedãs elegantes e de gigantescos 4×4 europeus.

Quanto tempo para chegar ao gabinete de Vladimir? "Uma hora...", responde o motorista, consultando o GPS. "Talvez um pouco menos, talvez um pouco mais..." A neve derretida típica do fim de inverno russo recobre os vidros, acentuando o caráter deprimente da situação. De repente Lana sai do veículo e me diz para esperar por ela. Dadas as condições do trânsito, não será difícil. Menos de dez minutos depois, após um penoso avanço de cinquenta metros, ela volta com os cabelos esbranquiçados pela neve e um pacote. "Seremos perdoados graças a isto", diz triunfante, brandindo uma garrafa de conhaque armênio. "Todo mundo adora esse conhaque na Rússia", ela me tranquiliza.

"Pedimos desculpas, mil desculpas, lamentamos muitíssimo." Repito as palavras em russo que Lana tenta me ensinar. Espero conseguir pronunciá-las o mais corretamente possível a Vladimir. Já passa das seis da tarde. O prédio do RGVA, tipicamente social-comunista, todo em concreto e janelas opacas, ergue-se num lúgubre bairro da periferia. Está vazio. Ou finge estar. De fora, não se vê nenhuma luz em suas dezenas de andares. Apenas no térreo.

A pesada porta da entrada se fecha atrás de nós com um ruído intimidante. Placas de mármore cinza-escuro revestem a entrada do chão às paredes e lembram a nave de uma igreja abandonada. Talvez favoreçam a circulação de ar. Nossa estrondosa chegada tem ao menos o mérito de fazer surgir uma cabeça no imponente balcão de madeira que bloqueia o acesso às escadas. Pertence a uma mulher de uniforme. Ela se levanta devagar, como se o simples fato de se mover exigisse um esforço doloroso. Sua presença, ainda que taciturna, aquece nosso coração. A militar é a prova de que o prédio não foi abandonado depois da queda da União Soviética. O mobiliário antigo poderia facilmente sugerir o contrário, como o telefone de baquelite marrom-alaranjado ou o relógio de Plexiglas com os ponteiros no formato de espadas. Objetos da época comunista que seguem cumprindo perfeitamente suas funções. O relógio marca a hora certa e o telefone funciona. Nossa recepcionista o atesta. "Dois. Sim, são dois, sr. diretor adjunto. Não, não posso deixá-los subir. O senhor precisa vir buscá-los. Sim. Sim. Vão esperar." A comunicação é breve. A militar empurra delicadamente o velho aparelho e nos faz sinal para aguardar.

"Lamentamos, Vladimir, lamentamos tanto. Estamos realmente desconcertados." Será que ele vai entender meu gorgolejo que se esforça em emular sua língua? O diretor adjunto do Arquivo Militar se faz esperar dez minutos. Chega com ar contrariado. Como resposta a nossos pedidos de desculpas, esboça um sorriso carrancudo, dá meia-volta e parte na direção das escadas de onde veio. Lana me empurra para segui-lo. "Está tudo bem", ela cochicha, "ele não está de casaco. Isso quer dizer que não vai para casa agora."

O dossiê Günsche, impossível! O diário de Goebbels, por que não? Mas não Günsche. Vladimir insiste, está fora de questão consultar o dossiê pessoal do major da ss.

No entanto, ele está bem ali, na nossa frente. Vladimir o havia tirado da estante especialmente para aquele encontro. Ele o abre, mostra algumas fotografias de identidade da época e mais nada. Ou quase. Como por acaso, uma providência milagrosa, o diretor adjunto se levanta bruscamente e nos pede que o desculpemos por um instante. "Vou buscar outros dossiês em outra de nossas reservas. Não levarei mais que dez minutos. Esperem aqui…" Nós o vemos sair sem dizer nada. Lana sorri e me diz: "Abra logo!".

Viro as páginas, sem fôlego, com as mãos nervosas. Otto Günsche está na nossa frente. Sua vida de ss, de guarda-costas particular de Hitler e de prisioneiro soviético. Em documentos históricos e inéditos. A investigação toma novos rumos. Günsche foi o único membro do círculo mais próximo de Hitler que nunca aceitou escrever sua biografia. Era do tipo calado e se recusava a falar em entrevistas. Com exceção do jornalista americano James O'Donnel, a quem respondera algumas perguntas, até a data de sua morte, aos 86 anos, em 2003, Günsche fugiu da imprensa. Suas únicas declarações foram dadas aos serviços secretos soviéticos. Quer dizer, "dadas", não exatamente. Extraídas sob coação. A primeira página de seu dossiê pessoal é uma ficha de identificação preenchida pela direção do Ministério do Interior, em 4 de junho de 1950. Ou seja, cinco anos depois de sua captura em Berlim. Trata-se de um formulário padrão para todos os prisioneiros da União Soviética. Com a diferença de que fora acrescentado à mão, em vermelho e letras enormes: "supervisão especial". O inscrito 4146 Günsche Otto não é um prisioneiro qualquer. Além de informações básicas como data e local de nascimento (1917, Iena, Alemanha), altura (1,93), local de detenção (campo de prisioneiros de guerra n. 476), uma inscrição à mão indica que o prisioneiro necessita de guarda reforçada. Também se especifica que está num estado de saúde adequado e que, no momento da prisão, "não tem doenças infecciosas". As outras páginas têm os cantos dobrados, tamanhos diferentes. Algumas são menores que as folhas de uma caderneta de bolso. Quase todas foram redigidas à mão, como que às pressas. O signatário sempre indica sua patente e sua função. Descobrimos toda uma hierarquia de complexas denominações, como "chefe adjunto para o trabalho operacional", "diretor de compartimento", "chefe do departamento especial"... Muitas vezes as anotações se referem apenas a denúncias de comportamentos belicosos do prisioneiro Günsche em relação à União Soviética. Esses relatórios se limitam a algumas linhas e exigem punições apropriadas. Um enorme "aprovado" acrescentado à mão em diagonal completa o conjunto.

Na maioria das vezes, Günsche é denunciado por aqueles com quem convive, antigos nazistas agora prisioneiros. A organização carcerária soviética favorece e gratifica o zelo dos delatores, como um certo Nokri. Ele escreve ao "sr. chefe" de sua unidade de prisioneiros, a 14ª Brigada, no campo n. 476. O campo de regime especial n. 476 se localiza no oblast de Sverdlovsk, em plena região dos Urais, conhecida pelo rigor de seu clima. É um dos maiores da União Soviética.

O vocabulário e a caligrafia do delator são pouco firmes. Nokri é alemão e escreve muito mal em russo. "Recebi hoje do posto de guarda do campo a ordem de proceder ao empilhamento da lenha no pátio doméstico da zona. [...] Günsche Otto tomou a palavra no quarto em que vivem os 74 homens da 14ª brigada. Ele disse: 'Não irei. Os russos sabem que me recuso a ir'. Ele disse isso como se fosse nosso herói, um homem acima das autoridades soviéticas. [...] Rogo-lhe, sr. chefe, que puna severamente essa pessoa."

A sentença vem algumas semanas depois, após rápida investigação. Segundo o documento que temos em mãos, fica estabelecido que:

O condenado Günsche, antigo ajudante de campo pessoal de Hitler, expressa entre os condenados opiniões antissoviéticas revanchistas e glorifica o antigo regime hitlerista. Também trabalha mal na produção.
Fica decidido que o condenado Günsche, enquanto elemento particularmente perigoso, será encerrado numa cela totalmente isolada por um período de seis meses.
Assinado: capitão P. Olenov
Investigador chefe do ramo n. 5

O dossiê de Günsche é composto por uma centena de folhas desse tipo. Uma delas chama a atenção de Lana. Batida à máquina com capricho, traz a palavra "secreto" no alto à direta. Um carimbo em tinta azulada com o brasão da União Soviética completa o aspecto oficial, ou solene, do documento. "É o veredicto do processo dele", diz Lana. Ele provém do tribunal militar da região de Ivanovo, trezentos quilômetros a nordeste de Moscou, e data de 15 de maio de 1950.

A investigação judicial e a documentação do caso definiram os seguintes elementos:
O acusado GÜNSCHE, nazista convicto e adepto devotado a Hitler e a sua política, ao longo de todo o seu serviço no antigo Exército germânico foi um ativo partidário e participante da implementação dos projetos criminosos de Hitler na realização dos preparativos de guerra contra a União Soviética.

Antes da chegada de Hitler ao poder, em 1931, GÜNSCHE se filiou à organização fascista para a juventude Hitlerjugend, e em 1934, aos dezessete anos, entrou voluntariamente para o corpo da SS Leibstandarte Adolf Hitler, no seio da qual participou do fortalecimento do regime fascista na Alemanha.

Em 1936, GÜNSCHE se distinguiu em seu serviço e foi transferido para o corpo de guarda pessoal de Hitler.

No período da guerra da Alemanha contra a União Soviética, GÜNSCHE serviu no Exército alemão no seio da divisão Leibstandarte SS Adolf Hitler, primeiro como comandante de pelotão, depois como comandante de companhia da divisão de blindados.

Encontrando-se em território da União Soviética temporariamente ocupado no quadro de sua divisão, cometeu atrocidades contra civis e prisioneiros de guerra soviéticos. A divisão da SS tinha como lema "Precisamos do espaço russo sem os russos", conclamando à destruição total da população russa.

Cumprindo essas ordens criminosas, a divisão fuzilou 285 civis na região de Jitomir, enforcou oito pessoas, torturou até a morte 73, fez morrer de fome 25 196 prisioneiros de guerra soviéticos.

De janeiro de 1943 a 30 de abril de 1945, GÜNSCHE, enquanto fascista convicto, serviu como ajudante de campo pessoal de Hitler, acumulando em março e abril de 1945 essa função com a de comandante da Chancelaria imperial.

Enquanto ajudante de campo pessoal de Hitler, GÜNSCHE participou de todas as reuniões mantidas pelo Führer a respeito da guerra contra a União Soviética e dos povos em paz e democráticos.

Enquanto ajudante de campo pessoal de Hitler, GÜNSCHE executava suas diferentes ordens e instruções de caráter criminoso.

[...]

Com base nessas informações, o Tribunal Militar reconheceu GÜNSCHE culpado da infração prevista no artigo 1º do decreto de 19/IV-1943 e nos artigos 319 e 320 do Código de Procedimento Penal, e CONDENOU

GÜNSCHE Otto Hermann, baseado no artigo do Decreto do Presidium do Soviete Supremo da União Soviética de 19/IV-1943 e de acordo com o artigo 2 do Decreto de 26/V-1947, "Sobre a abolição da pena de morte", à prisão num Campo de Reeducação pelo Trabalho por um período de VINTE E CINCO (25) anos.

O tempo de prisão de GÜNSCHE tem início na data de 6/IV-1950.

Otto Günsche tem 32 anos à época e é prisioneiro dos soviéticos há quase cinco anos. A foto de identidade que acompanha o julgamento mostra um homem precocemente envelhecido, magro, mas de olhar ainda duro, quase ameaçador, como se desafiasse as autoridades russas. O oficial da ss estaria querendo dizer que não se deixava enganar? Que seu processo não passava de uma farsa e que sua condenação era inevitável?

Ser condenado a 25 anos num campo de reeducação não seria pior que a execução? Como sobreviver a uma pena de gulag? Em que estado físico e mental se sai de um lugar assim? Günsche terá 57 anos ao completar sua pena. O antigo ajudante de Hitler não consegue aceitar a perspectiva de uma vida de presidiário. "É possível recorrer do veredicto às jurisdições de apelação do Tribunal Militar das tropas do MVD da circunscrição de Moscou", indicam-lhe por escrito. Ele tem 72 horas para fazê-lo. Algumas páginas adiante, encontramos o resultado de seu recurso. No dia 21 de outubro de 1950, ou seja, cinco meses depois do processo, Günsche é novamente convocado perante os juízes.

Eis o relatório:

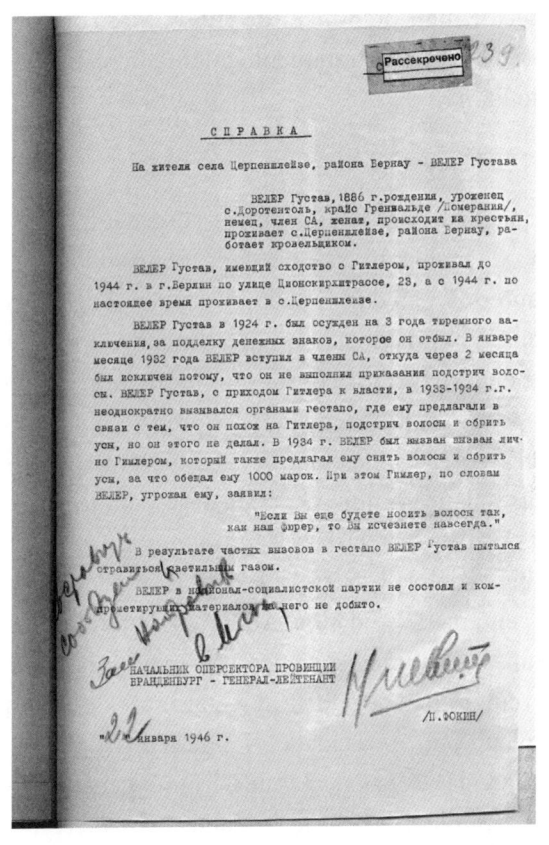

Investigação soviética sobre um sósia de Hitler (arquivos do GARF).

Em seu recurso, Günsche afirma não ter cometido nenhum crime e pede a anulação de sua sentença.

Não tendo encontrado, nas circunstâncias do caso, motivos para a anulação ou para modificações na condenação,
DECIDIU-SE:
Deixar em vigor a sentença do condenado Günsche Otto Hermann e não dar sequência a seu pedido de recurso.

O Sturmbannführer da ss havia se preparado para a morte, para a deportação e para difíceis condições de encarceramento quando decide fugir do bunker de Hitler. Mas com certeza não esperava o inacreditável tratamento que Stálin reservava aos mais íntimos do Führer.

1º de maio de 1945, Führerbunker. O general Krebs fracassa. A tentativa de mediação com o Estado-Maior soviético, iniciada na noite anterior, não dá em nada. A esperança de um cessar-fogo se esvai. Os russos exigem rendição incondicional. O fim está próximo e é inevitável para os últimos moradores do bunker imperial. Ao longo de todo o dia, eles se preparam para algo quase impossível: fugir. São quase dez horas da noite quando as primeiras pessoas se lançam numa corrida desesperada. Günsche está entre elas. As duas secretárias e a nutricionista de Hitler o acompanham, bem como a secretária de Bormann. Eles são escoltados por uma centena de soldados. Ao longo de toda noite, em vão tentam transpor as linhas soviéticas. Na manhã de 2 de maio, encontram refúgio na adega de um restaurante da Schönnhauser Alee, em pleno centro da cidade. Nenhum dos fugitivos sabe que o comandante das tropas alemãs de Berlim, o general Weidling, já ordenou a capitulação. À tarde, soldados russos cercam o restaurante. "A guerra terminou. Seu comandante assinou o fim dos combates", eles gritam. Günsche e outros oficiais alemãs hesitam, mas precisam se render às evidências: os combates de fato cessaram, eles não têm escolha. Antes de se entregar, os oficiais alemães ajudam as duas secretárias de Hitler, Gerda Christian e Traudl Junge, a cozinheira, Constanze Manziarly, e Else Krüger, secretária de Bormann, a deixar discretamente o refúgio. Para as jovens mulheres, qualquer coisa é melhor do que cair nas mãos dos soviéticos. Hitler tinha avisado que seriam violadas na mesma hora. Gerda Christian consegue chegar à Baviera, onde é presa pelo Exército americano, em março de 1946. Traudl Junge, depois de um longo périplo pela Alemanha, volta a se esconder em Berlim, onde é capturada, no início de junho de 1945, pelo Exército Vermelho. Constanze Manziarly nunca é encontrada. Gerda Christian dirá que a viu ser presa por soldados russos em 2 de maio de 1945. Não há sinal dela nos arquivos russos dessa data. Else Krüger, por sua vez, acaba nas mãos dos britânicos.

São dez horas da noite do dia 2 de maio de 1945 quando Günsche se entrega sem resistir.

Os interrogatórios se sucedem. Sua condição de ss-Sturmbannführer ligado ao serviço pessoal de Hitler logo lhe garante tratamento especial. Günsche se vê nas mãos do Comissariado do Povo para Assuntos Internos, o NKVD. Esse órgão do Estado concentra os poderes de polícia do país, além de gerenciar os gulags e os serviços secretos internos. É diretamente ao general Kobulov, chefe adjunto da Administração Central para os Prisioneiros de Guerra e Internos (GUPVI), e ao tenente-coronel Parparov, chefe do departamento operacional, que Günsche faz suas revelações. Durante o interrogatório de 18 e 19 de maio de 1945, ele anuncia que Hitler se matou com um tiro na cabeça. Informação extremamente perturbadora para os serviços secretos soviéticos porque questiona a hipótese de suicídio com veneno. Hipótese oficialmente aceita e sustentada pelo tenente-geral do SMERSH, Alexandr Vadis.

"O Sturmbannführer Linge estava na porta de entrada do bunker, perto da porta do gabinete de Hitler. Por volta das quatro horas da tarde do dia 30 de abril de 1945, ele ouviu um tiro." As respostas de Günsche são registradas tais como ele as formula, sem floreios ou interpretações. Kobulov e Parparov transcrevem cada declaração textualmente. O que ouvem os surpreende e ao mesmo tempo os encanta. A descoberta é suficiente para derrubar seus rivais e colegas do SMERSH. Os oficiais da GUPVI detestam o serviço de contraespionagem, que se julga todo-poderoso — eles são homens de Lavrenti Beria, o temível responsável pelo NKVD, que sente um ódio mortal pelo SMERSH e por seu dirigente, o general Abakumov. Beria desconfia desse serviço secreto que escapa a seu controle. Embora oficialmente o SMERSH dependa do NKVD, na realidade em geral Abakumov presta contas diretamente a Stálin. A rivalidade entre os serviços secretos soviéticos não pode continuar. O regime stalinista só mantém os melhores. E Beria está decidido a continuar sendo o melhor.

Em maio de 1945, Lavrenti Pavlovich Beria tem 46 anos. Produto da Revolução Russa, natural da Geórgia como Stálin, está no topo da carreira. Com seus falsos ares de pequeno burocrata e seu ridículo pincenê, ele não inspira confiança. No entanto, é assessor de Stálin no governo, membro do Comitê Nacional de Defesa e diretor do serviço de inteligência estrangeiro e da polícia secreta. Odiado e desprezado, Beria é, acima de tudo, temido. Violento, impiedoso, sádico, vicioso, psicopata e alcoólatra, a lenda negra do "ministro do Interior" do poder stalinista não é totalmente infundada, mas é preciso nuançá-la. É verdade que ele tem certo talento para dirigir sessões de suplícios ou para torturar pessoalmente os prisioneiros mais recalcitrantes. Assinar as ordens de deportação de "povos inimigos", ou seja, de cerca de um milhão de cidadãos soviéticos de grupos minoritários (tchetchenos, inguches, alemães do Volga, tártaros da Crimeia...), entre 1941 e 1944, não o perturba. Stálin suspeitava que fossem colaboradores dos nazistas. Eles são enviados para a Sibéria e para a Ásia central sob condições desumanas. Quatro anos depois da deportação, a taxa de mortalidade entre eles é de 20%. Cerca de 200 mil não resistem aos tratamentos que o NKVD lhes reserva. Beria também assume o massacre de mais de 25 mil oficiais poloneses na floresta de Katyn, em 1940. Nikita Khruschóv disse que, para ele chegar a esse nível de poder na União Soviética, "galgou os diferentes escalões passando por cima de um número enorme de cadáveres".[9] Mas, embora Beria possa ser objetivamente considerado um monstro, não deixa de ser um político dotado de um instinto de sobrevivência fenomenal. Ele logo compreende que o fato de ser da Geórgia como Stálin e dar provas de uma fidelidade quase doentia não o blindam. A qualquer momento pode ser eliminado do sistema. Stálin não gosta de repetir que, nos serviços secretos, só existem duas opções: "a promoção ou o pelotão de fuzilamento"? A frase sempre lhe volta à mente quando constata a ascensão vertiginosa de seu antigo subordinado, o general Abakumov.

Viktor Smenovich Abakumov tem tudo para irritá-lo. Nove anos mais jovem e moscovita de nascença (enquanto Beria é filho de camponeses geórgios miseráveis), o chefe do SMERSH tem o físico do conquistador de olhar franco e profundo. Com cabeleira preta quase azeviche e ombros quadrados, ele enverga o uniforme tal qual um dos heróis que a propaganda soviética tanto louva. O exato oposto de Beria, que é baixinho — Abakumov é uma cabeça mais alto que ele —, quase careca, míope e com tendência a engordar. Aquele que Stálin chama de seu "Himmler", em referência a Heinrich Himmler, que executava o serviço sujo de Hitler, não pode rivalizar fisicamente com seu concorrente direto. Membro das Forças Especiais do Exército Vermelho desde os treze anos, Abakumov galga os escalões militares e depois integra os serviços de inteligência. Ele se torna especialista em vigilância de inimigos internos. As tecnologias de escuta clandestina lhe franqueiam qualquer segredo. Beria logo percebe sua excepcional capacidade. Em 1938, ele acelera a carreira de Abakumov dentro do NKVD e o nomeia seu adjunto, esperando transformá-lo em seu vassalo. Mas não contava com Stálin, que o arranca de suas garras e o promove, em 1943, ao posto de chefe do SMERSH. Abakumov se torna um concorrente perigoso e, portanto, um inimigo mortal para o chefe do NKVD.

Com dezenas de milhares de homens e mulheres a seu serviço, Beria se vangloria de ser o homem mais bem informado do país. Logo, graças à vitória contra a Alemanha nazista, de boa parte da Europa. É absolutamente normal, portanto, que nada do que acontece em Berlim lhe seja desconhecido, mesmo estando em Moscou, a 2 mil quilômetros de distância. Ele é informado da descoberta do suposto cadáver de Hitler quase instantaneamente. O mérito dessa descoberta cabe a uma equipe do SMERSH. Para Beria, a ameaça Abakumov se torna ainda mais palpável. Seu cargo está em jogo. Ainda bem que, com a detenção de Günsche, ele ainda tem uma ótima carta na manga. Graças ao gigante de mandíbula quadrada da SS, ao assassino de judeus e comunistas, Beria provará a Stálin que ainda é indispensável.

"Como Hitler se suicidou?", perguntam os agentes Kobulov e Parparov a Günsche.
"Segundo Linge, Hitler deu um tiro na própria têmpora."

O tradutor que acompanha o interrogatório recebe ordens de transcrever as palavras exatas do prisioneiro, para transmitir seu jeito de pensar o mais fidedignamente possível. Em caso de erro, lembram-no, corre o risco de ser encarcerado num campo especial na Sibéria.

Sem nenhuma emoção aparente, Günsche conta que o suicídio do ditador alemão ocorreu pouco antes das quatro horas da tarde, no dia 30 de abril.

Pergunta: Quando o senhor entrou pela primeira vez na sala em que o suicídio ocorreu? E o que viu?
Resposta: Entrei na sala às 16h45. Vi que o tapete no chão estava levemente fora do lugar e que tinha uma mancha de sangue. Em cima da mesa, havia várias caixinhas com ampolas de veneno. Em cima do sofá, perto da parede e ao lado da porta, havia um par de sapatos. Ao lado do sofá, duas pistolas estavam no chão. Uma de calibre 7,65 milímetros e a outra de calibre 6,35. Elas foram dadas a Hitler por um homem de Axmann [Artur Axmann, chefe da Juventude do Reich] cuja identidade ignoro. Na antessala onde estava o cadáver de Hitler, podia-se sentir um cheiro muito forte de amêndoa.

Quem diz a verdade? Günsche, com sua história da morte por tiro? O SMERSH, que garante que Hitler se matou com cianeto? Os dois? Ou tudo não passa de uma grande enganação e Hitler está vivo em algum lugar?

Beria não sabe mais o que pensar. Abakumov, o chefe do SMERSH, envia-lhe o relatório em que conclui que Hitler se envenenou. A ele, Beria, e não a Stálin. Ao menos uma vez Abakumov respeita a hierarquia. Mas não será uma maneira de associar Beria à investigação e, assim, de um estar atado ao outro diante de eventuais críticas do "pai dos povos" e de uma nova depuração dos serviços secretos?

Stálin não é do tipo que deposita sua confiança a torto e a direito. Tampouco é do tipo que perdoa com facilidade. Sua vitória sobre a Alemanha nazista reforça seu poder e sua popularidade na União Soviética. Na cena internacional, é visto como um dos homens fortes da nova ordem mundial que se desenha — mesmo que, para muitos, não tanto por despertar admiração, mas medo. Pouco lhe importa. Ele tem grande talento para lidar com o medo. Durante a guerra, prova que ninguém pode escapar de suas decisões mais severas. Nem mesmo sua família. Seu filho mais velho, Yakov, tem 34 anos quando é intimado a entrar para o Exército Vermelho e lutar contra os nazistas, sendo capturado em 16 de junho de 1941. Anos mais tarde, sua irmã Svetlana fala sobre esse trágico episódio. "Meu irmão não era um grande combatente. Era muito sensível para isso. Ele foi para a guerra porque nosso pai quis. Quando foi feito prisioneiro, o regime nazista o humilhou. Fizeram-no percorrer toda a Alemanha. Ele era apresentado como um animal de circo. Imagine só, o filho de Stálin! Era perfeito para a propaganda nazista. No fim de janeiro de 1943, o marechal de campo alemão Paulus foi capturado por nossas tropas em Stalingrado. Os alemães pensaram que meu pai fosse trocar o marechal por Yakov. Não o conheciam nem um pouco." O filho de Stálin acabou morrendo algumas semanas depois, em 14 de abril de 1943, num campo de prisioneiros na Alemanha.

A mensagem do líder do Kremlin é clara: nenhum tratamento privilegiado. Se Yakov tivesse sobrevivido ou escapado, teria sido enviado para um campo especial na Sibéria. "Era assim que eram tratados os soldados soviéticos que passavam pelos campos de prisioneiros alemães", afirma Svetlana Stálina. "Desconfiavam deles."

Abakumov e Beria têm o destino de Yakov em mente. Eles conhecem a intransigência e a crueldade do líder. Conhecem sobretudo sua paranoia doentia. O menor erro pode se revelar fatal. E, ao que tudo indica, o relatório sobre a morte de Hitler contém erros, ou no mínimo grandes lacunas. Naquele fim de maio de 1945, Beria tem certeza disso. O chefe do NKVD relê as treze páginas de interrogatório do oficial da SS Günsche, feito por seus homens nos dias 18 e 19 de maio de 1945. O que fazer? Avisar Stálin e semear a dúvida em seu espírito? Muito perigoso. Beria escolhe a prudência. A mais extrema prudência. Ele guarda para si o trabalho de seus homens e se contenta em reenviar o dossiê de Abakumov a Stálin sem nenhum comentário. Nem positivo nem negativo.

Em 27 de maio de 1945, Stálin recebe o relatório do SMERSH. Para o Kremlin, a morte de Hitler é oficial.

Günsche, por sua vez, começa a entender que está longe de uma eventual saída das masmorras dos serviços secretos. Ele é transferido de Berlim para Moscou. Seu destino é a prisão especial de Lubyanka, sob controle do NKVD.

O mesmo Lubyanka onde nos autorizaram a ver os supostos dentes de Hitler. Naquele dia, fomos recebidos no terceiro andar. Os interrogatórios dos prisioneiros da SS aconteciam no primeiro ou no segundo. Foi inevitável que nos perguntássemos se os gritos deles chegavam à sala que visitamos. Conforme avançamos em nossa investigação, a arrepiante sensação de estar despertando fantasmas não nos abandona. Sangue, lágrimas, crueldade e desumanidade cercam nossa investigação como um halo escuro. A verdade em torno do dossiê Hitler se oculta sob um véu desencorajante de segredos de Estado e disputas de influência geopolítica. Setenta anos se passaram e a questão ainda é delicada. O fantasma de Hitler deixará um dia de assombrar o Ocidente?

Essas reflexões me invadem enquanto percorro o dossiê de Günsche no gabinete do diretor adjunto do RGVA. Lana entreabre a porta e lança um rápido olhar para o corredor. Nenhum som. O prédio continua adormecido. Podemos seguir folheando os documentos confidenciais. Pego outro dossiê. Outro oficial alemão. Decifro seu nome com dificuldade: Rattenhuber, Johannes.

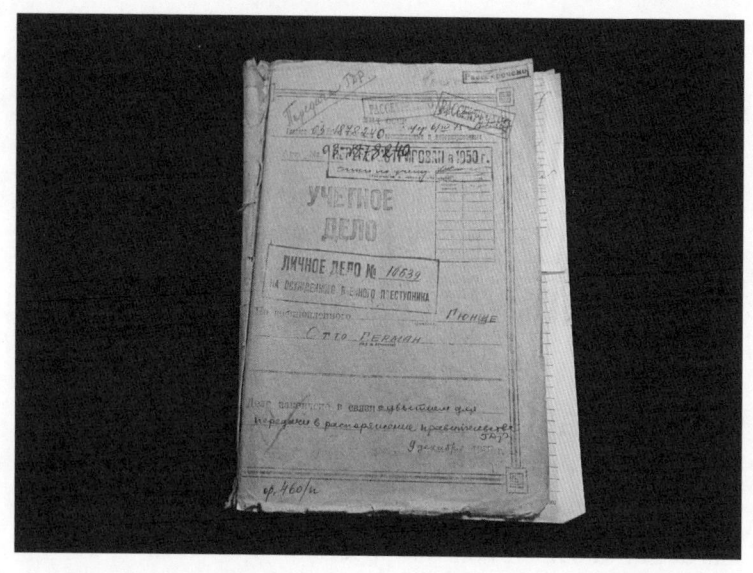

Dossiê da Justiça Militar soviética a respeito do general da SS Johann Rattenhuber (Arquivo do Estado Militar da Federação Russa).

Não, não Johannes. Johann. Encontro fotografias de um homem maduro, com o cabelo quase totalmente branco, ainda com o uniforme alemão. O retrato deve ter sido tirado poucas horas depois da captura, no início de maio de 1945. A cabeça muito ereta, o olhar fixo e frio revelam um militar que costuma comandar e ser obedecido. Algumas páginas adiante, vejo-me diante de outro retrato. Será do mesmo homem? A imagem data de 1950. Ele se transformou num velho, uma pálida cópia do orgulhoso oficial que um dia havia sido. O rosto emaciado, a pele queimada por uma prolongada exposição ao frio, uma barba de pelos hirsutos numa face encovada, os cabelos mal cortados. Quem era ele? Peço a Lana que deixe seu posto de observação para me traduzir os documentos. A história do homem se estende por várias páginas.

Dossiê militar de Johann Rattenhuber, responsável pela segurança de Hitler (Arquivo do Estado Militar da Federação Russa).

RATTENHUBER Johann, nascido em 1897, natural da cidade de Oberhaching (Baviera), de nacionalidade alemã [...]

Depois da tomada do poder na Alemanha por Hitler, Rattenhuber foi nomeado, em 1933, ajudante de campo do chefe da Gestapo, o fascista Himmler, depois, no mesmo ano, foi nomeado chefe da guarda pessoal de Hitler, reorganizada em 1934 no chamado Serviço Imperial de Segurança [...]

No período da guerra criminal da Alemanha hitlerista contra a União Soviética, Rattenhuber, com seus subordinados, garantia a segurança dos trens de Hitler que iam ao front soviético-alemão em 1941-3, quando Hitler, em colaboração com o corpo de oficiais generais, elaborava os planos de sujeição e extermínio dos soviéticos.

Interrogado ao longo da audiência, o acusado Rattenhuber se reconheceu culpado dessas acusações e mencionou o fato de que agia sob as ordens de seus chefes.

O argumento "eu estava apenas seguindo ordens" foi utilizado por outros nazistas em seus processos. Em especial Adolf Eichmann, um dos membros da SS responsáveis pela execução da "solução final", o extermínio dos judeus europeus. Desculpa sistematicamente rejeitada, inclusive pelos juízes soviéticos:

O argumento do acusado, segundo o qual em suas atividades práticas teria sido guiado por ordens, é abusivo, visto que o próprio Rattenhuber ocupou postos elevados no Serviço Imperial de Segurança do governo fascista da Alemanha e na organização criminosa SS. Suas atividades criminosas, nas quais deu provas de zelo e iniciativa pessoal, lhe valeram recompensas dos dirigentes fascistas.

Portanto, Rattenhuber é condenado. Mas a quantos anos?
Com o dedo, Lana segue as linhas do documento para chegar à sentença. Vinte e cinco anos! Como Günsche. Em "campos de reeducação pelo trabalho". Acrescenta-se que tudo o que Rattenhuber possuía no momento da detenção lhe fora confiscado.
Lana interrompe bruscamente a tradução e arregala os olhos. O que leu que a chocou tanto? Ela retoma em voz alta um trecho do processo que lhe escapara: "*Além da confissão pessoal do acusado, sua culpa foi confirmada ao longo da sessão pelos testemunhos de Eckold, Monhke, Mengershausen*". Mengershausen, o sargento-ajudante da SS que, segundo o SMERSH, indicara aos soldados russos onde estava o cadáver de Hitler.
"Ah, Rattenhuber! Uma peça importante do dossiê Hitler."
Vladimir nos dá um susto. Sem ter feito ruído algum, havia entrado na sala. Olha para nós bastante orgulhoso de seu pequeno feito.

Sentimo-nos como crianças pegas em flagrante com os dedos ainda sujos de mel. Ele não parece surpreso e inclusive se diverte com nosso embaraço. "Ele foi um general muito próximo de Hitler, responsável por sua segurança. Vocês não podem fotografar esses documentos. Ler, por que não? Mas só isso", Vladimir nos adverte num resmungo. Lana lhe lança seu mais doce olhar e murmura algumas palavras que não consigo entender. Sua manobra tem êxito, a julgar pelo sorriso que ilumina o rosto de Vladimir. O diretor adjunto acaba atirando em cima da mesa os dossiês que foi buscar.

Alguns são ainda mais importantes que os de Rattenhuber. Três homens-chave, Vladimir tem certeza disso. "Linge, o criado", ele começa, empurrando uma pasta na nossa direção. Ele abre outra e coloca os óculos de leitura. "Este aqui é Baur, o piloto particular. Olhem..." Todos esses dossiês da Justiça Militar se empilham à nossa frente. "Mais Günsche, ajudante de campo de Hitler, e agora vocês têm tudo!"

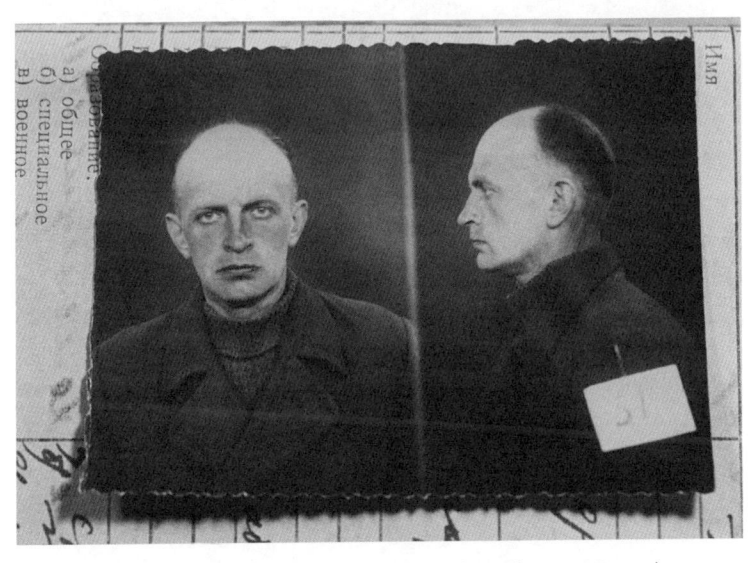

Linge, o criado (Arquivo do Estado Militar da Federação Russa).

Baur, o piloto (Arquivo do Estado Militar da Federação Russa).

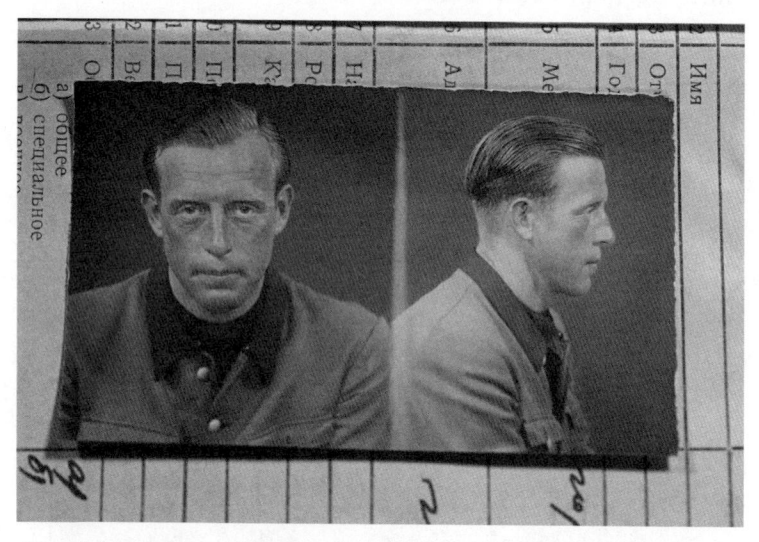

Günsche, o ajudante de campo (Arquivo do Estado Militar da Federação Russa).

São aqueles homens, ou melhor, seus depoimentos, que fazem Stálin ficar em dúvida? É por causa deles que o mistério Hitler perdura por tantos anos?

Os três estavam a serviço pessoal de Hitler e ficaram a seu lado até a queda do Führerbunker. Os três caíram nas mãos dos soviéticos.

Seus interrogatórios, seu encarceramento nos campos especiais, tudo está registrado. Com os papéis do GARF, do FSB e, agora, os documentos descobertos no arquivo militar, temos os elementos necessários para reconstruir o quebra-cabeça. Nesse momento, uma coisa parece certa: Stálin estava informado nos mínimos detalhes a respeito dos últimos momentos do Führer. No entanto, não deixou de afirmar aos Aliados que suas tropas não encontraram Hitler.

Moscou, maio de 1945

Hitler não está morto!

Em 26 de maio de 1945, Stálin recebe em Moscou os enviados do presidente americano Harry Truman. Estão na cidade para preparar a conferência que deve acontecer entre os Aliados no mês de julho, em Potsdam, a trinta quilômetros de Berlim. Truman acaba de suceder a Roosevelt, morto aos 63 anos, em 12 de abril de 1945, de uma hemorragia cerebral. Embora seu mandato tenha início sob auspícios favoráveis (a capitulação alemã de 8 de maio ocorre no mesmo dia de seu aniversário), o novo presidente ainda precisa dar provas de suas virtudes aos líderes aliados, sobretudo ao mais poderoso e imprevisível de todos, Joseph Stálin. Não por acaso ele envia a Moscou Harry Hopkins, conselheiro diplomático de Roosevelt e grande entendido do regime soviético. Stálin o conhece bem por ter tido que tratar com ele nas horas mais sombrias da guerra. O embaixador dos Estados Unidos na União Soviética William Averell Harriman o acompanha. Em 26 de maio, Stálin ainda não recebeu o relatório do SMERSH sobre a autópsia dos corpos encontrados na frente do bunker. A papelada estará em cima de sua mesa no dia seguinte. No entanto, ele tem conhecimento do processo de identificação e da forte probabilidade de se tratar de Hitler. Mas se esquece de informar os visitantes americanos. Em vez disso, envereda por uma fabulação que terá grande peso nas relações entre as duas potências. Quando Harry Hopkins lhe comunica suas esperanças de encontrar o corpo do Führer, Stálin diz: "A meu ver Hitler não está morto e se esconde em algum lugar. Nossos médicos acreditam ter identificado os corpos de Goebbels e do motorista particular de Hitler [Erich Kempka], mas tenho minhas dúvidas. [...] Penso que Bormann, Goebbels, Hitler e provavelmente Krebs escaparam e estão escondidos".[10] Stálin esboça os possíveis roteiros de fuga dos dirigentes nazistas. Inúmeros países podem tê-los acolhido e ajudado, argumenta. O Japão e a Suíça, por exemplo. Ah, a Suíça, esse grande banco transformado em Estado, transbordante de ouro nazista. Dos banqueiros só podemos imaginar o pior, não? Quanto ao Japão, sua miríade de ilhas não oferece a possibilidade de inúmeros esconderijos inexpugnáveis? Os diplomatas americanos se surpreendem. Como Hitler poderia chegar à costa japonesa? Stálin tem resposta para tudo. Num submarino! Harry Hopkins se permite duvidar. Ele observa ao anfitrião que já ouviu falar de um projeto de grandes submarinos alemães, mas que nenhum jamais foi descoberto, que ele saiba. De que importa a realidade, o possível, o provável? A palavra de Stálin deve ser suficiente para os emissários do presidente Truman, que logo se deixam convencer. Já que o Führer está vivo, eles se permitem insistir no desejo de que seja encontrado. Stálin aquiesce: "Dei ordens a meus serviços secretos para que procurem os tais submarinos. Até agora nada foi descoberto, mas acredito ser possível que Hitler e seus acólitos tenham partido num deles rumo ao Japão".

Em 6 de junho, nova reunião é marcada entre Hopkins, Harriman e Stálin. O líder soviético anuncia ainda não ter encontrado Hitler, mas permanece convencido de sua fuga. O Führer está vivo, ele acrescenta. Nessa data, porém, o relatório do SMERSH já está em seu poder há pelo menos uma semana — segundo a autópsia, seu inimigo se matou por envenenamento. Stálin validou essas provas ao não pedir uma contraperícia. Ele também foi informado de que seus homens reenterraram, no dia 3 de junho de 1945, os cadáveres de Hitler, Eva Braun, dos Goebbels e do general Krebs, perto de Rathenow.

Infelizmente para o Kremlin, surge uma primeira brecha no segredo do dossiê Hitler.

No mesmo dia 6 de junho, uma coletiva é improvisada na sede da administração militar soviética em Berlim. Repórteres americanos, ingleses e franceses participam do encontro. Um oficial do Estado-Maior do marechal soviético Júkov anuncia que Hitler fora encontrado e identificado com quase 100% de certeza. No mesmo dia, o *New York Times* publica a manchete: A IDENTIFICAÇÃO DO CORPO DE HITLER É QUASE CERTA, DIZEM OS RUSSOS.

Stálin reage na mesma hora, tentando consertar as coisas. Manda um de seus homens de confiança, Andrei Vyshinsky, procurar Júkov e organizar uma nova coletiva. Oficial, dessa vez. Ela acontece três dias depois, em 9 de junho. O altivo e marcial Júkov toma a palavra com sua voz de barítono. Todos os jornalistas ocidentais e russos com base em Berlim estão presentes. "Não descobrimos nenhum cadáver que tenha sido identificado como sendo o de Hitler." Murmúrios se espalham pela sala. Os repórteres não russos esperam a tradução para ter certeza de que entenderam as palavras do vencedor da Batalha de Berlim. Júkov retoma o fôlego e continua, sob o olhar insistente do enviado especial de Stálin: "Há boas possibilidades de que Hitler e Braun tenham fugido de Berlim. Eles podem ter decolado na última hora, pois ainda dispunham de uma pista de aviação". O volume dos murmúrios aumenta. Mãos se levantam para perguntas. "Tudo está envolto em mistério", reconhece Júkov. "A única coisa que posso afirmar é que não identificamos o corpo de Hitler e não tenho a menor ideia do que aconteceu... Agora é com vocês, britânicos e americanos: encontrem-no." Os conselheiros de Stálin fazem o melhor que podem para desestabilizar os Aliados. Hitler fugiu, cabe a eles capturá-lo e dizer se está vivo ou morto. Se até o momento não há um corpo a ser apresentado, Hitler não está morto. Júkov sai da sala. Um oficial soviético o substitui. Lança hipóteses, explica e informa — ou melhor, desinforma. Rumores sobre sua morte? Fantasias. Onde estaria escondido? Quem sabe na Espanha, com Franco, aquele fascista?

Nessa grande trapaça, o glorioso marechal Júkov desempenha o papel do idiota útil. Tudo leva a crer que ele não estava a par do relatório do SMERSH. O marechal é mantido na ignorância do maior segredo daquele fim de Segunda Guerra Mundial.

A imprensa internacional divulga a nova versão russa: "Júkov declara que Hitler talvez esteja vivo na Europa. Ele e a amante se casaram. Juntos, podem ter escapado da capital alemã de avião".

A Espanha toma conhecimento das declarações russas e se sente na obrigação de negar qualquer participação na suposta fuga do ditador alemão. Em 10 de junho, o ministro espanhol das Relações Exteriores afirma oficialmente que "Hitler, casado ou não, vivo ou morto, não se encontra em solo espanhol nem seria autorizado a tanto, e se entrasse na Espanha não receberia asilo algum".

Mas a dúvida persiste. Os serviços secretos aliados pedem aos soviéticos acesso ao Führerbunker e solicitam o compartilhamento de informações.

Eisenhower, o general americano e comandante em chefe das forças aliadas na Europa, pergunta pessoalmente a Júkov se Hitler está vivo ou não. Em 18 de junho de 1945, durante uma coletiva no Pentágono, em Arlington, na Virginia, um jornalista faz a pergunta que todos querem fazer:

Jornalista: O senhor acha que Hitler está morto? Está convencido de que morreu?

Eisenhower: Bom, para ser sincero, não acho mais. Acreditei que sim, no início. Pensei que todas as provas fossem claras. Mas, quando tive uma conversa com meus amigos russos, descobri que não eram do mesmo parecer, e compreendi que a declaração fora dada erroneamente em Berlim. Não sei. A única coisa de que tenho certeza é o que declarei em minha coletiva de imprensa em Paris: Se ele não está morto, terá que levar uma vida terrível para um homem que foi o ditador arrogante de 250 milhões de pessoas. Uma vida sendo perseguido como um criminoso e sob o medo constante de ser capturado. É sua vez de sofrer as agonias dos condenados, se estiver vivo.[11]

Fortalecido pela dúvida que consegue instilar, Stálin insiste na teoria de um Hitler vivo e em fuga durante a Conferência de Potsdam, que acontece entre 17 de julho e 2 de agosto de 1945. Ele mente sucessivamente a cada um dos aliados ocidentais. Dessa vez, sugere que se o ditador alemão não estiver na Espanha, com certeza se esconde na Argentina. O certo, acrescenta, é que não se encontra na zona alemã sob controle soviético. Suas declarações abalam as certezas dos serviços secretos anglo-saxões, incitando-os a acelerar suas próprias investigações. Se Stálin queria enfraquecer os aliados com investigações inúteis, não poderia ter sido mais eficaz.

Argentina, Japão, Espanha, até mesmo Chile: pistas falsas espalhadas de propósito pelos soviéticos para desgastar as agências de inteligência americanas e britânicas. A Conferência de Potsdam se encerra com esse mistério. Stálin exulta. Dos três grandes líderes que haviam lutado e vencido a Alemanha, ele era o único ainda firme em seu posto. Roosevelt morrera e Churchill, depois de perder as eleições, pedira demissão do cargo de primeiro-ministro em plena conferência, no dia 26 julho. Quanto ao ditador alemão, Stálin, que está convencido de que seus homens o encontraram e o identificaram, ele sabe exatamente onde seus serviços secretos o enterraram. Bem longe da América do Sul e do Japão. Mais exatamente na pequena cidade de Rathenow, a apenas uma hora de carro de Potsdam. Todos os vestígios do sepultamento foram meticulosamente apagados e sua localização se tornou um segredo de Estado conhecido apenas por um punhado de homens. Para lembrar onde fica o túmulo, os agentes russos redigem um mapa com indicações dignas dos piratas de Stevenson. Tivemos esses documentos em mãos no arquivo do FSB.

A fossa com os cadáveres foi aplainada ao nível do solo, sobre sua superfície foram plantadas pequenas sementes de pinheiro formando o número 111. Os cadáveres se encontram em caixas de madeira e foram enterrados a uma profundidade de 1,7 metro e posicionados na seguinte ordem, de leste a oeste: Hitler, Eva Braun, Goebbels, Magda Goebbels, Krebs, filhos dos Goebbels.

Stálin nunca revelará esse segredo de Estado.

A manipulação do líder do Kremlin instiga os Aliados a buscas incessantes nas zonas alemãs controladas por eles.
Três meses. Os ingleses levam apenas isso. Em 1º de novembro de 1945, a investigação sobre o que aconteceu com Hitler é encerrada. Ela havia sido confiada a um jovem historiador britânico de 31 anos, Hugh Trevor-Roper. O brilhante professor de história formado em Oxford se juntou ao Exército quando da entrada do Reino Unido na guerra contra a Alemanha nazista. Mais exatamente ao Secret Intelligence Service, o serviço de inteligência inglês. Embora pensasse que seu tempo no Exército chegara ao fim

junto com a guerra, no verão de 1945 ele foi chamado para redigir um relatório sobre o desaparecimento do Führer. A tarefa é imensa, mas Trevor-Roper recebe toda a ajuda possível de Londres para levar a cabo sua investigação. Assim, obtém autorização para interrogar todos os prisioneiros nazistas detidos em zona inglesa, americana e francesa. Mas é melhor não contar com os da zona russa. No máximo poderá visitar o Führerbunker, ainda em mãos soviéticas. Trevor-Roper encerra seu relatório no final de outubro de 1945. Uma grande coletiva de imprensa é marcada para o 1º de novembro, durante a qual as linhas gerais de seu trabalho são expostas sob o título "Os últimos dias de Hitler e de Eva Braun".

Ele chega à conclusão de suicídio por arma de fogo, e não por veneno. Um dossiê mais completo é enviado aos serviços secretos das outras três potências presentes em Berlim: americanos, soviéticos e franceses.

Berlim
1º de novembro de 1945
De: Brigadeiro E. J. Foord
Para: General de brigada B. Conrad, EUA
General Major Sidnev, URSS
Coronel Puel, França

O documento anexo refere-se à morte de Hitler e de Eva Braun. Ele poderá ser discutido durante a próxima reunião do Comitê dos Serviços de Inteligência.

Devido às constantes alusões feitas nos últimos tempos pela imprensa britânica a respeito de Hitler, parece judicioso publicar uma versão breve para a imprensa. Isso será feito hoje, às 17h.

A versão anexa não se destina à imprensa, pois contém mais informações do que a que será distribuída a ela.

Ao dizer que vão tornar público o suicídio de Hitler, os britânicos colocam os russos contra a parede. Seu objetivo é acabar com a campanha de desinformação iniciada por Moscou. No entanto, os serviços ingleses reconhecem que só tinham podido se basear num número limitado de testemunhas.

Os mais importantes são os que participaram da intimidade de Hitler durante seus últimos dias de vida, viveram com ele no bunker e tomaram parte em suas decisões, como as que concernem a eliminação de seu corpo. Essas pessoas são: o dr. Goebbels, Martin Bormann e o dr. Ludwig Stumpfegger [cirurgião de Hitler e de sua equipe].

Os três homens são considerados mortos ou desaparecidos, mas nazistas importantes haviam sobrevivido. Alguns se encontravam nas mãos das forças ocidentais e tinham sido interrogados. Alguns haviam fugido do bunker muito cedo, como Albert Speer, arquiteto de Hitler e seu ministro do Armamento, ou ainda Ritter von Greim, último ministro da Aviação. E outros tinham estado presentes durante a suposta morte de Hitler. No verão de 1945, não passavam de um punhado entre os prisioneiros dos ingleses, em especial a secretária de Bormann, Else Krüger, e o motorista particular, Erich Kempka.

É este último que os informa sobre o fim do ditador.

Os ingleses não dissimulam a relativa fraqueza de suas fontes. Sutilmente, indicam em seu documento que sabem onde estão presas as principais testemunhas ainda vivas. Do lado russo.

Mais detalhes poderiam ser obtidos por outros que se encontravam no bunker em 30 de abril, como o Oberführer Hans Baur, piloto particular de Hitler, que agora está num hospital russo.

O mesmo é dito em relação aos servidores de Hitler.

Entre eles, os mais importantes são o Stubaf Günsche, seu ajudante de campo pessoal, e o Stubaf Linge, seu criado pessoal [...]. Todos participaram da cremação dos corpos de Hitler e de Eva Braun. Günsche é considerado desaparecido e Linge talvez seja prisioneiro de guerra dos russos [uma testemunha acredita tê-lo visto num cortejo de prisioneiros na Muellerstrasse, em Berlim, no dia 2 de maio].

Naquela data, Günsche já se tornara prisioneiro de Moscou. Assim como Linge, ele era regularmente interrogado.

O chefe do RSD [o serviço de segurança do Reich], o general de brigada da SS Johann Hans Rattenhuber, estava no bunker e seria uma testemunha de primeira ordem se ainda estivesse vivo. Ele certamente deu as diretrizes para o enterro dos restos humanos dos corpos [de acordo com o comunicado de guerra russo de 7 de maio, Rattenhuber foi capturado pelos russos].

Rattenhuber está de fato vivo e na mesma prisão — o Lubyanka — que Günsche e Linge, em Moscou.

A despeito da falta de testemunhas, os serviços secretos britânicos chegam à conclusão de que Hitler se suicidou.

No dia 30 de abril, às 14h30, Hitler e Eva Braun fizeram sua última aparição com vida. Eles caminharam pelo bunker e cumprimentaram seu círculo mais próximo, suas secretárias e seus assistentes, depois se retiraram para seus aposentos, onde se suicidaram. Hitler com um tiro na boca, Eva Braun (embora tenha recebido um revólver) engolindo uma das ampolas de veneno distribuídas a todos no bunker.

O trabalho dos ingleses deixa os responsáveis soviéticos de Berlim numa situação bastante desconfortável. A teoria do suicídio por envenenamento, validada por eles junto ao Kremlin, é questionada. O relatório britânico se soma às afirmações de Günsche e de Rattenhuber, feitas ao NKVD no mês de junho, e às de Linge algumas semanas depois. A hipótese do suicídio de Hitler por arma de fogo volta cada vez com mais frequência aos interrogatórios. E se os homens do SMERSH, que dirigiram a investigação sobre Hitler em maio-junho de 1945, tivessem se enganado sobre a forma de suicídio e Hitler houvesse de fato dado um tiro na própria têmpora ou na boca? Significaria que o corpo da autópsia não era o dele!

O general russo Ivan Serov é o representante do NKVD e o comandante supremo adjunto da administração militar soviética em zona alemã russa — ou seja, é um dos maiores dirigentes soviéticos na Alemanha. Beria o escolhe pessoalmente por sua capacidade de trabalho acima da média e sobretudo por sua fidelidade inabalável. Em meados de novembro, Beria recebe um telegrama urgente de Serov, que lhe comunica a delicada situação com que Vadis e o SMERSH foram confrontados.

Top secret
Telegrama
De BERLIM
Moscou, NKVD URSS
Ao camarada BERIA, L.P.

O chefe da Inteligência britânica, o general de brigada FOORD, e o diretor da Inteligência americana, o general de brigada CONRAD, enviaram ao chefe do grupo operacional da cidade de Berlim, o general-major camarada SIDNEV, documentos relativos à morte de HITLER e de Eva BRAUN.

Com isso, o general de brigada FOORD e o general de brigada CONRAD solicitam ao general SIDNEV que lhes comunique os dados do serviço de inteligência russo a respeito da morte de HITLER.

Também indicam que pretendem discutir a questão da morte de Hitler ao longo da reunião mista da direção-geral dos serviços de inteligência que normalmente ocorre na presença do general SIDNEV.

Nesse contexto, peço-lhe que envie suas indicações no que concerne o comportamento do general SIDNEV na próxima reunião da direção-geral mista dos serviços de inteligência a esse respeito.

I. SEROV
20 de novembro de 1945

Beria fica com um pé atrás. Não faz parte de sua cultura compartilhar documentos considerados secretos com estrangeiros, ainda que aliados de guerra. Mas a oportunidade de eliminar um de seus concorrentes (no caso, Abakumov, o responsável pelo SMERSH) é perfeita. Ele sabe que, se o dossiê Hitler for entregue aos ingleses e aos americanos, os erros do SMERSH virão a público.

Hesitante, Beria pede a opinião de Molotov, primeiro vice-presidente do Conselho de Ministros e ministro das Relações Exteriores.

COMISSARIADO DO POVO PARA ASSUNTOS INTERNOS
TOP SECRET
Exemplar n. 1
20 de novembro de 1945
N. 1298/v
Moscou

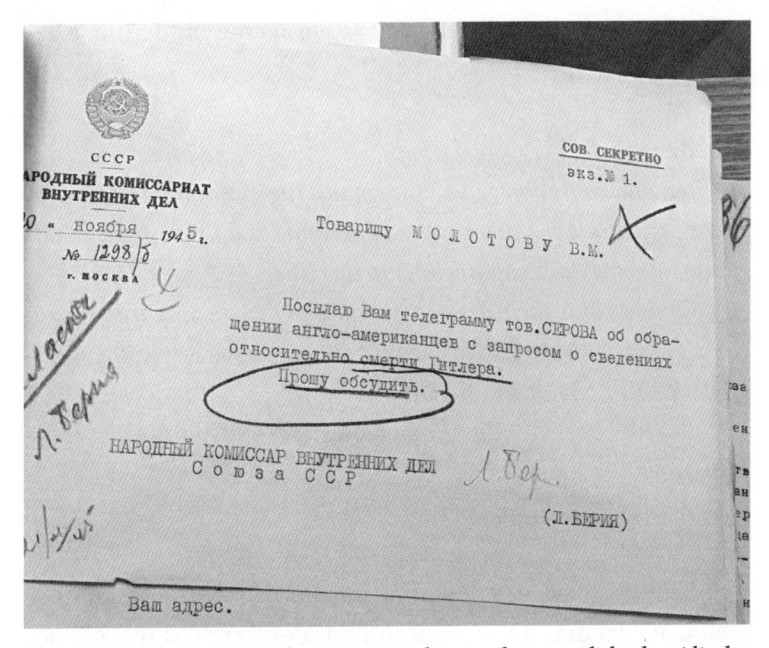

Correspondência secreta de Beria a Molotov sobre o pedido dos Aliados para ter acesso ao dossiê Hitler, com data de 20 de novembro de 1945 (arquivo do GARF).

Ao camarada MOLOTOV V.M.
Envio-lhe o telegrama do camarada SEROV a respeito do pedido dos ingleses e americanos de que lhes sejam apresentadas informações sobre a morte de Hitler.
Rogo-lhe que discuta a questão.

A última frase é circulada e sublinhada a lápis.
Abaixo dela, vemos a assinatura de Beria em caneta vermelha.

Molotov não faz nenhuma objeção ao pedido dos Aliados. Sua resposta positiva oferece a Beria um álibi perfeito. O chefe do NKVD não poderá ser acusado por Stálin de pôr o rival numa posição insustentável. Ele logo avisa seu agente em Berlim, o general Serov.

> *Ao cam. SEROV*
> *Não fazemos objeção à entrega aos ingleses e americanos das informações que possuem sobre os resultados da investigação das circunstâncias do desaparecimento de Hitler.*
> *Observe que, além disso, os Aliados podem pedir para interrogar algumas pessoas que se encontram em nossos serviços: GÜNSCHE, RATTENHUBER, BAUR e outros.*
> *Reflita bem e decida de que modo podemos entregar essas informações.*
> *Assinado: L. Beria*

Serov não entrega nenhuma informação, pois o SMERSH se recusa a colaborar. O conflito entre os dois serviços secretos soviéticos vem à tona. Para Beria, isso é demais. Ele decide dar início a uma nova investigação sobre as últimas horas de Hitler, dessa vez conduzida diretamente por seus homens. Antes, porém, não precisa se explicar a Stálin? Abakumov ainda é um dos protegidos do líder do Kremlin, e atacá-lo não é uma opção. Uma correspondência explicando a situação deve bastar, pensa Beria. Ele pede a seu assistente, Merkulov, que reflita e encontre as palavras certas para a mensagem da mais alta importância.

No fim das contas, o assistente acaba redigindo não uma mensagem, mas duas. Para ser exato, duas versões da mesma mensagem. Na primeira, Beria propõe entregar aos Aliados uma tradução do relatório secreto do SMERSH; na segunda, ele apenas autoriza os investigadores ocidentais a inspecionar o jardim do bunker, onde os corpos haviam sido queimados.

Em 19 de dezembro de 1945, Merkulov entrega as duas versões a Beria.

Top secret
Ao camarada BERIA L. P.
Cumprindo suas ordens, apresento-lhe anexas as duas variantes da nota em nome do camarada STÁLIN e do camarada MOLOTOV relativa ao pedido dos ingleses e dos americanos de compartilhar materiais sobre a questão do destino de Hitler e de Goebbels.
Dito isso, apresento-lhe:
Enviados pelo cam. SEROV, os documentos entregues pelos britânicos com a tradução datilografada desses materiais em russo;
As atas de identificação e as atas do exame médico-legal dos supostos cadáveres de Hitler, Goebbels e respectivas esposas, bem como os protocolos de interrogatório do círculo mais próximo de ambos, exemplar n. 3.
(V. Merkulov)
19 de dezembro de 1945

Beria tem todas as cartas na mão. Que versão escolher? E a quem enviá-la? A Stálin ou a Molotov, o ministro das Relações Exteriores?

Ele pensa por horas a fio. Retrabalha as mensagens, rasura-as, anota-as de novo e de novo. Com Stálin, nenhum erro é possível, todo detalhe é importante e pode influenciar a carreira de qualquer pessoa, até mesmo a dele. Senão sua própria vida. Em seu texto, portanto, os cadáveres de Hitler e de Eva Braun se tornam os "supostos cadáveres".

Eis a versão final.

Top secret
Ao camarada STÁLIN I. V.
Em 16 de junho, o NKVD da União Soviética, sob o n. 702/b, apresentou-lhe as cópias recebidas de Berlim, da parte do cam. SE-

ROV, dos protocolos dos interrogatórios de pessoas do círculo de Hitler e de Goebbels a respeito dos últimos dias da estada de ambos em Berlim, bem como cópias da descrição e das atas do exame médico-legal dos supostos cadáveres deles e de suas respectivas esposas.

Em novembro do mesmo ano, um representante do serviço de inteligência inglês em Berlim e um representante do serviço de inteligência americano enviaram ao chefe do grupo operacional do NKVD em Berlim, o major-general SIDNEV, os materiais da investigação que esses serviços efetuaram a esse respeito, que correspondem, em traços gerais, aos nossos (as cópias dos materiais inglês e americano traduzidos para o russo seguem anexas).

Referindo-se ao fato de que certas pessoas que testemunharam os últimos dias de Hitler foram presas pelas autoridades soviéticas e podem completar ou confirmar os materiais na posse dos ingleses, os ingleses pediram que lhes enviássemos os materiais em nosso poder.

O representante do serviço de inteligência americano em Berlim também pediu para inspecionar o local, com nossos representantes, perto da Chancelaria do Reich, onde, segundo os dados dos americanos, foram enterrados os cadáveres de Hitler e de sua mulher [no momento apropriado, os supostos cadáveres de Hitler e de sua mulher, após perícia médico-legal, foram transferidos para outro local e enterrados não longe da Chancelaria].

Pedimos-lhe que examine esta questão.
L. BERIA

No último momento, Beria muda de ideia.

Ele decide enviar a mensagem somente a Molotov. O camarada Stálin nunca a recebe.

Os Aliados, por sua vez, nunca têm acesso ao relatório do SMERSH.

Só podem visitar o jardim do Führerbunker.

Mas não é isso que importa. Agora que Molotov está informado das dúvidas dos Aliados sobre a não descoberta do corpo de Hitler pelos soviéticos e sobre as causas de sua morte, Beria cria as condições ideais para lançar sua contrainvestigação, que se justifica inteiramente. Ela será secreta, minuciosa e responderá de uma vez por todas ao enigma do desaparecimento de Hitler.

O nome dessa operação é "Mito".

Arquivo do Estado Militar da Federação Russa, Moscou, março de 2017

O alarme não toca. O ar continua respirável. Vladimir Korotaev verifica que a ventilação funciona perfeitamente e permite a circulação de oxigênio. O sistema de proteção das salas onde ficam armazenados os arquivos pode parecer arcaico, mas se revela terrivelmente eficaz. Para evitar risco de incêndio, o oxigênio é simplesmente retirado do ambiente toda noite na hora em que os gabinetes encerram o expediente.

Esse mecanismo de segurança será desencadeado em trinta minutos. O alarme vai estrilar e então teremos apenas alguns segundos para desocupar a sala. Vladimir repete essa recomendação várias vezes no labirinto de corredores e elevadores que atravessamos. Assim que ouvirmos o sinal, devemos sair imediatamente. Senão será tarde demais, as portas vão se fechar automaticamente e faltará oxigênio. Uma morte quase certa. Não tem como interromper o processo, algum alarme de emergência?, perguntamos espantados enquanto o seguimos a passos rápidos. "*Niet!*" O tom não dava margem a novas perguntas. Além disso, não nos interessa questionar medidas de segurança dos arquivos.

Nem dar alguma razão a Vladimir para interromper a visita que nos foi concedida.

Teoricamente, não temos autorização para estar naquela parte do Arquivo do Estado Militar da Federação Russa. Minutos antes, Lana conseguira convencer o diretor adjunto a nos deixar ver o sacrário — as salas onde são armazenados todos os arquivos do Exército Vermelho desde sua criação e os butins de guerra do inimigo nazista. Como ela conseguiu? Graças a sua técnica habitual, que pode ser resumida numa simples palavra: "psicologia". Para ser sincero, ela também fez uso de seu sorriso e de um perfeito conhecimento da mentalidade russa. Que botão apertou dessa vez? "É só isso que tem para nos mostrar? Estou um pouco desapontada…" O do amor-próprio. Lana apostou tudo nessa corda sensível tão comum a muitos homens. Vladimir foi pego de surpresa. Ainda estávamos em seu gabinete consultando os últimos dossiês dos prisioneiros de guerra Linge e Günsche. Ele custara a localizá-los nas prateleiras empoeiradas dos arquivos. Um esforço fora do comum para aquele alto funcionário, mais habituado a mandar do que a executar. Da maneira mais amável possível, lentamente, com precisão e obstinação, Lana ficou traçando um sulco até chegar ao nervo e tocá-lo com delicadeza, apenas o suficiente. "Não tem mesmo nenhuma outra peça importante que possa facilitar nossa investigação?" Ela insistiu um pouco mais, de novo e de novo. Vladimir começou tirando os óculos. Esfregou os olhos como que para aliviá-los de alguma dor. Voltar aos arquivos e nos deixar de novo sozinhos com os dossiês não parecia uma boa ideia. Sentindo-o hesitar, Lana aproveitou: "Podemos acompanhar o senhor, se quiser". A proposta lhe pareceu tão absurda que ele não respondeu. Depois, contra todas as expectativas, olhou para o relógio e disse: "Vamos. Ainda temos um tempinho".

Há dois pequenos painéis elétricos vermelhos em cima de uma porta verde blindada. Um está ligado e indica "fechamento automático". O outro, apagado, diz: "Gás. Não entre". Atrás da porta fica a primeira das dez salas de armazenamento do Arquivo do Estado Militar da Federação Russa. Há uma por andar. Dentro, o ar é seco. A temperatura, mais baixa do que nos gabinetes, não deve ultrapassar os 18-19ºC. Lâmpadas imponentes difundem uma luz branca de hospital. Somente uma a cada duas funciona, mantendo um ambiente crepuscular. Estamos no coração do Arquivo do Estado Militar da Federação Russa. Estantes metálicas de dois metros de altura ocupam no mínimo duzentos metros quadrados. Elas estão cheias de grandes caixas de papelão. Dentro, há documentos em papel, quase todos com o carimbo de "secreto". Com no mínimo cinquenta estantes, a sala guarda, sozinha, a bagatela de 5 mil caixas. Um sonho quase sensual para um historiador. Que mistérios se escondem dentro delas, que estão bem aqui, diante de nossos olhos? Os acordos secretos de Stálin com Chiang Kai-shek contra Mao, a Crise dos Mísseis de Cuba, os nomes dos franceses detidos nas unidades da ss... Inúmeros dossiês misteriosos cuidadosamente classificados, ao alcance de nossas mãos. Abro uma caixa ao acaso, vejo folhas batidas à máquina, outras em papel-carbono cheias de esquemas incompreensíveis. Seriam necessários meses e meses para analisar, dissecar e verificar tudo. "Nada foi digitalizado", acrescenta Vladimir em voz baixa. Tantos dramas históricos, sofrimentos e segredos de Estados emanam das estantes que, sem querer, nos pegamos aos cochichos. "Agora vocês entendem melhor por que é tão complicado encontrar os documentos." O sistema de classificação dos arquivos militares funciona à moda antiga: pequenas fichas sintetizam temas, anos e ocorrências de cada caixa, mas sem maiores detalhes. A tarefa se complica quando se trata de documentos em línguas estrangeiras. Como os nazistas. "Nada nos é desconhecido", atenua Vladimir, com uma ponta de irritação diante de nosso espanto. "Nosso acervo histórico não tem nada de novo a nos informar. Todos os documentos secretos foram abertos, ou quase..." Ah, o famoso "quase", que sempre volta ao longo de nossa investigação. As fotos da autópsia de 8 de maio de 1945, dos supostos corpos de Hitler e Eva Braun? Impossível. Oficialmente, não existem. As ordens de Stálin para ocultar a verdade aos Aliados? Idem. Os resultados das análises médico-legais dos corpos? A lista é longa. Vladimir nos ouve e suspira. Nós o cansamos. Chega a hora de deixar a sala. Já se passaram trinta minutos. O gás, o oxigênio, a ventilação — ele enumera as instruções de segurança. É preciso sair. Rápido.

As cinco fechaduras de aço se fecham com um clique forte nos reforços verticais da porta. Vladimir se assegura, girando a maçaneta, de que o ambiente está de fato trancado. Depois, com as chaves no fundo do bolso, aponta para o elevador. Fim da visita. Como esperado, ele tomou o cuidado de deixar os dossiês relativos à Operação Mito dentro da sala de armazenamento, longe de nossos olhares. Os dossiês de Linge, Günsche, Baur e Rattenhuber ainda são confidenciais. Felizmente, conseguimos consultá-los em seu gabinete. Por pouco tempo, é verdade, mas o suficiente para explorar o essencial. Isto é, os anos de prisão, de trabalhos forçados e de tortura. Daqueles obscuros membros da SS que se tornaram os prisioneiros mais procurados pelos vencedores do Terceiro Reich.

A violência finalmente os fará falar? Conseguirá fazer com que confessem, reclamem, delatem? Ninguém resiste por muito tempo à Butyrka, a prisão mais célebre de Moscou. Localizada num distrito central da cidade, ainda é utilizada como centro de detenção provisório. Perto dela, em 1945 o Lubyanka pareceria uma casa de repouso. Suas celas são frias nas noites de inverno e ainda mais insuportáveis nos meses de verão, quando o calor é forte na capital.

No entanto, a prisão não é totalmente desprovida de conforto, embora seus critérios sejam um pouco datados. Do século XVIII, para ser mais exato. Data de sua construção. Originalmente, tratava-se de uma fortaleza militar. Catarina, a Grande, queria se sentir protegida de perto por seus leais cossacos. Ora, como é sabido, eles suportavam muito bem a falta de conforto. Sobretudo porque não ficavam trancados em peças de poucos metros quadrados e, acima de tudo, porque não eram torturados noites a fio por sádicos assassinos. Os sobreviventes do Führerbunker, sim.

Para mais eficácia, todos os prisioneiros implicados de perto ou de longe na morte de Hitler são reunidos na Butyrka no início de 1946. Para tanto, os oficiais do NKVD esquadrinham por semanas os campos de prisioneiros nazistas controlados pelos soviéticos — menos aqueles sob o SMERSH, que continua se recusando a colaborar. Eles procuram testemunhas das últimas horas de Hitler. Pouco a pouco, uma precisa lista de cerca de trinta nazistas é redigida, e a transferência desses homens é permitida.

Depois disso, os prisioneiros são classificados segundo seu grau de importância:

Nível 1: Pessoas que tinham contato direto com Hitler devido a sua função.

Nível 2: A guarda pessoal e o serviço de segurança.

Nível 3: Empregados da Chancelaria imperial.

No nível 1 estão os que recebem toda a atenção dos serviços secretos soviéticos. Eles se beneficiam de um tratamento especial, sobretudo:

Heinz Linge, criado de Hitler, 32 anos, SS-Sturmbannführer (comandante).

Hans Baur, piloto particular de Hitler, 47 anos, ss-Obergruppenführer (general de corpo de Exército).

Otto Günsche, ajudante de campo de Hitler, 28 anos, ss-Sturmbannführer (comandante).

Alguns haviam tentado dissimular sua verdadeira identidade depois da prisão, no início de maio de 1945. Como Linge, criado e homem de confiança do Führer. Preso em 2 de maio de 1945, ele conseguira se misturar à massa de prisioneiros nazistas. "Fui capturado, mas só isso. [...] Ninguém se interessava por mim", escreve em suas memórias. Ele é enviado, ao lado de vários outros soldados alemães, para um campo perto da cidade de Poznan, a leste de Berlim. Interrogado, conta aos soviéticos que não passa de um simples oficial de serviço administrativo. Seu estratagema funciona muito bem até a intervenção de outro homem próximo a Hitler, o aviador Hans Baur. Detido pelo Exército Vermelho e preso no mesmo campo, ele proclama a quem quiser ouvir suas qualidades de general, para ser tratado com respeito. "Além de general, eu era piloto particular de Hitler", repete o dia inteiro. Diante da incredulidade dos soviéticos, Baur tem uma ideia. Ele viu Linge na massa de alemães do campo de prisioneiros. O velho poderia testemunhar a seu favor, pensa. Então chama seus carcereiros e afirma que Linge pode atestar que era de fato piloto particular de Hitler. Linge o conhece, pois trabalhava para Hitler. "Meu disfarce, assim, acabava de desvanecer", conta Linge, contrariado. "Precisei rever todas as declarações feitas anteriormente, nas quais havia mentido, e dessa vez disse a verdade."[12] Ao menos Baur consegue o que quer. Ele é levado a sério e considerado um prisioneiro de primeira importância. Depois, deixa o miserável campo de Poznan, sendo transferido para Moscou e para o Lubyanka. Junto com Linge. Sessões de tortura dignas de suas posições os aguardam.

* * *

Os prisioneiros de Nível 1 são separados uns dos outros. Mas não ficam sozinhos em suas celas. Dividem-nas com outro detento. Um prisioneiro alemão desconhecido. Esses companheiros de infortúnio logo se tornam seus confidentes, os únicos dispostos a apoiá-los e ouvir suas queixas, suas lágrimas, suas fúrias. Eles ouvem mais do que falam, porque são espiões a serviço do NKVD. Estão encarregados de recolher todo tipo de informação e de zelar pelo estado de saúde física e mental de seus "companheiros" de cela. Para não despertar suspeitas, aproveitam os interrogatórios diários dos prisioneiros da SS para fazer relatórios aos superiores.

O agente duplo da cela de Linge, nome de código Bremen, descreve-o em avançado estado depressivo. Ele disse: "Acabem comigo, me matem! Já me torturaram no Lubyanka e continuam a fazê-lo, aqui".

O agente infiltrado é excelente na arte de manejar a resistência do corpo e do espírito do oficial da SS que está sob sua vigilância.

Bremen confirma que Linge se encontra em estado depressivo. [...] Mas o agente pensa que as medidas tomadas terão uma influência positiva sobre Linge e acabarão por levá-lo a colaborar. O agente tem certeza de que Linge conhece e esconde informações secretas importantes. Recebeu ordens de vigiar Linge e de garantir que não se suicide.

Durante os interrogatórios, todo e qualquer ponto fraco é evocado em prol da total colaboração.

O prisioneiro Linge teme que os soviéticos sequestrem sua família, que está na zona alemã sob controle americano, para aprisioná-la em zona russa.

Heinz Linge sem dúvida é a mais importante testemunha de Nível 1. E uma das mais frágeis psicologicamente. Ele não é um combatente nato, longe disso. Seu impecável uniforme escuro de oficial da ss nunca foi sujo de sangue ou de lama num campo de batalha. No máximo terá sido manchado de champanhe ou do vinho húngaro tokaji em algum coquetel oficial regado a muita bebida. O belo uniforme foi brutalmente arrancado por seus carcereiros. Um relatório dos agentes do NKVD detalha:

> *Após ser minuciosamente revistado e obrigado a trocar o uniforme pelos trapos sujos e usados de prisioneiro, Linge chegou à sala de interrogatório completamente deprimido.*

O ss Linge nunca sofrera alguma violência antes. Ao longo de toda a guerra, só convivera com as diatribes verbais dos caciques do regime e com as mudanças de humor de Hitler. As atrocidades que se desenrolavam diariamente na Europa por ordem de seu líder eram para ele conceitos abstratos. O cheiro dos mortos dos campos de concentração e dos campos de batalha, o fedor de vísceras, de excrementos e sangue, o odor da morte, não chegavam aos aposentos atapetados do poder alemão. Como imaginá-los? Como conceber o inacreditável, o desumano, quando ele nunca se viu confrontado a ele ao longo da vida? Linge não sabia. E não queria saber.

Ele desempenhou o papel de criado por dez anos. Com a queda do regime nazista, precisa pagar o preço de sua fidelidade. Um preço alto. Muito alto. O convívio direto e a intimidade com o Führer lhe garantem um tratamento especial. No início de 1946, os soviéticos estão convencidos de que Linge é um personagem-chave, da maior importância. Nada o predestinara a isso, porém.

Heinz Linge tem dezenove anos e trabalha como pedreiro quando se filia ao partido nazista em setembro de 1932. Meses depois, alista-se na Waffen-ss, o ramo militar da organização. Em janeiro de 1935, é selecionado para o "serviço pessoal do Führer", junto com outros soldados. Depois disso não sai mais do lado de Hitler. Ele cuida de seu guarda-roupa, de seus pertences durante as viagens, zela para que outros serviçais administrem bem sua casa. Em setembro de 1939, em vez de ser enviado ao front durante a guerra contra a Polônia, torna-se o único mordomo de Hitler. Os outros dois são reenviados a suas unidades de combate. Linge recebe a patente de ss-Hauptsturmführer, equivalente a capitão, e o título de "chefe do serviço pessoal do Führer". Terminada a guerra, protegido no bunker e sem nunca ter combatido, ganha, por decisão direta do chefe, a patente de ss-Sturmbannführer.

O agente de cela V-III relata que Baur está assustado com as torturas físicas.

Baur tampouco corresponde à imagem do soldado nazista de nervos de aço louvado pela propaganda do regime. Como Linge, o filho de carteiro obteve sua insígnia de general nos salões da Chancelaria do Reich. Vive sua prova de fogo muito jovem, sem dúvida. Em 1915, com apenas dezoito anos, participa da Primeira Guerra Mundial, primeiro como assistente de mecânico na Aeronáutica, depois como piloto. Com seis vitórias homologadas em combate aéreo, obtém o invejado título de "ás" da aviação (para tal, é preciso comprovar ao menos cinco vitórias). Depois da derrota final alemã em 1918, continua no Exército por mais alguns anos. É desmobilizado em 1922 com o grau de tenente e continua a pilotar, mas na aviação civil. Em 1926, integra a recém-criada companhia aérea nacional, a Lufthansa, e se torna comandante de bordo. Seu talento de piloto e seu engajamento no movimento nazista (do qual se torna membro em 1926) lhe garantem um futuro promissor. Enquanto piloto da linha Berlim-Munique, conhece certos passageiros de uniforme escuro, aos quais se associa. Entre eles, um certo Himmler, chefe da SS, que sugere seu nome a Hitler, em 1932. A Alemanha ainda é uma democracia e vive uma campanha eleitoral intensa para a presidência e para cargos legislativos. Há muito em jogo para o partido nazista, o NSDAP. A vitória parece possível. Hitler procura um bom piloto que o transporte de comício em comício para ajudá-lo a vencer as eleições. Baur aceita. A ideia do líder nazista é revolucionária: utilizar a via aérea para se deslocar mais rápido e discursar em várias cidades num mesmo dia. Nenhum de seus adversários fez isso antes. Hans Baur aceita se tornar o Ständiger Flugkapitän und Chefpilot des Führers (comandante de bordo e piloto-chefe do Führer). Ele assiste o chefe em dois momentos. A primeira vez entre 3 de abril e 24 de abril. E de 15 de junho a 30 de junho. O sucesso da campanha é absoluto. O NSDAP se torna o primeiro partido político alemão em número de votos e em número de deputados. Depois de novas eleições legislativas em novembro do mesmo ano e de meses de tratativas, Hitler é nomeado chanceler em 30 de janeiro de 1933. Ele nunca vai se esquecer da preciosa ajuda de Baur. Imediatamente faz dele seu piloto particular oficial e se recusa a ser transportado por qualquer outro. Além disso, confere a ele o grau de coronel da SS. Em 1944, com apenas 47 anos, Baur é nomeado SS-Obergruppenführer (general de corpo de Exército) e Generalleutnant (general de divisão). Apesar das duas patentes, jamais comandará uma unidade militar ou um pelotão policial.

Em 1946, esse duplo general de salão e confidente próximo de Hitler não suporta muito bem o encarceramento nas prisões russas. Sua tentativa de fuga do Führerbunker, na noite de 1º para 2 de maio de 1945, é catastrófica. Gravemente ferido, sua perna direita é amputada na prisão. Um médico alemão, também prisioneiro, o opera. As condições estão longe do ideal. "Não havia bisturi disponível",[13] recorda Baur em suas memórias. "O cirurgião me amputou com um canivete." É mais provável que tenha sido com um serrote.

Psicologicamente frágil e de fato apavorado com as sessões de tortura, Baur não hesita em denunciar os antigos colegas de ss para salvar a pele.

Ele começa a falar no Lubyanka assim que chega a Moscou. Depois de Linge, denuncia o telefonista do Führerbunker, o ss-Oberscharführer (sargento-ajudante) Rochus Misch, que, sessenta anos depois, contará em sua biografia:

> *Fomos transferidos para o Lubyanka, sede da KGB [na verdade, do NKVD, porque a KGB só seria criada em 1954], a polícia secreta. Foi lá, numa das salas do primeiro ou do segundo andar, que sofremos os primeiros interrogatórios. Eles começaram com Baur. Os policiais o machucaram. Depois de certo tempo, Baur disse a seus carcereiros: "Ora, perguntem à pessoa que veio comigo, ela sabe de tudo isso melhor do que eu!".*[14]

A sugestão do piloto não deixa de ter consequências para o sargento-ajudante, que se vê promovido à lista de testemunhas importantes. O curso de seu destino já havia mudado algumas semanas antes, quando se ofereceu para ajudar Baur. O piloto acabara de ser amputado no campo de Poznan. Misch, que havia cruzado com ele várias vezes no Führerbunker, pôs-se à disposição. Trocava seus curativos todos os dias e cuidava de sua alimentação. Em troca, o sargento-ajudante esperava se beneficiar do mesmo tratamento dispensado aos generais nos campos de prisioneiros. Seu raciocínio poderia ter sido válido em zonas controladas pelos aliados ocidentais, mas não pelos soviéticos. Pouco depois, os russos informam que Baur será transferido para um sanatório em Moscou. Lá, garantem, será tratado com dignidade, de acordo com seu título de general. O alemão aceita, mas somente se seu assistente, Misch, puder acompanhá-lo. Baur recorda perfeitamente a cena: "Eu havia obtido o direito de ter um ajudante de campo, um antigo telefonista da Chancelaria do Reich, um caporal [ele era sargento-ajudante] de nome Misch. Com dificuldade, consegui permissão para que me acompanhasse a Moscou. Na verdade, não tenho certeza de que tenha sido vantajoso para ele".[15]

Doce eufemismo. Em vez de ser encaminhado a um sanatório, Baur se vê transferido para a Butyrka. E Misch também. Eles se juntam a Linge, Günsche e Rattenhuber, já instalados em suas celas. Pulgas e baratas às centenas, o frio glacial dos invernos moscovitas, comida quase intragável. As condições deixam o orgulhoso general Baur e seu fiel Misch horrorizados. As humilhações não tardam. Em especial a que consiste em ter que limpar com um mero lenço o chão sujo de urina e fezes. Depois, é a vez das violências físicas, ao longo de intermináveis sessões de interrogatório. Baur não entende o que está fazendo ali. Só pode ser um erro dos soviéticos. É verdade que ele tem o título de general, mas nunca comandou ou ordenou massacre algum. E não conheceu Hitler tão bem assim, insiste em explicar a seus carcereiros. Como prova de sua boa-fé e de sua colaboração, logo denuncia Günsche. Ele, sim, sabe de tudo.

O agente anotou a seguinte declaração de Baur, digna de atenção: "Não sei por que os russos têm certeza de que sei tudo sobre o Führer. Fariam melhor se olhassem para seu ajudante de campo [Otto Günsche], que ficava o tempo todo com ele em seus aposentos".

Os russos não esperaram os conselhos de Baur para se interessar por Günsche. Mas o colosso da SS representa um problema aos investigadores do NKVD. Ao contrário de Linge e Baur, revela-se um homem resistente. Nem mesmo Siegfried, o espião que compartilha sua cela, consegue vergá-lo. Desconfiado e naturalmente quieto, Günsche não lhe revela nada de útil.

Segundo os dados de nossa fonte [o espião], Günsche se absteve de qualquer conversa a respeito da morte de Hitler [...].

Os serviços secretos tentam se adaptar. O agente infiltrado é regularmente substituído; diferentes perfis são escolhidos, na esperança de que algum funcione. Em vão. Günsche não cede e suas declarações não mudam.

Embora o comandante da SS esteja com apenas 28 anos, já tem uma década de serviços sob o uniforme da caveira. Conhece perfeitamente bem os métodos para vencer as resistências dos prisioneiros.

Otto Günsche é filho de um oficial de polícia. Ele se filia à Juventude Hitlerista aos catorze anos e entra para a SS Leibstandarte em 1934, aos dezessete. Essa tropa de choque da SS reúne a elite guerreira do regime; os membros são recrutados sobretudo por seus dotes físicos: é preciso medir no mínimo 1,80 metro (nenhum dos líderes do regime preenche esse critério: Hitler media 1,76; Himmler, 1,74; Goebbels, 1,65), provar uma "pureza racial" desprovida de sangue judeu por várias gerações e, é claro, jurar fidelidade aos princípios nazistas até a morte. No ano seguinte, aos dezoito, Günsche se filia ao NSDAP. O rapaz loiro, forte, de ombros largos e atlético, com 1,93 de altura, logo se faz notar por seus superiores. Não foi nenhuma surpresa que tenha sido selecionado para integrar o grupo da SS responsável pela segurança pessoal de Hitler. Em 1936, aos dezenove anos. Em 1º de março de 1943, torna-se ajudante de campo pessoal de Hitler, função que o obriga a estar ao lado do chefe no dia a dia. Ele participa de todas as reuniões militares e diplomáticas do Führer, anota todas as suas palavras e se assegura da boa execução de suas ordens.

Como Linge, Otto Günsche se torna uma das sombras de Hitler, testemunha privilegiada de seus últimos meses no poder.

Aos soviéticos que o interrogam, ele afirma saber exatamente de que modo Hitler se suicidou. Assim como Linge e Baur. Em 30 de abril de 1945, Hitler vai ao encontro da mulher, Eva Braun, em sua antessala no Führerbunker. Eles se suicidam ali. Pouco depois, os corpos são queimados nos jardins da Chancelaria e enterrados.

No entanto, em certos detalhes, os relatos das três testemunhas não batem. Linge ouve um tiro. Günsche, não. Baur afirma ter se despedido do Führer por volta das seis ou sete da noite, mas os outros dois juram que ele se matou por volta das quatro da tarde. Quem fala a verdade?

Beria não pode errar. Stálin acaba de tirá-lo do comando do NKVD. Em 29 de dezembro de 1945, o primeiro espião da União Soviética é substituído por seu adjunto, Serge Kruglov. Será o prenúncio de uma exoneração, do fim de sua carreira sangrenta? Ele ainda tem voz de mando nos serviços secretos? Stálin aparentemente enfraquece o poder de seu "Himmler" no âmbito da segurança de Estado, setor extremamente delicado. Mas Beria, que acaba de receber o título honorífico de marechal da União Soviética, ainda é indispensável ao complexo equilíbrio de poder moscovita. Uma peça essencial na mecânica da repressão e da vigilância do país. Ele conserva o direito de zelar pelo conjunto dos serviços de segurança na qualidade de membro do Politburo e de vice-presidente do Conselho de Ministros. Nada lhe escapa. Muito menos o dossiê Mito.

Em meados de fevereiro de 1946, os interrogatórios têm início. Os métodos mudam em relação aos do SMERSH em maio-

-junho de 1945. São mais violentos — na verdade, extremamente violentos.

Nada dessa violência transparece na prestação de contas dos investigadores do NKVD. Ou quase nada. Ela pode ser adivinhada nas entrelinhas, quando se presta a atenção nas horas escolhidas para os interrogatórios: ocorrem quase sempre em plena madrugada, entre as onze da noite e as cinco da manhã. Algumas sessões não chegam a duas horas de duração, outras podem se estender por seis horas a fio, ou mais.

Quebrar o corpo e a mente, tornar o adversário vulnerável, destruir suas últimas resistências. Os oficiais dos serviços especiais soviéticos nada têm a aprender com os nazistas. Há anos torturam os "contrarrevolucionários" e demais "inimigos" do povo, aperfeiçoando-se na delicada arte do interrogatório. Fazer incessantemente a mesma pergunta, dia após dia, ou melhor, noite após noite, pode levar um prisioneiro à loucura.

O antigo mordomo de Hitler que o diga.

Investigador Schweitzer. Interrogatório do prisioneiro Linge. Das 3h30 às 5h30, 19 de fevereiro de 1946.
À declaração do investigador, que lhe comunicou que seus depoimentos anteriores haviam sido verificados e considerados incorretos, Linge respondeu que tudo o que havia dito por três vezes ao longo da investigação, e que escrevera em seus depoimentos, correspondia à realidade. Ele não tem mais nada a acrescentar, nem a modificar.

Eis seu resumo da morte de Hitler:

O Führer se retira para sua antessala por volta das 15h45 do dia 30 de abril de 1945. Vai ao encontro de Eva Braun. Linge fica o tempo todo atrás da porta. Alguns minutos depois, ouve um disparo. Vai correndo avisar Bormann, secretário de Hitler. Juntos, eles abrem a porta e constatam a morte do casal. Ele por arma de fogo, ela por envenenamento. Depois os corpos são transportados até o jardim e queimados.

A esperança do prisioneiro Linge de se livrar dos soviéticos com facilidade logo vai por água abaixo. A investigação russa recomeça continuamente. O primeiro encontro com o agente Schweitzer dura apenas duas horas. É um simples aquecimento para o que vem pela frente. Para desgosto do mordomo, as perguntas sobre os últimos dias de Hitler se sucedem.

Sessão com o detento Linge na prisão de Butyrka, das 23h de 19 de fevereiro às 5h de 20 de fevereiro de 1946.
Linge depõe novamente sobre o último dia de Hitler no bunker da Chancelaria imperial, em 30 de abril de 1945.

Seis longas horas repassando a mesma história. Linge aguenta firme e apresenta uma versão idêntica à dos primeiros dias de seu encarceramento, no verão anterior. O interrogatório é feito em alemão. Um intérprete acompanha toda a sessão. As perguntas são retomadas. Dessa vez, indagam se na última hora Goebbels não conseguira convencer Hitler a fugir. Linge ouve e admite que isso poderia ter acontecido. Mas teria sido preciso um tanque para passar pelo paredão de soldados russos que cercavam o bunker, explica.

Sessão do investigador Schweitzer com Linge, das 23h30 de 20 de fevereiro às 4h45 de 21 de fevereiro de 1946.
O detento Linge foi interrogado a respeito das pessoas presentes no bunker da Chancelaria imperial na noite de 29 para 30 de abril de 1945.

Eram 58, segundo Linge. Ele tem certeza disso e o afirma solenemente.

De volta à cela, Linge se gaba ao companheiro das mentiras que conta durante os interrogatórios. O espião Bremen não perde uma palavra e relata tudo aos superiores: "Linge apresenta falsos testemunhos porque sabe que as autoridades russas não podem confundi-lo com suas mentiras. Pela simples razão de que só existem duas pessoas que conhecem as circunstâncias da 'morte' de Hitler: ele e Bormann. E este último está fora do alcance dos russos". À época, continuavam à procura de Martin Bormann. Ninguém sabia se estava morto ou vivo. Na verdade, ele não sobreviveu à tentativa de fuga do bunker em 2 de maio de 1945.

Três noites quase em claro. Linge não consegue mais dormir. Volta exaurido das intermináveis sessões de perguntas e durante o dia os guardas o impedem de pegar no sono. Esse ritmo não está nem perto de desacelerar.

O investigador Schweitzer interrogou o detento Linge das 23h30 de 21 de fevereiro às 4h20 de 22 de fevereiro de 1946.
Durante o interrogatório, Linge respondeu à pergunta sobre o número de pessoas presentes no bunker e corrigiu seu depoimento de 20 de fevereiro de 1946.

Surgem as primeiras brechas no depoimento do criado. As pancadas se sucedem, as ameaças estouram seus tímpanos. Pela primeira vez ele revê as declarações feitas na véspera.

Linge corrige o número de 58 pessoas presentes para doze naquela noite de 29 para 30 de abril de 1945.

Os interrogatórios continuam.

Em 23 de fevereiro, das 12h30 às 16h.

Em 24 de fevereiro, ele tem direito a um descanso.

Em 25 de fevereiro, as sessões noturnas são retomadas. Das 23h30 às 4h.

Em 26 de fevereiro, Linge cede. Uma semana daquele tratamento é suficiente para transformá-lo. Quando vão buscá-lo em sua cela, às onze da noite, ele reage como um demente e começa a gritar. O agente do NKVD registra a cena em seu relatório.

Linge exclama: "Suplico que me matem, tudo menos a tortura. Se não pararem, eu mesmo vou fazer isso". Disseram-lhe que tudo ia melhorar se ele finalmente dissesse a verdade. Linge ficou histérico e gritou: "Digo a verdade em todos os interrogatórios! Não posso inventar outra!". Depois, começou a chorar. Quando se acalmou, o investigador retomou o procedimento e começou o interrogatório.

Os relatórios soviéticos nunca se estendem sobre os métodos utilizados pelos investigadores. Para saber mais, é preciso recorrer aos prisioneiros. Linge relatou detalhes traumatizantes de suas passagens pelos cárceres soviéticos, sobretudo a respeito de violências físicas.

Como eu não disse o que o comissário queria ouvir, fui obrigado a tirar a roupa e a me inclinar sobre um cavalete. Ele me avisou que eu seria moído de pancadas se não "cuspisse a coisa". Nu e humilhado, continuei dando a mesma versão: "Adolf Hitler se suicidou no dia 30 de abril! Queimei seu corpo!". O comissário se virou para um tenente de envergadura impressionante, que segurava um chicote, e ordenou: "Dê a ele o que merece!". Eu urrava como um porco degolado. Ele então me disse com cinismo: "O senhor deve conhecer essa técnica melhor do que nós, pois a aprendemos com a SS e com a Gestapo".[16]

* * *

Hans Baur, já consideravelmente enfraquecido pela amputação, recebe o mesmo tratamento.

Os interrogatórios noturnos se sucedem, com a mesma pergunta recorrente: Hitler está morto?

No início, o piloto alemão tenta manter a compostura. Ele inclusive se queixa da nova prisão e pede para ser reconduzido ao Lubyanka.

O pedido evidentemente é negado. "Está mentindo! Mentindo! Mentindo!", gritam para ele. Desgastado e assustado, Baur confessa estar mentindo. Ele não sabe em relação a quê, mas admite tudo. Tem um único desejo: parar com aquilo.

O sujeito que me interrogava sempre caminhava em amplos círculos a meu redor e quando parava um pouco engolia umas pílulas, aparentemente para se manter acordado. [...] Uma noite recebi um choque terrível. Enquanto me dirigia ao interrogatório, como de costume, meu interrogador gritou na minha direção, triunfante: "Agora o senhor vai nos dizer tudo o que sabe. Em um ou dois dias sua mulher estará aqui. E se o senhor não falar, vamos arrancar a calcinha dela na sua frente. Se não for suficiente, vamos bater nela. E se ainda não for suficiente, vamos transformá-la numa puta".[17]

A ameaça funciona. Cai a máscara do aviador.

Ele não presenciou o suicídio do Führer.

Tampouco a descoberta dos corpos de Hitler e de Eva Braun na antessala do bunker.

Ou a cremação dos dois corpos no jardim.

Por que as repetidas ausências, no momento mais dramático do homem a quem servia com tanto ardor?

Eu estava ocupado demais preparando minhas coisas para tentar fugir dali. Além disso, era extremamente perigoso sair em pleno dia para o jardim da Chancelaria imperial para ver os corpos queimarem. O bairro inteiro estava sob a mira da artilharia.

Baur não tenta mais atribuir certa compostura a seus atos. Ele os apresenta tais como foram, sem artifício algum.

Quanto aos detalhes da morte de Hitler, ele os descobrira muito mais tarde. "No dia 22 ou 23 de outubro de 1945, no campo de prisioneiros de Poznan." Dois guardas da segurança pessoal de Hitler tinham lhe confidenciado tudo.

Baur se apressa a dizer o nome deles: "Bergmueller e Höfbeck".

Os soviéticos ainda duvidam da veracidade das declarações de Baur. Eles sabem que Hitler o encarregara pessoalmente de queimar seu corpo após o suicídio e de se assegurar que ninguém pudesse encontrá-lo. No entanto, Baur não faz nada disso.

Podem confiar nele?

Quando viu Hitler pela última vez?
No dia 30 de abril de 1945, por volta das seis ou sete horas da noite. Ele me anunciou sua intenção de se matar. Depois, saí dos aposentos do Führer para preparar minhas coisas e fugir.
Quando voltou ao bunker?
Duas horas depois. [...] Perguntei aos que estavam ali: "Acabou?". Responderam-me que ele se suicidara com uma pistola militar de 8 milímetros.

As declarações de Baur são absolutamente discordantes daquelas de Linge e de Günsche.

Günsche repete em todos os interrogatórios as mesmas informações. Hitler se matou em 30 de abril de 1945, por volta das quatro horas da tarde. Linge o encontrou. Embora estivesse a

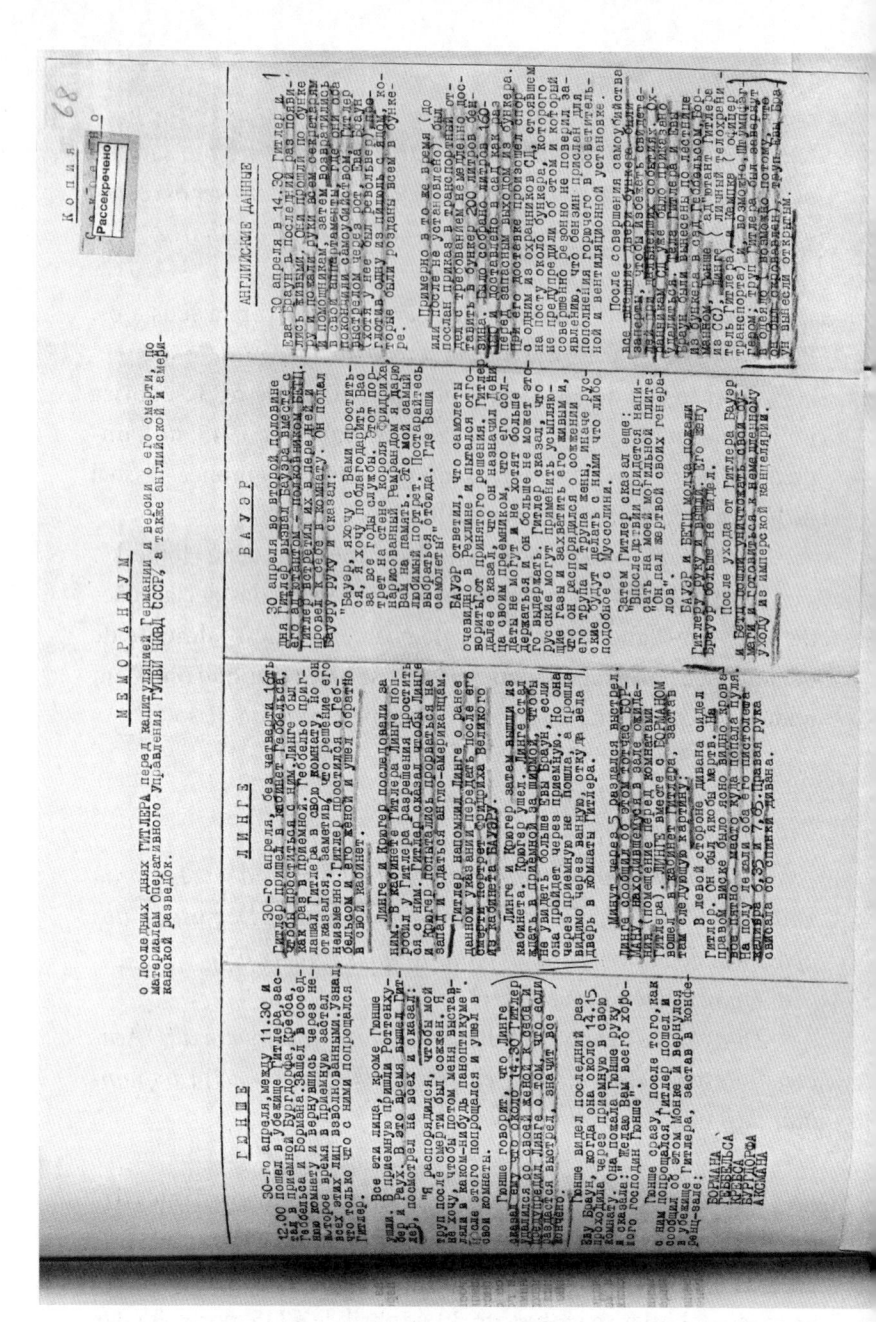

Resumo das diferentes versões da morte de Hitler feito pelos investigadores soviéticos. Da esquerda para a direita, Günsche, Linge, Baur e a investigação anglo-americana. Os soviéticos sublinham as passagens mais importantes (Arquivo do GARF).

poucos metros da antessala de Hitler, Günsche não ouviu nenhum disparo de arma de fogo. Naquele exato momento, no entanto, não havia nenhum barulho no bunker, apenas as vibrações do sistema de ventilação. Como o jovem da ss não teria ouvido a detonação?

Os russos dissecam, analisam e comparam os resultados dos interrogatórios.

Duas diferenças marcantes saltam aos olhos.

A hora do suicídio:

Entre três e quatro horas da tarde para Linge e Günsche.

Entre sete e nove horas da noite para Baur.

A causa da morte:

Por arma de fogo para Linge e Baur.

Incerta para Günsche.

Ao fim de um mês de interrogatórios, é forçoso reconhecer que a Operação Mito não avança. As dúvidas persistem, ou melhor, se multiplicam.

Para os serviços secretos soviéticos, a morte de Hitler continua um mistério.

E o corpo encontrado, seria mesmo do Führer? Se sim, por que os médicos-legistas não viram nenhum impacto de bala no crânio? E se Linge e Baur estivessem mentindo?

QUARTA PARTE

CONCLUSÕES?

Moscou, março de 2017

Temos apenas dois dias. É o que as autoridades russas aceitam nos conceder. Dois dias para efetuar uma perícia científica. A autorização é obtida com muito esforço. "Vocês nunca pensaram em fazer testes científicos nos restos humanos de Hitler? Quer dizer, nos potenciais restos de Hitler?" Alexander Orlov, nosso contato no Ministério de Relações Exteriores, não contava com nossas perguntas, feitas em dezembro de 2016. Ele nos procurara para saber como havia sido a visita aos arquivos do FSB. Esperava ter encerrado as negociações conosco. Os dentes, o crânio e os dossiês confidenciais não tinham sido suficientes? "Queremos certezas definitivas, que não paire nenhuma dúvida..." Alexander já ouvira os mesmos argumentos inúmeras vezes, da parte de jornalistas, historiadores e até cientistas. Testes, com novas tecnologias, sem nenhum dano para o crânio ou para os dentes. Ele fala bem francês. Mas, quando está em situações de estresse, prefere responder em russo. Lana retomou a conversa. Alexander resistiu. Disse que não sabia.

Temos um único objetivo, caro Alexander, acabar com as lendas e os rumores sobre uma possível fuga de Hitler. A Rússia não tem interesse em saber se possui de fato os restos mortais de Hitler? A menos que vocês estejam com medo de ter se enganado por tanto tempo. Só existe uma maneira de encerrar esse capítulo: deixar o especialista em medicina legal Philippe Charlier examinar o crânio e os dentes.

Silêncio.
Sua voz ficou subitamente mais grave.

Entendo. Esperem por uma resposta em breve...

A resposta chega no início de março. "Dois dias. Um dia para cada arquivo. Venham no fim do mês", diz.

Perfeito. Acabamos de receber um sinal verde do Arquivo Militar. Podemos matar dois coelhos com uma cajadada só.

O dr. Philippe Charlier passará esses dois dias conosco. A escolha do legista e arqueoantropólogo francês se impôs naturalmente. Em poucos anos ele construiu a sólida reputação de conseguir resolver mistérios históricos. As vítimas mais célebres da história falam sob seus dedos hábeis. Veneno, arma branca, pistola, nada lhe escapa. Suas conquistas impressionam tanto seus pares quanto o grande público. Em suas mãos passaram os restos mortais de muitos reis, como Henrique IV, Luís IX e Ricardo Coração de Leão, bem como de figuras míticas como Joana d'Arc ou o tribuno da Revolução Francesa, o terrível Robespierre... Charlier também faz questão de publicar os estudos sobre seus "pacientes" nas melhores publicações científicas do mundo. Quarentão, entusiasmado e aguerrido (ele adora viajar para os lugares mais distantes do planeta para exercer sua arte), sabe divulgar a ciência e ao mesmo tempo respeitar escrupulosamente os mais rigorosos princípios científicos. Não surpreende que a mídia o veja como um "Indiana Jones dos cemitérios" e que acompanhe com grande interesse cada uma de suas novas autópsias históricas. O dossiê Hitler não poderia prescindir de sua pessoa.

Dois dias, portanto. Um dia para o crânio, nos arquivos do GARF, e outro para os dentes, vigiados pelos espiões do FSB. O GARF e o TsA FSB, como de costume, se fazem de difíceis e discutem as condições de nosso trabalho. Todos reagem da mesma forma: "Nosso país está repleto de excelentes especialistas em medicina legal. Não precisamos de um estrangeiro". E têm absoluta razão. Um russo realizaria todos os testes com a mesma seriedade, não temos a menor dúvida. No entanto, como estamos preocupados com a neutralidade, o parecer de um cientista estrangeiro se impõe. Para nosso espanto, o argumento é rapidamente aceito. A fim de evitar qualquer suspeita ou uma eventual pressão russa, garantem-nos que somente o médico francês de nossa escolha intervirá. Resta encontrar datas convenientes para todos. São escolhidos os dias 29 e 30 de março.

Moscou, 28 de março. Tenho 24 horas para me assegurar de que tudo estará pronto para a chegada do dr. Charlier. A capital está mais calma que de costume. As muralhas do Kremlin não ecoam a tagarelice dos grupos de turistas. O túmulo de Lênin está vazio de admiradores de múmias comunistas. Na praça há dezenas de policiais, os cassetetes bem visíveis e os gorros cinza regulamentares ornados com a medalha das forças da ordem. Têm o rosto fechado dos que não podem se distrair. Dois dias antes, uma manifestação de opositores do regime reuniu cerca de 10 mil pessoas em pleno centro da cidade. Uma afronta a Putin. O poder reagiu com brutalidade e prendeu setecentos manifestantes. As imagens passaram ininterruptamente nos noticiários do mundo inteiro. A Rússia vem atravessando uma crise político-econômica sem precedentes nos últimos dez anos. O país endurece de tanto se retrair sobre si mesmo. Condições pouco ideais para investigar o dossiê Hitler. Na melhor das hipóteses, as autoridades não terão tempo nem energia para lidar com nossas demandas; na pior, vão recebê-las como problemas. Fico ligeiramente surpreso quando encontro Lana no café onde costumamos trabalhar — ela tem o rosto tenso e o olhar fugidio. Nem precisa abrir a boca, já entendi tudo. Eles acabaram de cancelar! Bem, só o TsA FSB. Sem motivo, sem explicação. Resta o Arquivo de Estado e seu pedaço de crânio. O GARF não mudou de ideia. Ainda não.

A direção do GARF não responde mais. Aguardamos no hall de entrada há uma hora. São três da tarde do dia 29 de março e o avião de Philippe Charlier acaba de aterrissar no aeroporto internacional de Sheremetyevo, a uma hora do centro de Moscou. Ontem Alexander se empenhou pessoalmente em garantir a Lana a agenda. O FSB tinha "adiado" o encontro, mas não o GARF. "Podem ir, eles estão esperando por vocês." Ele disse isso mesmo?, pergunto mais uma vez. Lana suspira. "Foram exatamente essas as palavras que usou." Portanto, a direção do Arquivo de Estado sabe que estamos ali e que um especialista vem especialmente de Paris para examinar a calota craniana que escondem num reles porta-disquetes. Então por que ninguém nos responde? Nem mesmo nossos passes de entrada estão prontos. O horário para ver o crânio é confirmado com o dr. Charlier. Os dentes serão vistos mais tarde, em outro momento. "Quando?", ele se preocupa, com razão. Logo. Pronto, estamos utilizando os mesmos métodos das autoridades russas: imprecisão e esperança. Philippe Charlier logo nos tranquiliza: "Tudo bem, encontrarei tempo quando chegar a hora, não se preocupem. O projeto me interessa muitíssimo, podem contar comigo. Para o crânio está tudo certo, então?". *A priori*, sim. No entanto, estamos espumando de raiva numa sala de espera vazia. A direção teria ao menos sido avisada de nossa chegada? Estaria brincando com nossos nervos, por prazer? Ou aquele seria apenas o retrato da incompetência atávica da burocracia pós-soviética? Uma mulher na casa dos sessenta está abolétada atrás do único guichê da sala. É ela que fornece os passes de entrada. Um cargo muitíssimo importante que lhe confere a perversa liberdade de se desobrigar de todas as convenções sociais. Em suma, essa senhora pode ser tão detestável quanto quiser. E os visitantes do GARF jamais ousarão se queixar. Nesse momento, ela come um kebab e lê uma revista de celebridades sem nos dar a menor atenção. "Ela vai receber por telefone a ordem de preparar nossos documentos", Lana diz, otimista. "É questão de minutos."

Nikolai, o arquivista de tez lívida, finalmente se digna a vir nos buscar. Ele traz nossos salvo-condutos. A senhora terminou o kebab há tempos e está mergulhada na leitura de outra revista. Nem mesmo levanta a cabeça quando saímos da sala. É preciso manter a calma e a cortesia, tudo não passa de um teste. Nada disso é importante, pois o crânio está à nossa espera e vamos seguir com a perícia. Philippe Charlier deve chegar na próxima meia hora. Só temos tempo para verificar se tudo está de fato no lugar.

"O crânio não está pronto?!" Não consigo acreditar no que Nikolai acaba de nos anunciar. Ele confirma com sua habitual despreocupação. Nada foi preparado. Seus olhos opalinos nunca pareceram tão vivos. "Vamos esperar o dr. Charlier para preparar o material", ele continua, enquanto atravessamos o pátio do GARF na direção do prédio da diretoria-geral. "Não começaremos nada antes da chegada dele. E tudo deve ser encerrado antes do fechamento, às 17h30."

Estamos na sala em que o crânio nos foi apresentado no ano passado. Somente a decoração das paredes mudou. No lugar dos cartazes revolucionários de 1917, há uma série de fotografias em preto e branco da família imperial de Nicolau II, o último tsar da Santa Rússia. Devemos ver nisso uma vontade do regime de revalorizar o passado imperialista do país? Não ouso me estender sobre a escolha ideológica diante de Nikolai e menos ainda diante de Dina, que acaba de chegar. A chefe do departamento dos acervos secretos não pensava que voltaria a nos ver. Como sempre, seu humor dita suas maneiras. Nesse fim de tarde, Dina parece contrariada e não responde a nossos cumprimentos. Reconheço a grande caixa de sapatos que guarda os ossos atribuídos a Hitler. Escapa ligeiramente do carrinho de supermercado que sempre acompanha Nikolai e que foi cuidadosamente posicionado na extremidade da mesa. A mesma que utilizamos da última vez, grande e de madeira. "É possível abrir a caixa?", Lana traduz meu pedido. Nenhum dos arquivistas responde. Como se não nos ouvissem ou não entendessem russo. Nikolai acaba reagindo. Sem abrir a boca, ele se instala na frente do carrinho, cruza os braços em sinal de desafio e nos mede de alto a baixo. O encontro começa a ficar estranho. O silêncio pesa. Lana o rompe. "A diretora não vai se juntar a nós?" Preocupados, chegamos a desejar a presença de Larisa. Ao que tudo indica, Dina e Nikolai não aprovam a perícia. Precisamos saber se não passa de um caso de insubordinação, de raiva de dois empregados resistentes à ideia de que estrangeiros manipulem seu "tesouro"; ou se, mais genericamente, a direção do GARF decidiu se opor, a seu modo, ao nosso trabalho.

    Philippe Charlier acaba de nos avisar que está na recepção, diante da senhora das revistas. Ela não quer deixá-lo entrar, é claro. Nikolai aceita se deslocar mais uma vez. Lentamente, muito lentamente, ele arruma o chapéu sobre os escassos cabelos cor de palha, veste o casaco e desce comigo. Imperturbável, recebe o perito francês com um glacial *zdrastvui* (bom dia). Previno o dr. Charlier da complexidade da situação. Falo com discrição, pois o francês ainda é uma língua que muitos russos compreendem por tê-la aprendido na escola. Na época soviética, quase sempre o francês suplantava o inglês como língua estrangeira obrigatória. E Nikolai tem idade mais que suficiente para ter estudado sob a foice e o martelo. "Está bem, dou um jeito", murmura o médico. "Estou acostumado a essas coisas." Até que enfim, ondas positivas. Vindas de Philippe Charlier. Ele acrescenta, quando entramos na sala em que Lana e Dina nos esperam: "Só de ver o crânio já é uma coisa extraordinária".

Acho que sei a que devemos a frieza de nossos interlocutores. Um muito obrigado ao professor de arqueologia Nicholas Bellantoni, ou Nick, de uma universidade de Connecticut, nos Estados Unidos. Ele examinou o crânio em 2009 e declarou que pertencera a uma jovem. Percebemos, desde nosso primeiro encontro, no ano passado, que a aventura com o americano traumatizara Dina e Nikolai. Depois do escândalo, nenhum cientista voltou a se aproximar do crânio. Philippe Charlier é o primeiro. E é vigiado de perto. Nikolai se mantém a poucos centímetros dele, decidido a intervir se necessário. Primeira etapa: observação. O perito francês pega o porta-disquetes onde o pedaço de crânio se encontra. Ele o aproxima do rosto e o examina de todos os ângulos possíveis. Nikolai abre a boca e estende as mãos à frente como num reflexo. Está indignado. Normalmente, é o único autorizado a manipular o pequeno cofre. Dina também faz uma careta para externar sua reprovação. Philippe Charlier nem percebe. Sua concentração está focada nos ossos. Sua atitude absolutamente segura desconcerta os arquivistas russos, que não ousam se opor a ele. Por enquanto… "Primeira informação importante: é impossível determinar o sexo apenas por meio de análise visual." O legista fala sem hesitação alguma. "Se pertenceu a um homem ou a uma mulher, ninguém pode afirmar. Me parece no mínimo arriscado estabelecer um diagnóstico baseado em fragmentos ósseos tão ínfimos. Temos apenas a parte posterior esquerda do crânio à disposição. Essa parte não é determinante para se dizer qual é o sexo.

Sou categórico em relação a isso." Em poucos minutos Philippe Charlier desconstrói parte da teoria de seu colega americano, que afirmara que a estrutura dos ossos, fina demais, frágil demais, não corresponde à de um homem maduro. O francês não tem dúvidas a respeito da falsidade da declaração. "Num esqueleto, o diagnóstico do sexo é feito pela bacia. A partir do crânio, da mandíbula ou do fêmur, é impensável. E seria preciso ter o crânio inteiro. O que não é o caso aqui, longe disso." E quanto à idade? Bellantoni chegara à conclusão de que o crânio pertenceu a uma pessoa entre os vinte e quarenta anos. Hitler tinha 56 anos. Em que o americano se baseara para fazer tal afirmação? "Provavelmente no grau de fechamento das suturas do crânio", cogita Charlier. É isso mesmo. Nas várias entrevistas que concede, o arqueólogo de Connecticut não esconde seu raciocínio. Sua base são as suturas que unem os ossos do crânio. Eis o que Nick Bellantoni disse num vídeo feito pela universidade pública de Connecticut, a UCONN: "Normalmente, ao envelhecer, as suturas do crânio se fecham, mas estas estão bem abertas. Correspondem, portanto, a um indivíduo entre vinte e quarenta anos".[1] Philippe Charlier enxerga perfeitamente as suturas em questão. "Não me arrisco a atribuir uma idade a ossos como estes baseado no afastamento das suturas. Elas variam muito de um indivíduo para outro. Minhas suturas podem estar completamente fechadas, como as de uma pessoa de idade, e as de minha avó poderiam estar abertas no momento de sua morte. Insisto que não se pode atribuir idade ao crânio a partir disso. Principalmente quando só temos um terço dele. A coisa não se sustenta."

"*Niet!*" Dina não está contente. "*Niet!*" Nem Nikolai. Lana argumenta: temos as autorizações. "*Nietttt!*" O dr. Charlier estava prestes a calçar as luvas esterilizadas. Queria que abrissem o porta-disquetes para que ele pudesse pegar o pedaço de crânio. Lana traduziu o pedido com certa agitação. As respostas dos dois arquivistas chegaram cortantes como o inverno siberiano. Não abriremos. Muito menos para um cientista estrangeiro ou para jornalistas. Dina repete a negativa secamente, no limite da grosseria. Negociar não é uma possibilidade. O tom começa a subir. Philippe Charlier intervém com calma: "Não faz mal. Posso continuar observando o crânio, pelo menos?". Nikolai não esperava essa reação controlada. O legista se volta para ele. É uma cabeça mais alto. "Só olhar, não vou tocar." Dina acaba soltando um "*da*". Sim.

"Então continuarei com minhas observações. Usarei todo o meu tempo. Azar o deles se pensavam ir mais cedo para casa." Lana aproveita para fugir para o corredor e ligar para Alexander pedindo socorro. No décimo toque ele atende. Lana compartilha suas angústias: a situação, a recusa, a imposição dos arquivistas. Alexander se aborrece. Responde que não pode fazer mais nada por nós. "Virem-se!" Logo serão seis da tarde. Nikolai consulta o relógio. Bate o pé com impaciência. O perito francês sente a tensão crescer ao redor. Imperturbável, digita no laptop todas as informações que consegue reunir. Serão utilizadas em seu relatório. Fotografias em altíssima definição do crânio e de todos os objetos presentes em cima da mesa completarão seu trabalho e permitirão que sua perícia seja validada. "Orifício vascular [forame parietal unilateral direito], perda de substância estrelada parietal esquerda…" Em seu trabalho, o especialista em mortos não precisa dos vivos que o cercam. Nem mesmo dos arquivistas russos mal-encarados. "Vejam. Isso, por exemplo, é muito interessante…" Ele aponta para um orifício perfeitamente visível no topo do crânio. "Ao que tudo indica, se trata de um impacto de bala. O projétil atravessou a cabeça de um lado a outro e saiu na altura do parietal. Estamos vendo um orifício de saída, não de entrada. Sua forma é característica, em evasê para fora. Sua largura é de aproximadamente seis milímetros. O que não significa que o calibre da munição seja esse. Não posso estabelecer um diagnóstico do calibre a partir do buraco de saída. A bala pode ter se fragmentado ou deformado." Em contrapartida, o que parece incontestável a seus olhos é o momento do tiro. "Foi dado sobre um osso fresco e úmido", ele confirma. O tiro foi dado enquanto a pessoa ainda estava viva, ou pouco tempo depois de sua morte.

A investigação avança em grande velocidade. As marcas escuras no crânio chamam a atenção do legista francês. "Aqui vemos resíduos do local de sepultamento, sem dúvida terra. Também podemos distinguir marcas de carbonização, que provam que sofreu uma prolongada exposição ao calor. Esta pessoa foi queimada em altíssima temperatura." Segundo os sobreviventes do bunker, cerca de duzentos litros de gasolina foram utilizados na cremação. "É perfeitamente coerente", avalia Charlier. "É muito difícil queimar um corpo. Para fazer um cadáver humano desaparecer por completo é preciso utilizar no mínimo cem quilos de madeira ou várias centenas de litros de gasolina. Corpos estão cheios de água. Por isso a heterogeneidade da carbonização."

Nikolai acompanha o que é dito como se compreendesse cada palavra pronunciada em francês. Ele parece relaxar. Uma ponta de admiração surge em seus olhos. Atrás dele, a integralidade do dossiê Hitler repousa no carrinho. Não consigo deixar de consultar mais uma vez os velhos documentos empoeirados. Decifro com facilidade as assinaturas dos dirigentes soviéticos da época. Nomes que se tornam familiares de tantas vezes vistos: Beria, o "primeiro policial de Stálin", Molotov, o diplomata, Abakumov, o espião ambicioso... Procuro um trecho em particular. De um interrogatório de Heinz Linge, o criado de Hitler. O relatório data de 27 de fevereiro de 1946. Foi batido à máquina. Abaixo de cada folha, a assinatura do prisioneiro nazista. Mostro-o a Philippe Charlier.

Pergunta: Narre os acontecimentos que aconteceram em 30 de abril de 1945 no bunker da antiga Chancelaria imperial.
Resposta: Por volta das quatro da tarde, enquanto eu estava no cômodo diante da antessala de Hitler, ouvi um tiro de revólver e senti cheiro de pólvora. Chamei Bormann, que estava no cômodo vizinho. Juntos, entramos na sala e vimos a seguinte cena: à nossa frente, Hitler estava deitado à esquerda no sofá, com uma das mãos pendendo. Em sua têmpora direita, havia um ferimento importante causado pelo tiro de um revólver. [...] No chão, perto do sofá, vimos dois revólveres que pertenciam a Hitler: um Walther calibre 7,65 e outro 6,35. À direita, no sofá, Eva Braun estava sentada com as pernas dobradas. Não tinha nenhum sinal de ferimento por bala no rosto ou no corpo. Ambos, Hitler e sua mulher, estavam mortos.

Pergunta: O senhor se lembra suficientemente bem que Hitler tinha um ferimento de bala na têmpora direita?
Resposta: Sim, me lembro bem. Ele tinha um ferimento de bala na têmpora direita.
Pergunta: Que tamanho tinha esse ferimento?
Resposta: O orifício de entrada era do tamanho de uma moeda de três marcos [Linge declarou em outros relatórios que "era do tamanho de uma moeda de um centavo"].
Pergunta: Qual era o tamanho do orifício de saída?
Resposta: Não vi o orifício de saída. Mas lembro que o crânio de Hitler não estava deformado. Continuava inteiro.

A descrição do ferimento corresponde ao exame visual efetuado por Charlier. Embora, neste estágio, ainda seja impossível determinar a identidade do crânio, os indícios são compatíveis.

Mais do que isso, o testemunho do criado traz novas informações para o legista. Principalmente o fato de o crânio ter permanecido intacto após o disparo. "Se ele realmente atirou na têmpora direita, a saída da bala pelo parietal esquerdo parece lógica. E temos meios de saber se Linge mentiu ou não. Podemos verificar a hipótese de um tiro na boca." Mas como? "Pelos dentes! Se encontrarmos vestígios de pólvora nos dentes ou nas gengivas, teremos um bom argumento a favor de um tiro intrabucal." Os famosos dentes dos arquivos do FSB, que adiara nossa visita.

Dina não aguenta mais, quer ir embora. São 18h30, ultrapassamos em sessenta minutos o horário de fechamento do GARF. "Podemos voltar amanhã e continuar a análise do crânio e das partes do sofá?" Lana não deveria ter perguntado. A velha arquivista se irrita. "Não! Vocês não têm autorização para voltar amanhã. Acabem hoje. Podem ficar mais alguns minutos." Philippe Charlier não entende nada de russo e não faz ideia do que se passa entre as duas mulheres. O tom rude da arquivista sinaliza, porém, que a situação caminha mal. Mesmo assim, ele mantém a calma e se volta para as outras peças do quebra-cabeça dispostas à sua frente. Além do pedaço de crânio, pode analisar as estruturas em madeira do sofá, incluindo os apoios para os braços. E o relatório fotográfico da contrainvestigação de abril-maio de 1946 sobre o suicídio de Hitler. A série de fotografias em preto e branco que vimos no ano passado mostra o local do suicídio e manchas de sangue no sofá e na parede do bunker. "Não podemos falar em manchas de sangue", especifica Charlier com cautela. "A essa altura, só podemos falar em manchas de coloração escura." Mais de meio século se passou e elas ainda se destacam sobre a madeira clara, com certeza pinho, do sofá de Hitler. O desgaste do tempo e as péssimas condições de conservação garantidas pela equipe do

GARF não as apagaram. Se é que se trata de peças autênticas, e não uma manipulação dos serviços secretos russos. Nessa investigação, tudo é possível, inclusive o pior. "Me parece difícil falsificar algo do gênero", avalia Philippe Charlier. "Todas as manchas são idênticas às das fotografias de 1946. Seria uma proeza espantosa conseguir fazer uma cópia como esta." Lana avisa Charlier: "O senhor pode tocar nas peças se quiser, e manipulá-las. Olhe, aqui estão as manchas de...". O legista dá um grito ao ver a jornalista aproximando a mão. "Não! Não toque! Você vai contaminar a prova material com seu DNA." Lana pede desculpa e ri sem jeito. "É exatamente o que não se deve fazer", lamenta o perito francês. "Mas já foi feito inúmeras vezes, imagino. Por isso não espero grande coisa desses pedaços de sofá. Eles não foram bem conservados dentro de um tecido não esterilizado. Ao que tudo indica, a madeira foi manipulada por muitas mãos diretamente, sem luvas de proteção. E sem falar das gotas de saliva dos vários observadores. O único DNA que encontraríamos aqui seria o de poucos minutos atrás. O de Hitler certamente desapareceu há muito tempo." Então, depois de um breve momento de reflexão, ele retoma: "Não há nada a esperar disso aqui. A menos que...".

Enquanto se debruça a uma distância respeitável (ou seja, sem correr o risco de depositar seu próprio DNA ali por meio de minúsculas gotas de suor ou de ínfimas gotículas de saliva) sobre um dos pedaços do sofá, o legista tem outra ideia. Ele se volta para as fotografias da investigação soviética, retornando às provas materiais. O vaivém acelera. O médico pega uma das cadeiras ao redor da mesa e começa uma estranha demonstração. "É muito interessante. Fascinante. Olhem..." Seu entusiasmo contagia até mesmo os dois arquivistas. Eles se aproximam sem pensar, como que hipnotizados. "Imaginemos a vítima sentada nesta cadeira.

Ela acaba de se dar um tiro na têmpora. Sua cabeça cai sobre o braço da cadeira, o sangue escorre de maneira passiva, cai no chão e respinga ao redor." Ele fala rápido, acompanhando sua explicação com gestos amplos. Ferimentos na altura da cabeça sempre sangram em abundância. O sangue deve ter escorrido em quantidade, mesmo nos poucos minutos entre o tiro e a chegada de Bormann e Linge à antessala. Espesso, denso, escuro, ele se espalha pelo chão. Ou diretamente no assoalho, de concreto, ou no tapete. "Isso pouco importa. Há tanto sangue que uma poça se forma e as gotas que continuam a cair respigam no sofá, mas não em qualquer lugar: embaixo dele. Aqui estão esses respingos!" Num dos pedaços do móvel, minúsculas manchas escuras se misturam aos veios naturais da madeira. Dependendo do ângulo de incidência da luz, elas praticamente desaparecem. A cena do crime, ou do suicídio, aos poucos se delineia. A hipótese de Charlier corresponde às declarações das testemunhas? Linge, o criado, e Günsche, o ajudante de campo pessoal, entraram naquela sala e revelaram o que viram aos investigadores soviéticos que os mantinham prisioneiros.

Interrogatório de 26-7 de fevereiro de 1946 do prisioneiro de guerra Linge Heinz, antigo SS-Sturmbannführer.
Linge: Havia muito sangue em cima do tapete, bem como na parede perto do sofá.

Interrogatório do prisioneiro de guerra, SS-Sturmbannführer e criado de Hitler Günsche Otto, 18-9 de junho de 1945.
Pergunta: Quando o senhor entrou pela primeira vez no cômodo em que o suicídio ocorreu e o que viu?
Resposta: Entrei às 16h45. Vi que o tapete do chão estava ligeiramente fora do lugar e que havia uma mancha de sangue em cima dele.

Depois de libertado dos campos soviéticos, em 1955, Linge escreve sobre suas intermináveis sessões de interrogatório nas prisões russas: "Que quantidade de sangue havia no tapete? A que distância dos pés de Hitler a poça de sangue se espalhava? Onde exatamente estava a arma? Que arma foi utilizada? Como e onde ele estava sentado? Essas eram algumas das perguntas repetidas à exaustão a que eu devia responder".[2]

Philippe Charlier pode dar essas respostas. Ou algumas delas, pelo menos. Ele abandona as peças de madeira, inutilizáveis para testes de DNA, e volta ao pedaço de crânio. Pegando a caixa, move-a contra a luz para conseguir ver melhor as manchas escuras que em parte recobrem o osso. "Bem o que eu pensava", diz em voz baixa, como se falasse sozinho. "Não há restos orgânicos do indivíduo. Não há pele ou músculo. Tudo foi queimado. Podemos distinguir com clareza as manchas de carbonização. Elas provam que ele sofreu uma exposição térmica prolongada." Outras marcas também interessam ao perito. "Acredito que estamos diante de restos de terra. Talvez de manchas de corrosão ou ferrugem. Sabem onde esse crânio foi descoberto?"

Graças aos dossiês encontrados nos arquivos, sabemos com exatidão. Voltemos setenta anos no tempo. Mais precisamente, para o dia 30 de maio de 1946. Treze meses depois do suicídio de Hitler, uma nova busca no bairro da Chancelaria, em Berlim, é autorizada. Ela ocorre no âmbito ultrassecreto do dossiê Mito, aberto em 12 de janeiro de 1946 pelo sucessor de Beria nos Assuntos Internos, Kruglov. Equipes de investigadores vindas especialmente de Moscou trabalham no quartel-general do Führer. Elas recebem ordens bastante precisas de seus superiores:

Top secret
APROVADO
Vice-ministro do Interior da União das Repúblicas Socialistas Soviéticas
Coronel-general: I. Serov
16 de maio de 1946

Plano de atividades operacionais de investigação sobre as circunstâncias do desaparecimento de Hitler.

Para esclarecer as circunstâncias do desaparecimento de Hitler, é necessário empreender as seguintes medidas:

I

1. Desenhar um mapa (em escala) da localização da nova e da antiga Chancelaria imperial, bem como dos abrigos (bunkers) de Hitler; fotografar esses locais.

2. Proceder à inspeção interna dos abrigos de Hitler da seguinte maneira:

a) desenhar uma planta baixa da disposição dos cômodos do bunker.

b) fotografar os cômodos que eram ocupados por Hitler e Eva Braun.

c) proceder à inspeção de todos os móveis conservados neles, bem como das paredes, dos assoalhos e dos tetos para uma eventual detecção de vestígios que possam elucidar a questão das circunstâncias do desaparecimento de Hitler.

d) informar-se quanto ao local onde estão hoje os móveis previamente retirados do bunker e examiná-los da mesma forma.

e) a fim de identificar os móveis conservados e indicar o lugar exato de sua localização nos cômodos ocupados por Hitler e Eva

Braun, convém levar ao local Linge, o antigo criado de quarto de Hitler, depois de tê-lo interrogado a respeito.

f) *proceder ao estudo do local da descoberta dos cadáveres de um homem e de uma mulher na saída dos abrigos no jardim da Chancelaria imperial para uma eventual detecção de objetos que possam ser importantes para a investigação.*

3. Informar-se sobre onde estão os objetos pessoais que pertenceram a Hitler e a Eva Braun, mas que foram retirados do bunker. Examiná-los.

II

1. Realizar uma nova autópsia médico-legal dos cadáveres do homem e da mulher descobertos no jardim da Chancelaria imperial nos primeiros dias de maio de 1945 a fim de estabelecer a idade dos mortos, e os sinais e as causas da morte.

2. Para isso será necessário exumar os cadáveres e transportá-los a um local especialmente preparado no Hospital de Buch.

Com base nos resultados das atividades acima descritas e dos materiais recolhidos anteriormente, será preciso conduzir investigações de acordo com um novo plano.

As equipes do Ministério do Interior têm como objetivo principal achar a parte que falta do corpo encontrado em maio de 1945. No relatório da autópsia realizada em 8 de maio de 1945, os legistas notificam a ausência da parte posterior esquerda da cabeça. Em pouco tempo, em maio de 1946, dois pedaços de crânio são desenterrados no jardim, a três metros da entrada do Führerbunker. Exatamente onde os supostos cadáveres de Hitler e Eva Braun haviam sido localizados em 4 de maio de 1945. Um dos pedaços tinha um furo de bala. O fragmento ósseo não seria a peça que faltava ao quebra-cabeça? Nesse caso, a teoria do suicídio por veneno se vê seriamente enfraquecida. E se for verdade que Hitler não se matou com cianeto, mas com um tiro? A descoberta dos dois pedaços de crânio talvez dê um fim às especulações em torno de sua morte. Para isso, basta verificar se os ossos pertencem de fato ao cadáver atribuído a Hitler. Nada mais simples, pois o Ministério do Interior apoia totalmente a investigação. O problema é que o cadáver em questão é zelosamente guardado pelo Ministério da Defesa.

Há alguns meses, o chefe da contraespionagem soviética, Viktor Abakumov, goza de uma impunidade quase absoluta na hierarquia de comando da União Soviética. Stálin fez dele seu novo homem de confiança. Abakumov aproveita para agir como bem entende. Assim, por sua iniciativa, em 21 de fevereiro de 1946 os homens do SMERSH com base na Alemanha mudam de lugar os cadáveres de Hitler, Eva Braun, dos Goebbels (pais e filhos) e do general Krebs, que até então estavam enterrados num bosque nos arredores da pequena cidade de Rathenow. Nenhuma justificativa é apresentada às autoridades soviéticas.

Top secret
ATA
21 de fevereiro de 1946
3º Exército das Tropas Soviéticas de Ocupação na Alemanha

A Comissão [do SMERSH] redige a presente ata estipulando que no dia indicado acima, de acordo com as instruções do chefe da direção de contraespionagem SMERSH do Grupo das Tropas Soviéticas de Ocupação na Alemanha, o tenente-general cam. Zelenine, nos arredores da cidade de Rathenow efetuou-se a exumação de uma vala com os cadáveres pertencentes a:
— o chanceler do Reich da Alemanha, Adolf Hitler,

— sua mulher, Eva Braun,
— o ministro da Propaganda do Reich, o dr. Josef Goebbels,
— sua mulher, Magda Goebbels, e seus filhos — o menino Helmut e as meninas Hildegard, Heidrum, Holdine, Hedwig [somente cinco crianças foram enumeradas; falta Helga, a filha mais velha]
— o chefe do Estado-Maior do Exército alemão, general Krebs.

Todos esses cadáveres, em avançado estado de decomposição, encontram-se em caixas de madeira e foram assim transportados para a cidade de Magdeburg, à sede do departamento de contraespionagem SMERSH, onde foram novamente sepultados. Foram reenterrados a dois metros de profundidade no pátio da Westendstrasse número 36, perto do muro de pedra ao sul do pátio, a 25 metros do muro da garagem da casa a leste.

A vala dos cadáveres foi tapada com terra, alinhada ao nível do solo, e o local ficou com a aparência igual ao do relevo circundante.

Por que mudar de lugar cadáveres tão importantes? Abakumov age assim para manter o controle sobre seu "troféu". O quartel-general do SMERSH em Magdeburg, 150 quilômetros a sudoeste de Berlim, fica assim perfeitamente protegido dos "bisbilhoteiros" do Ministério do Interior. A transferência dos corpos acontece naturalmente. Acima de tudo, eles não podem acabar no hospital berlinense de Buch para uma nova autópsia.

O Kremlin apoia Abakumov, pois passadas algumas semanas ele é nomeado ministro da Segurança de Estado sob o título de general. Depois, membro do comitê do gabinete político do Partido Comunista soviético, encarregado de assuntos judiciários. Com apenas 38 anos, ele se torna não apenas intocável como extremamente perigoso para quem ousar desafiá-lo. Uma posição da qual pretende tirar partido.

A solicitação da equipe do dossiê Mito para fazer nova autópsia dos cadáveres transferidos para Magdeburg é rejeitada pela contraespionagem sem nenhuma justificativa. No entanto, as diretivas do Ministério do Interior são bem claras. O tenente-coronel Klausen, encarregado da investigação em Berlim, viaja com uma ordem de missão que acredita ser suficiente.

Maio de 1946
Top secret
Ao chefe adjunto do Departamento Operacional do Gupvi, MVD [Ministério do Interior], URSS, tenente-coronel Klausen

Receba essas ordens como prioridade. Deve partir para a cidade de Berlim sob o comando do tenente-general Serov para a execução da missão especial do Ministério do Interior da União das Repúblicas Socialistas Soviéticas.

Pedimos a todas as organizações militares do MVD e à administração soviética de ocupação que apoiem o tenente-coronel Klausen de todas as maneiras possíveis, desde sua chegada ao destino até seu retorno a Moscou.

Ministro adjunto do Interior da União da RSS
Tenente-general Chernyshov

Essa ordem de missão não impressiona os agentes do SMERSH, que dependem do Ministério da Defesa e não se preocupam com outros. Por causa de sua recusa, ninguém jamais poderá comparar os dois fragmentos de crânio aos restos do cadáver masculino. Nem em 1946 nem em qualquer outro ano. Jamais. Na primavera de 1970, todos os corpos enterrados em Magdeburg e controlados pela contraespionagem são definitivamente destruídos. Uma decisão tomada na mais alta esfera do Estado por um certo Andropov, futuro dirigente da União Soviética (de 1982 a 1984). Em 1970, Andropov ocupa um posto-chave na grande nebulosa dos serviços secretos do país. Ele é o todo-poderoso "presidente do comitê da segurança de Estado junto ao Conselho de ministros da União Soviética". Ou seja, comanda todos os espiões soviéticos. Nenhuma operação "especial" é decidida sem seu consentimento. Como a que recebe o nome de Operação Arquivo.

Objetivo: Retirar e *destruir fisicamente os restos* enterrados em Magdeburg em 21 de fevereiro de 1946 da cidade militar Westendstrasse perto da casa n. 36 [hoje Klausenerstrasse] pertencente *aos criminosos de guerra.*

Por que ordenar, 25 anos depois da queda do Terceiro Reich, a destruição desses esqueletos? O Kremlin teme que algum dia o segredo de Estado seja revelado e que o corpo de Hitler, caso seja o corpo de Hitler, caia nas mãos dos ocidentais? Ou, mais singelamente, o poder soviético deseja virar uma página já superada e se livrar de uma vez por todas de inimigos vencidos? Moscou não precisa justificar seu ato, pois ele é secreto.

Um coronel do departamento especial da KGB dirige essa missão extremamente delicada e confidencial. No início dos anos 1970, a Europa está no centro de grandes tensões geopolíticas. A zona alemã sob administração soviética havia declarado, em 1949, sua independência do resto da Alemanha. Assumia o nome de República Democrática Alemã (RDA) e obedecia às ordens de Moscou. É a época do mundo bipolar (de um lado, o capitalismo dominado pelos Estados Unidos; do outro, o comunismo dirigido pela União Soviética) e do medo de uma Terceira Guerra Mundial. Oficialmente, Moscou continua a negar a posse do corpo de Hitler. A Operação Arquivo intervém nesse contexto geopolítico complexo. O segredo precisa ser absoluto. Como de costume, o Kremlin desconfia de todos, em primeiro lugar de seus próprios homens. Instruções precisas são dadas nesse sentido.

Para a execução da operação, é necessário proceder da seguinte maneira:

1. Dois a três dias antes do início dos trabalhos no local do sepultamento, os homens do pelotão de proteção do DS [Departamento Especial] da KGB devem instalar uma tenda cujo tamanho permita efetuar sob sua cobertura as atividades previstas pelo plano de ação.

2. A proteção dos arredores da tenda, depois de sua instalação, deve ser efetuada por soldados e, durante a execução dos trabalhos, pelo pessoal operacional especialmente dedicado à Operação Arquivo.

3. Organizar um posto dissimulado para a supervisão da casa próxima ao local da operação e habitada pela população local, a fim de detectar alguma eventual observação visual. No caso de descoberta de tal observação, tomar medidas para neutralizá-la a partir da situação real.

4. Efetuar as escavações à noite, colocar os restos encontrados em caixas especialmente preparadas, evacuá-las em veículos dos regimentos de sapadores-mineiros e de blindados do GSVG [Grupo das Forças Soviéticas na Alemanha] para a região do lago "podre" (Fall See) [distrito de Magdeburg], onde serão queimados e suas cinzas, atiradas no lago.

5. Documentar a execução das atividades indicadas no plano através da redação de documentos:

a) certidão de exumação (indicar na certidão o estado das caixas e de seu conteúdo, o procedimento da colocação deste último nas caixas preparadas);

b) certidão de incineração do conteúdo sepultado.

As certidões devem ser assinadas por todos os agentes operacionais acima enumerados [...].

6. Depois da retirada dos restos, o local do sepultamento deve ser deixado em seu estado original. A tenda deve ser retirada após 2-3 dias da realização dos grandes trabalhos.

7. A "lenda de cobertura": visto que a operação será efetuada numa cidade militar à qual é vedado o acesso da população local, a necessidade de uma explicação das causas e da natureza dos trabalhos pode surgir apenas da parte dos oficiais, dos membros de suas famílias e dos funcionários civis do Estado-Maior do Exército, residentes no território da cidade.

Justificativa da "lenda": os trabalhos (instalação de tendas, escavações) são efetuados para fins de verificação dos depoimentos de um criminoso detido na URSS, segundo o qual preciosos documentos de arquivo podem estar nesse lugar.

É raro poder consultar um documento como este nos serviços secretos soviéticos. Embora tenha sido redigido há mais de setenta anos, ele ainda é confidencial. Não por acaso é conservado, hoje, nos arquivos do FSB (antiga KGB). Ele nos revela o funcionamento interno de uma operação especial com a utilização de "lendas", histórias criadas para dar uma cobertura verossímil aos espiões. O surpreendente, nesse caso, é que a "lenda" deve enganar os próprios soldados da União Soviética.

A Operação Arquivo foi oficialmente levada até o fim. Os supostos corpos de Hitler e de seu círculo mais próximo (Eva Braun, os Goebbels e o general Krebs) foram definitivamente destruídos. Esta ao menos é a versão dos serviços secretos soviéticos, ainda hoje confirmada pelas autoridades russas. Eis a cópia integral desse relatório:

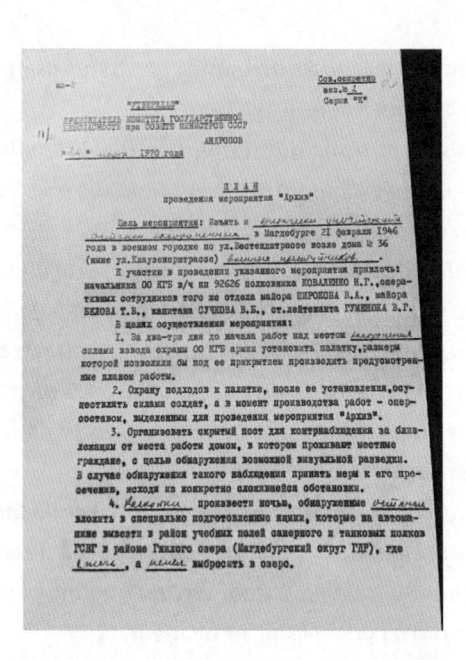

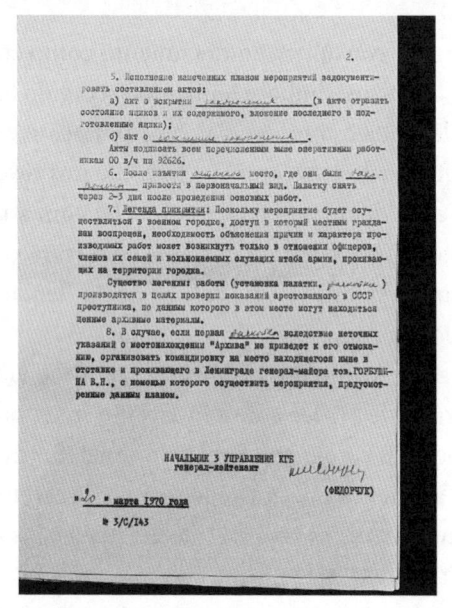

Ordens de missão da operação secreta Arquivo, da KGB, a respeito da total destruição dos corpos de Hitler e Eva Braun, de 26 de março de 1970. Documento guardado nos arquivos do FSB em Moscou.

Top secret
Exemplar único
Série K

v. Magdeburg (RDA)
u.m [unidade militar] n. 92 626
5 de abril de 1970

ATA
(sobre a destruição física dos restos de criminosos de guerra)
Segundo o plano da Operação Arquivo, o grupo especial composto pelo chefe da Unidade Especial da KGB junto ao Conselho dos Ministros da URSS u.m n. 92 626, o coronel Kovalenko N. G. e de militares da mesma unidade, o comandante Chirokov V.L. e o tenente-chefe Gumenuk V. G. em 5 de abril de 1970 realizou a combustão dos restos de criminosos de guerra, que foram retirados do local de sepultamento dentro da cidade militar Westendstrasse perto da casa n. 36 [hoje Klausenstrasse].

A destruição dos restos ocorreu por combustão destes numa fogueira acesa num terreno baldio perto da cidade de Schönebeck, a onze quilômetros de Magdeburg.

Os restos foram incendiados, reduzidos a cinzas com carvão, coletados e atirados no rio Biderin, o que é confirmado pela presente ata.

Chefe da Unidade Especial da KGB u.m n. 92 626

Assim como na época do SMERSH e do NKVD, as disputas entre os departamentos administrativos russos continuam. A bandeira muda, mas a mentalidade não. Nossa autorização para fazer uma perícia no crânio, por exemplo, vai acarretar algum ônus aos dois arquivistas do GARF? Philippe Charlier consulta as fotos do

Exemplar único do relatório sobre o sucesso da missão Arquivo conduzida pela KGB, datado de 5 de abril de 1970 e guardado nos arquivos do FSB em Moscou.

jardim da Chancelaria, tiradas em maio de 1946, quando os fragmentos de crânio foram desenterrados. Um amontoado de destroços metálicos recobre o solo violentamente revirado pelos tiros de artilharia da Batalha de Berlim. Uma pequena cruz traçada a lápis sobre a foto indica o lugar exato onde os dois pedaços de crânio foram encontrados. Bem na frente da entrada do bunker. Foi muito mais tarde que os cientistas russos reuniram esses dois fragmentos para formar um só. Hoje arquivado na sede do GARF.

"Então os ossos estavam enterrados sob os escombros, em meio a vários objetos de metal... Essa é uma informação importante. Quanto tempo esse pedaço de crânio ficou embaixo da terra?" Cada informação tem sua importância particular. "Enterrado por mais de um ano nesse lamaçal ferroso? Corresponde. Em todo caso, o cenário não é excludente", reflete o cientista francês. "Em suma, os pedaços de crânio que temos diante dos olhos apresentam todas as características de um sepultamento prolongado em solo corrosivo."

Isso em relação aos pontos positivos. Quanto aos pontos negativos... "Não foi para manipular o crânio sob a supervisão de vocês que viemos?" Philippe Charlier tenta convencer os arquivistas. Dina não quer se pronunciar. Ela consulta Nikolai, que responde guardando a caixa com o pedaço de crânio. "Outro dia", diz, sem nos encarar. Quando? Amanhã? Logo? Dina toma a palavra. "Não sabemos se teremos tempo de receber vocês. Precisam de uma nova autorização." Mas nós a temos!, Lana insiste. Nikolai sai com o carrinho. Está quase fugindo pelo corredor. São oito horas da noite. Abusamos da paciência dos dois.

Berlim, 30 de maio de 1946

A Operação Mito está ameaçada. A grande contrainvestigação sobre a morte de Hitler se depara com um obstáculo de peso: o Ministério da Segurança de Estado da União Soviética (MGB), dirigido por Victor Abakumov. Seu representante na Alemanha, o tenente-general Zelenine, ordena que seus serviços se oponham frontalmente aos homens enviados a Berlim pelo Ministério do Interior (MVD). Os investigadores não esperam tal hostilidade. Precisam se render às evidências: o ministro deles, Serguei Kruglov, não é importante o bastante diante do homem de confiança de Stálin, o perigoso Abakumov. Quase cinco meses de investigações e interrogatórios minuciosos para chegar a isso... A descoberta dos dois fragmentos de crânio na frente do bunker de Hitler parecia tão promissora...

Os prisioneiros nazistas que testemunharam os últimos momentos do Führer também sentem algo estranho no ar. Sete são transferidos de suas celas moscovitas para Berlim. Entre eles, o conhecido trio mais íntimo de Hitler: Heinz Linge, o criado, Hans Baur, o piloto, e Otto Günsche, o ajudante de campo. O único ausente é o general Rattenhuber. Por um bom motivo: está nas mãos do MGB. Desconfiados de que seus colegas do Ministério da Segurança de Estado responderiam com uma negativa, os homens do ministério do Interior nem chegam a solicitar a transferência de Rattenhuber para Berlim. Assim, as últimas testemunhas da morte de Hitler, desfalcadas de Rattenhuber, são enviadas à capital alemã no dia 26 de abril de 1946. Todos são arrancados da prisão de Butyrka e atirados num trem especial, rumo à cidade de Brest, antiga Brest-Litovsk, no extremo oeste da União Soviética, perto da fronteira polonesa. Dali, pegam outro comboio ferroviário secreto até Berlim. A viagem dura mais de uma semana. Para evitar o contato entre os detentos, cada um é isolado num vagão e ignora a presença dos outros. Linge descreverá, ao sair dos campos soviéticos, a viagem pouco confortável: "Mais ou menos um ano depois do fim da guerra, fui jogado num vagão sem janelas e transportado como um animal até Berlim".[3] Hans Baur, por sua vez, menciona a qualidade da comida. "Viajamos por nove dias e, durante esse tempo, nossas rações diárias consistiram num pouco de água salobra proveniente da locomotiva, meio arenque seco e uma libra de pão. Chegamos a Berlim esfomeados."[4]

Na capital alemã, eles são logo enviados à antiga prisão feminina de Lichtenberg. "Pensávamos ter experiência em condições ruins de detenção, mas a prisão de Berlim-Lichtenberg, dirigida pelos russos, superava qualquer outra", queixa-se Baur. "Os guardas eram sádicos, sentiam prazer em bater nos prisioneiros. Um dia, a porta da minha cela se abriu e fui espancado até ficar semiconsciente no chão. No fluxo de dor que me invadia, pensei ouvir que me censuravam por ter sentado na beira da cama."[5] Não é por acaso que os espancamentos e as humilhações continuam durante a estada dos antigos ss em Berlim. Os agentes soviéticos recebem ordens de manter pressão total sobre os prisioneiros, a fim de quebrar eventuais resistências psicológicas. Eles precisam ser convencidos a colaborar incondicionalmente, pois estão ali para encerrar um dos últimos mistérios do pós-guerra: a identificação do corpo do Führer. Um oficial soviético pede a Baur para se manter preparado. "Ele me disse que os corpos de Hitler e de sua mulher não tinham sido completamente queimados e estavam em bom estado, e que eu fora enviado a Berlim para identificá-los." Mas nada acontece conforme o previsto. No último momento, tudo é cancelado. "Na verdade, nunca fui chamado para examinar corpo nenhum", escreve o piloto. E por uma boa razão: Abakumov, o ministro da Segurança de Estado, se opõe.

O que fazer? O grupo do Ministério do Interior deve voltar para Moscou e confessar a Stálin sua incapacidade de levar a cabo a missão? Kruglov, e por meio dele Beria, nunca aceitariam. É preciso contornar o "muro" erguido por Abakumov e seguir com as investigações. Sem acesso ao cadáver, a equipe da Operação Mito se volta aos prisioneiros trazidos de Moscou. Os investigadores sabem estar jogando suas últimas cartas. Em poucos dias precisam redigir o relatório definitivo e enviá-lo ao mais alto-comando do Kremlin. A carreira deles está em jogo. Sem demora, organizam novos interrogatórios e acareações entre testemunhas-chave, bem como reconstituições no bunker. Os prisioneiros são convocados. Em meio à urgência, os relatórios são redigidos em alemão e à mão. Como sempre, o austero e marcial Günsche não se deixa intimidar. Verdadeiro ss habituado ao combate, o ex-ajudante de campo de Hitler mal abre a boca.

Pergunta: Durante os interrogatórios anteriores, o senhor fez uma série de declarações contraditórias e inexatas a respeito do suposto suicídio de Hitler. Mais uma vez o juiz de instrução exige depoimentos verídicos e autênticos em que o senhor se comprometa a dizer a verdade.

Resposta: Desejo que toda a verdade a respeito do suicídio de Hitler possa ser tornada pública e não tenho motivo algum para confessar ao juiz de instrução qualquer inexatidão ou mentira. Minhas declarações anteriores correspondem à verdade. Foram feitas com toda a boa-fé.

Linge, o criado, responde da mesma forma que Günsche:

Afirmo que minhas declarações feitas em Moscou em fevereiro e março deste ano correspondem à realidade dos fatos.
Afirmo que Hitler está morto e que morreu nas circunstâncias já mencionados por mim: em 30 de abril de 1945, ele se suicidou no bunker que se encontra embaixo do jardim da Chancelaria do Reich com um tiro de revólver na cabeça, suponho que na têmpora direita.

Quando chega a vez do general de aviação Hans Baur, aparentemente mais tenso, ele se revela muito mais eloquente:

Pergunta: Suas declarações a respeito do destino de Hitler em fevereiro e março deste ano são contraditórias e mentirosas. Esperamos suas declarações sinceras sobre essa questão.
Resposta: Eu só disse a verdade. Afirmo que Hitler se suicidou com Eva Braun em seu bunker sob a Chancelaria, em 30 de abril de 1945. Isso aconteceu da seguinte maneira: duas horas depois de me despedir de Hitler, voltei ao bunker. Estava cheio de fumaça de cigarro, o que me deixou espantado, porque não era permitido fumar perto de Hitler. O dr. Goebbels, o Reichsleiter Bormann, o tenente-general Rattenhuber e cerca de quinze a vinte membros da SS conversavam nervosamente. Logo me dirigi ao dr. Goebbels, a Rattenhuber e a Bormann, que estavam juntos, e perguntei se já havia terminado. "Com certeza (Jawohl)", responderam. "Onde estão os restos mor-

tais?" "Já estão lá em cima e queimam." Ouvi um membro da SS acrescentar: "Ele já foi cremado". Perguntei ao general Rattenhuber como Hitler se matara. "Com uma pistola de 0,8", ele disse.

Os investigadores sabem que não poderão interrogar Rattenhuber, os homens de Abakumov nunca aceitariam. Por sorte Baur era um homem frágil e fisicamente enfraquecido. Ele não se recuperara da perda da perna direita depois da tentativa de fuga do bunker no início de maio de 1945. Seu estado psíquico não estava em melhores condições. Os "espiões" soviéticos com que dividiu a cela relatam a degradação mental do aviador. Para os oficiais russos, Baur está pronto. Se existe algum segredo em torno da morte do ditador, ele dificilmente poderá escondê-lo. Para fazê-lo falar, plantam mentiras com o intuito de colher verdades.

Pergunta: Dispomos de documentos que atestam que, no final de abril de 1945, Hitler não estava mais em Berlim. Por isso consideramos suas declarações uma recusa a dizer a verdade e queremos que diga a verdade.

Resposta: Isso é pura mentira. Despedi-me pessoalmente dele logo antes de sua morte. Foi no dia 30 de abril de 1945, entre seis e sete horas da noite [Baur é o único a indicar esse horário. Segundo Linge e Günsche, Hitler teria se matado por volta das três da tarde]. *Fui chamado para junto do Führer com o coronel Betz* [segundo piloto particular de Hitler, morto pelos soviéticos no início de maio de 1945 enquanto tentava fugir do bunker]. *A possibilidade de ter falado com outra pessoa que não o verdadeiro Hitler está fora de questão. Eu o conhecia bem demais para que pudessem me apresentar alguém que se passasse por ele.*

Sem saber, Baur coloca o dedo numa das principais dúvidas dos investigadores russos: a tese do sósia.

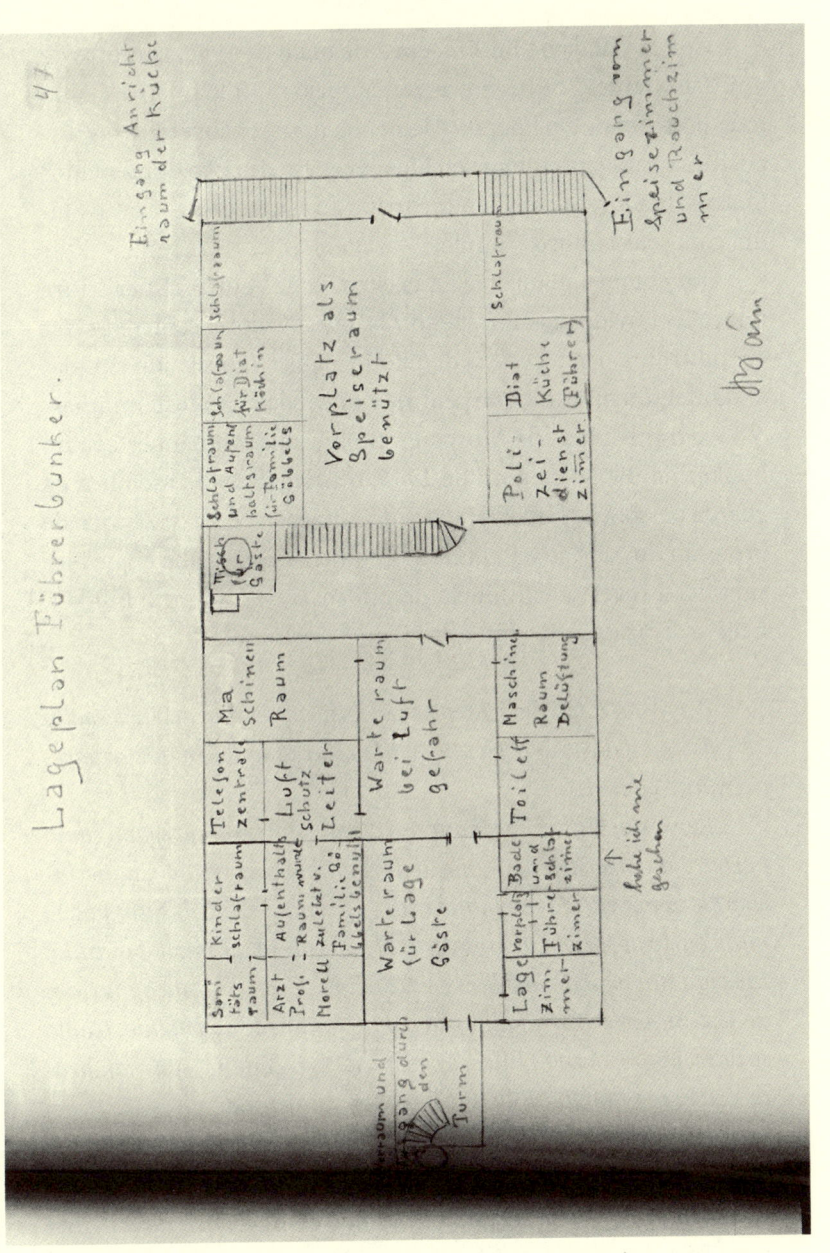

Desenho do Führerbunker realizado por Hans Baur por ordem dos investigadores soviéticos. Embaixo, à direita, ele afirma nunca ter entrado no quarto particular do Führer (arquivos do GARF).

Com a queda de Berlim, em 2 de maio de 1945, rumores de um "falso Hitler" começam a circular pelo mundo inteiro. Como todo bom ditador, o líder da Alemanha nazista não teria a sua disposição sósias para tomar seu lugar em caso de risco de atentado? Outros ditadores já haviam recorrido ao estratagema. Como Stálin, com seus famosos "duplos".

No entanto, Baur nega a existência de "outro Hitler". Jura nunca ter ouvido falar a respeito. Os investigadores sentem prazer em destruir a parca certeza do piloto. Hans Höfbeck, um simples ss-Untersturmführer (sargento), é outra das sete testemunhas-chave transferidas de Moscou a Berlim. Ele também estava no bunker no dia 30 de abril de 1945, na qualidade de membro da guarda pessoal de Hitler. Havia sido nomeado chefe do serviço de proteção dos abrigos do Führer. O que Baur não sabe é que esse suboficial revela a existência de um sósia de Hitler no bunker. Uma acareação entre Höfbeck e Baur é organizada.

Pergunta a Höfbeck: Repita as declarações que deu a respeito da existência de uma pessoa na Chancelaria do Reich que se parecia muito com Hitler.

Resposta: Havia na Chancelaria um homem empregado como porteiro do ministro do Reich, o dr. Lammers, chefe da Chancelaria. Ele tinha certa semelhança com Hitler [...]: cabelos um pouco mais curtos sobre as têmporas e bigode preto. O nariz pontudo. Mas era um pouco mais baixo e franzino. Usava o casaco marrom de seu uniforme de trabalho, da cor do uniforme do partido. Como se parecia com Adolf Hitler, às vezes, de brincadeira, seus camaradas o chamavam de "Führer".

Vi esse homem pessoalmente. De longe, parecia Hitler, mas de perto constatávamos o engano. Não sou capaz de dizer seu nome.

Pergunta a Baur: O senhor negou a existência de uma pessoa parecida com Hitler na Chancelaria. O que pode dizer a respeito da declaração feita por Höfbeck em sua presença?

Resposta: Não estou a par de nenhum empregado da Chancelaria parecido com Hitler. Segundo as declarações do tenente-general Rattenhuber feitas na minha frente, existe em Breslau um homem que se parece com o Führer. Isso me foi dito há dez ou doze anos. Mas nunca vi esse homem pessoalmente.

Os russos só pensam em se assegurar de que os nazistas não encenaram uma falsa morte do Führer, queimando um sósia. As negações de Baur não bastam para convencê-los. Para estabelecer a autenticidade do corpo encontrado em maio de 1945 no jardim do Führerbunker, tentam descobrir o maior número de detalhes físicos de Hitler. Identificar o cadáver de Josef Goebbels não fora problema. Com sua malformação física bastante reconhecível (a perna direita era vários centímetros mais curta devido a uma osteomielite na infância), era impossível contestar. O Führer não tinha nenhuma particularidade dessa natureza. Naquele mês de maio de 1946, não foi apurada nenhuma malformação conhecida. Mas quem poderia saber? Talvez seu círculo mais íntimo conhecesse algum detalhe que mudasse tudo.

Hans Baur é interrogado nesse sentido:

Pergunta: O senhor sabe de algum defeito físico de Hitler ou de algum sinal particular?
Resposta: Não sei de nenhum defeito físico de Hitler. O que sei é que, durante a [Primeira] Guerra Mundial, ele foi vítima de intoxicação por gás. Quanto a ferimentos, não sei de nada. Aparentemente, depois do envenenamento por gás ele foi obrigado a seguir um regime alimentar especial e se tornou estritamente vegetariano. Por outro lado, Hitler usava uma prótese dentária.

Günsche dá a mesma resposta aos oficiais soviéticos: ele não sabe de nenhuma particularidade física.

Em suas próprias palavras, Hitler sofria de uma doença nervosa desde meados de 1944, que se notava pelos tremores de seu braço esquerdo. Não tenho conhecimento de outras insuficiências físicas. Sei que tinha ferimentos da guerra mundial de 1914-8, quando sofreu asfixia por gás. Não sei de nenhum outro.
Pergunta: Sabe o tipo sanguíneo de Hitler?
Resposta: Não, não sei o tipo sanguíneo de Hitler.

Enquanto Baur e Günsche são submetidos a baterias de perguntas em salas secretas, Linge recebe tratamento especial. Como foi o primeiro a ver o corpo de Hitler na antessala, pedem-lhe para contar mais uma vez, com todos os detalhes, o que ele presenciou em 30 de abril de 1945. Dessa vez, porém, o relato é feito no local, dentro do bunker. Assim, qualquer incoerência poderá ser desmascarada. Ele é conduzido às ruínas da Nova Chancelaria do Reich, onde vários oficiais russos estão a sua espera, como o marechal Sokolovski, comandante em chefe da zona de ocupação soviética na Alemanha.

Trouxemos o senhor aos abrigos situados abaixo da Chancelaria imperial, aos cômodos ocupados por Hitler. Eles são idênticos no mobiliário e na decoração à época de Hitler?
Linge: Sim. O mobiliário que me foi apresentado hoje é igual ao utilizado por Hitler nas salas que ele ocupou nos abrigos situados abaixo da Chancelaria imperial. Entre os objetos desse mobiliário, há particularmente os que vi no antigo quarto de Hitler: um armário simples de madeira clara e um cofre resistente ao fogo, bem como, em seu antigo gabinete de trabalho, um sofá e uma escrivaninha na mesma madeira do armário. O sofá era revestido com um tecido azul-claro com estampa de flores. O sofá e a escrivaninha estão no mesmo lugar que ocupavam quando Hitler vivia nos abrigos, isto é, o sofá está encostado na parede à frente da por-

ta de entrada e a escrivaninha está encostada na parede oposta, à direita da porta.

A fim de tornar seu relato mais claro, Linge é convidado a desenhar a planta dos aposentos de Hitler. O criado trabalha com esmero.

Depois da visita de Linge, o gabinete de Hitler é invadido pelos criminalistas soviéticos. Eles buscam indícios e, acima de tudo, sangue. Um homem entre eles aproveita todo o tempo para trabalhar. É Piotr Sergeevich Semenovski, um médico de 64 anos e referência na União Soviética. Diplomado pela prestigiosa Universidade de Tartu, na atual Estônia, perfeitamente fluente em alemão, ele goza de considerável prestígio em seu país. É o pioneiro da criminologia científica na União Soviética. Seu renome ul-

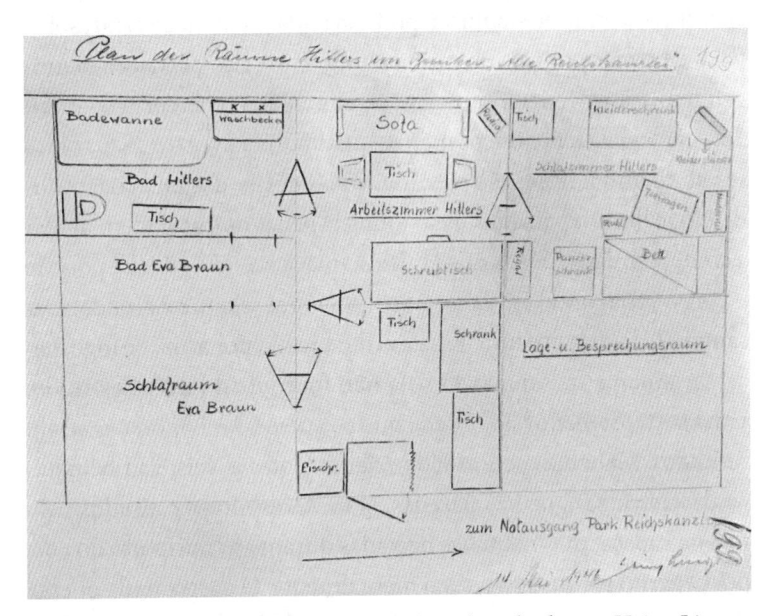

Planta dos aposentos de Hitler no bunker, desenhada por Heinz Linge a pedido dos investigadores soviéticos (arquivos do GARF).

trapassa as fronteiras, tendo sido eleito membro honorário do Instituto Internacional de Antropologia de Paris. Brilhante, eficaz e conhecido pela personalidade forte, também é o autor de um método de classificação de digitais. Seus trabalhos são muito apreciados pelo regime soviético, preocupado em fichar seus cidadãos da melhor maneira possível. Quando o Ministério do Interior o convoca para uma missão secreta, Semenovski não hesita. Procurar Hitler é uma missão à altura de seu talento.

Um ano se passa entre a data do suposto suicídio de Hitler e a investigação de Semenovski, em 1946. Dezenas, talvez centenas de soldados e oficiais soviéticos conspurcaram a cena do crime. Um desastre para todo bom criminalista. Dentro do bunker, Semenovski arranca os cabelos. Claro que ele desconfiava da dificuldade da missão e das condições em que teria que trabalhar. Mas teria o direito de se queixar? Nem mesmo ele, referência absoluta da polícia científica do regime stalinista, poderia se dar ao luxo de errar, sob o risco de pagar por isso na mesma hora. É preciso obedecer e cumprir a missão. Meticulosamente, o velho médico percorre o cômodo. A antessala tem poucos metros quadrados, talvez dez. Seus olhos se habituam à iluminação precária. Os relatórios dos interrogatórios de Linge lhe são passados. Não todos. Apenas os que podem ajudar a compreender. O lugar que Hitler ocupava no sofá, em que posição o corpo jazia, onde foi dado o tiro... Sangue, ele precisa encontrar sangue. O legista procura. Em caso de suicídio por arma de fogo, necessariamente há sangue. O sofá não foi roubado nem destruído. Uma sorte. Semenovski ordena que os apoios para os braços sejam retirados. Manchas escuras são perfeitamente visíveis. Também julga descobrir sangue nas paredes. Não vê respingos causados pelo tiro na cabeça, mas manchas deixadas durante o transporte do corpo. O perito reconstitui a cena mentalmente. O corpo ainda quente do ditador sangra abundantemente enrolado num cobertor, que logo fica impregnado de sangue. Em meio à pressa, gotas caem no chão, mancham as paredes. Semenovski sai da antessala e empurra os soldados a seu redor. Não vê mais nada, tão absorto está em sua reconstituição do passado. Quase fecha os olhos para se concentrar melhor. Está no dia 30 de abril de 1945, quando os últimos seguidores do Führer carregam o corpo até o jardim. O legista também encontra um pouco de sangue mais adiante, nos corredores, mas não só. Também há sangue no caminho que vai da antessala de Hitler até o topo das escadas que levam à saída do bunker.

O legista relê os relatórios dos interrogatórios daqueles que participaram do transporte do corpo inerte de Hitler no dia 30 de abril de 1945.

Günsche: Fui imediatamente à sala de conferências do bunker avisar os presentes da morte de Hitler. Eles foram comigo à antes-

Fotos das manchas de sangue encontradas nas paredes das escadas do bunker durante a contrainvestigação de maio de 1946 (arquivos do GARF).

sala onde estavam os dois corpos sem vida, do Führer e de sua mulher. Nós os enrolamos em cobertores. Depois eles foram transportados pela sala de conferências, pelo cômodo central e pelas escadas, até chegar à saída do bunker.

Linge: *O corpo de Hitler foi enrolado num cobertor, depois nós o transportamos. Eu o segurava pelas pernas, e Bormann pela cabeça.*

Os depoimentos estão de acordo com as manchas encontradas no bunker. Os resultados das análises confirmam que de fato se tratava de sangue.

Depois do sangue, os outros indícios fundamentais da contrainvestigação são os dois pedaços de crânio recuperados na frente da entrada do bunker. Eles foram encontrados no mesmo lugar onde os supostos corpos de Hitler e Eva Braun foram descobertos um ano antes. Os ossos estavam a sessenta centímetros de profundidade. Semenovski os analisa e conclui que são fragmentos de um mesmo crânio. Eles são reunidos para formar um único pedaço. Para o perito, são de um homem adulto. Evidentemente, o buraco na parte de cima não lhe escapa. Ele logo considera a possibilidade de um tiro de revólver. O ângulo de saída do projétil lhe diz que o tiro foi dado de baixo para cima, da direita para a esquerda e para trás. Dentro da boca ou embaixo do queixo. E não na têmpora, como afirmara Linge. O criado de Hitler teria mentido? Os investigadores russos têm grandes dúvidas em relação à confiabilidade de suas respostas. Já o fizeram voltar atrás em sua versão do suicídio do Führer. Sobretudo a respeito do tiro, durante um interrogatório no dia 28 de fevereiro de 1946.

Em suas declarações precedentes, o senhor indicou que estava nos aposentos de Hitler por volta das quatro da tarde do dia 30 de abril quando ouviu um tiro e sentiu cheiro de pólvora. Lembra quantos tiros ouviu, se um ou dois?
Linge: Preciso confessar que meus depoimentos anteriores sobre essa questão não foram exatos. Não ouvi nenhum tiro. Apenas senti cheiro de pólvora. Depois fui avisar Bormann que o suicídio ocorrera.

Naquele final de fevereiro de 1946, Linge está acabado. Perdeu uma dezena de quilos e sua pele tem manchas decorrentes de vermes. Não dorme há semanas. Exatamente o que os oficiais soviéticos querem. Não por acaso, todas as sessões de interrogatório acontecem a intervalos irregulares entre as dez horas da noite e as cinco horas da manhã. O orgulhoso criado de Hitler perde a soberba. Fede tanto que seu próprio cheiro lhe é insuportável. O tratamento especial pretende fazê-lo falar. O objetivo é alcançado. Depois de noites em claro respondendo às perguntas dos oficiais russos e ouvindo ameaças de morte, o antigo membro da SS pede misericórdia. Seus olhos têm a cor de um campo de batalha, sua boca se contorce num ricto incontrolável. Ele não quer mais carregar aquele segredo tão pesado, que questiona a tese do duplo suicídio de Hitler: por veneno e, depois, por tiro.

Os investigadores ficam surpreso. Será mais uma manipulação do nazista? As perguntas se sucedem.

Como explica que, mesmo tão perto, não tenha ouvido o tiro? Principalmente se saiu de uma Walther [pistola alemã muito utilizada pelos nazistas], como seu próprio depoimento especificou.
Linge: O tiro deve ter sido dado quando deixei minha posição para ir ao corredor. Ao voltar, após alguns minutos, senti cheiro de pólvora e fui imediatamente à sala de reuniões onde Bormann me esperava. Disse-lhe que tudo havia acabado.

No dia 30 de abril, por volta das quatro da tarde, Linge também jura aos últimos ocupantes do bunker ter ouvido o famoso tiro. Esta, ao menos, é a versão apresentada por Günsche aos investigadores soviéticos.

Quem foi o primeiro a saber do suicídio de Hitler?
Günsche: Linge. Ele estava na frente da porta dos aposentos de Hitler, perto da antessala. Por volta das quatro horas da tarde, ouviu um tiro de arma de fogo.
[...]
Pergunta: Como Hitler se suicidou?
Günsche: Segundo Linge, Hitler deu um tiro na têmpora.

Então Linge mentiu e acaba de confessá-lo. Resta saber se foi apenas sobre o disparo... Será realmente possível sentir com tanta intensidade o cheiro de pólvora de uma arma de fogo após um único tiro e atrás de portas concebidas para resistir a um ataque químico?

O interrogatório de Linge continua.

Pergunta: Os aposentos de Hitler eram equipados com um bom sistema de ventilação?
Linge: Sim. Todos os cômodos eram, pois ele detestava o cheiro de cigarro. Aliás, era muito sensível a cheiros.
Pergunta: Que portas havia entre o senhor e ele? Elas estavam fechadas?
Linge: As portas dos dois cômodos. Todas eram duplas. No momento do suicídio, estavam fechadas.
Pergunta: Como pode ter sentido o cheiro de pólvora de um tiro de revólver atrás de várias portas duplas fechadas em um lugar com boa ventilação?
Linge: Confirmo o cheiro de pólvora. Como ele chegou até mim, não sei.

As respostas do criado parecem cada vez mais confusas. Sua incoerência não escapa aos investigadores.

Pergunta: Por que, ao longo dos interrogatórios anteriores, o senhor declarou várias vezes ter ouvido um tiro vindo da antessala de Hitler e a seguir ter avisado Bormann do suicídio?
Linge: Contei isso porque meu depoimento sobre o suicídio de Hitler poderia parecer frágil a vocês com essas zonas cinzentas. E assim deixá-los desconfiados. Foi por isso que disse estar diante dos aposentos de Hitler o tempo todo e ter ouvido o tiro.

Essa mentira fundamental só é descoberta três meses antes da contrainvestigação em Berlim. O legista Semenovski a lê em seu relatório e não hesita em afastar a versão de Linge a respeito do tiro na têmpora. Em contrapartida, segue a versão do antigo criado quando diz que o indivíduo que estava no sofá recebera um tiro na cabeça.

Dado o número importante de respingos de sangue e manchas no sofá, podemos concluir que o ferimento foi acompanhado de um sangramento abundante. É preciso considerá-lo potencialmente mortal. No momento do ferimento, a vítima estava sentada no canto direito do sofá, junto ao apoio para o braço. [...] A localização dos respingos e das manchas de sangue no sofá, bem como seu aspecto característico, atestam que o ferimento se localizava na cabeça e não no peito ou no ventre. [...]
A lesão da cabeça foi causada por um tiro de arma de fogo, e não por um golpe dado com objeto pesado. Prova disso é a ausência de sangue no encosto, no sofá e na madeira do apoio do sofá. Consecutivamente ao ferimento da cabeça, o indivíduo perdeu os sentidos e ficou por certo tempo inerte, com a cabeça inclinada para o lado do braço direito do sofá.

Com esse relatório, Semenovski pode reduzir a pó a investigação de junho de 1945 conduzida pelo SMERSH. Mas nada prova que aquele sangue seja mesmo de Hitler. Os testes realizados a partir das manchas nos braços do sofá revelam sangue tipo A. Como o de Hitler, segundo as declarações de seu médico particular, o dr. Morell. Como o de milhões de alemães. Sem uma análise do cadáver retido pelo Ministério da Segurança de Estado, o trabalho de Semenovski fica incompleto. Espumando de raiva, o criminologista ousa acusar o ministro em pessoa, Viktor Abakumov. Seu relatório afirma sem rodeios:

Porque a primeira autópsia foi realizada com negligência — sem nenhuma investigação sobre as mudanças ósseas da aorta, sem nenhum corte dos órgãos vitais para descobrir vestígios de cianeto de potássio — e porque os cadáveres não ficaram acessíveis para outra autópsia mais aprofundada, o primeiro relatório feito em maio de 1945 só pode ser considerado uma preliminar. Consequentemente, a presente comissão afirma que não é possível chegar a conclusões definitivas a respeito desse dossiê.

O sistema político da União Soviética não costuma ver as falhas de seus dirigentes reveladas publicamente. Os resultados da missão berlinense podem ser explosivos. Sobretudo naquele fim da primavera de 1946, quando Moscou vive uma nova série de expurgos. Como sempre, Stálin age sozinho e com brutalidade. Ele destitui alguns, promove outros, alimenta rancores entre seus cúmplices para controlá-los melhor. Cabeças caem, até mesmo as mais importantes, ou sobretudo elas. Generais, mas também membros eminentes da intelligentsia. Entre eles, o popularíssimo marechal Júkov. Em 3 de junho de 1946, o homem que ganhara tantas batalhas contra os nazistas é destituído de suas funções de comandante em chefe das forças terrestres e de vice-ministro da

Defesa da União Soviética. Ele é acusado de "perder a modéstia e de ter se deixado levar pela ambição pessoal". Perfeita dialética empolada que poderia ser aplicada ao próprio Stálin. Um único homem sai fortalecido dessa onda de destituições: Abakumov.

Quando Kruglov, o ministro do Interior, recebe o relatório do dr. Semenovski, ele não sabe o que fazer. No fundo, as conclusões não o espantam. Num sistema político "pacífico", poderia considerá-las satisfatórias. Seu ministério trabalhou bem e fez de tudo para restabelecer a verdade histórica. Mas ele também sabe, por experiência própria, que atacar um protegido de Stálin seria o mesmo que se arriscar a desaparecer, sem mais. Não quer acabar como o colega, o ministro da Indústria Aeronáutica Alexey Ivanovich Chakhourine, destituído e condenado, em 11 de maio de 1946, a sete anos de gulag. Seu crime? Ter decepcionado Stálin com a qualidade de fabricação dos aviões da Aeronáutica.

Pensando bem, Kruglov escolhe a prudência. O velho médico-legista trabalha em vão. Seu relatório fica cuidadosamente guardado no fundo de uma gaveta, longe dos olhos do tirano soviético.

No dia 17 de junho, os prisioneiros nazistas são reenviados à União Soviética. A Operação Mito é encerrada. O mistério em torno da morte da Hitler continuará intacto por décadas.

Verão de 2017

Chove em Moscou.
Junho chega ao fim. Mais de dois meses se passaram desde nossa última estada, muito desagradável, na capital russa. Dois meses durante os quais tentamos convencer Alexander, nosso contato no Ministério de Relações Exteriores, o MID, a nos conseguir uma autorização para analisar os dentes de Hitler. Alexander sumiu. Não conseguimos encontrá-lo, nem por telefone nem por e-mail. Estamos num beco sem saída. Será o fim de nossa investigação? Um ano e meio de trabalho obstinado para acabar num impasse? Várias vezes ao longo desse período, porém, nossos interlocutores foram receptivos, fizeram promessas. "Sim, sem dúvida, somos favoráveis à perícia. Querem ver o crânio e os dentes? Venham, estamos esperando por vocês!" Pensamos ter domesticado os acrônimos misteriosos (GARF, MID, TsA FSB), as sutilezas administrativas, as obscuras regras hierárquicas. Manejamos as brigas internas e os egos inflados de uns e outros. Até mesmo os súbitos desaparecimentos de certos interlocutores. Desaparecimentos no sentido figurado da palavra e no literal, pois um de

nossos contatos dentro do GARF não resistiu a uma parada cardíaca durante o inverno de 2017. De modo que, quase sistematicamente, logo constatamos que, quando uma porta se abria, outra se fechava. Mas não nos importamos, pois afinal não tínhamos escolha. Os restos mortais de Hitler, ou os supostos restos, estão guardados na Rússia. E em nenhum outro lugar. Esse pressuposto indiscutível confere um poder extraordinário às autoridades russas: decidir quem pode examiná-los. Quem e quando.

Uma dura realidade que se arrasta desde o dia 5 de maio de 1945, com a descoberta, no jardim da Chancelaria do Terceiro Reich, do suposto cadáver de Hitler pelo Exército Vermelho. Sabemos que, em pouco mais de setenta anos, não somos os primeiros a tentar convencer Moscou. Lana e eu chamamos esse exercício de sedução de "dança do ventre". Como na conhecida coreografia oriental, precisamos sorrir o tempo todo, a despeito das atitudes bruscas e desagradáveis de nossos interlocutores. Como o não cumprimento quase invariável dos horários, as autorizações que perdem a validade no último minuto... Precisamos manter a calma para que nos deixem consultar aqueles objetos históricos. O jogo é tendencioso, pois somos os solicitantes. Outros, muito mais ilustres, passaram pelas mesmas provações. A começar pelos Aliados, já em maio de 1945. Na época, em Berlim, os Estados-Maiores ingleses, americanos e franceses tentaram seduzir os "colegas" soviéticos para obter informações sobre Hitler. Eles generosamente ofereceram seus documentos confidenciais. Esperavam reciprocidade.

ADMINISTRAÇÃO MILITAR NA ALEMANHA (EUA)
Chefe do serviço de inteligência
APO [correio do Exército] 742
8 de janeiro de 1946

Caro general!
É com prazer que lhe envio as fotografias dos seguintes documentos:
carta de Martin Bormann ao almirante Dönitz;
certidão de casamento de Hitler e Eva Braun;
testamento pessoal e testamento político de Hitler.
Eles foram recentemente encontrados na zona americana. Nossos peritos declararam que, sem dúvida alguma, são autênticos.
Tenho certeza de que interessarão ao senhor e a seus colaboradores.

Saudações cordiais,
T.J. Koenig
Coronel da direção do Grande Estado-Maior e chefe do serviço de inteligência interino

Ao general-major A. SIDNEV
Kommandantur central, Luisenstrasse, 58, Berlim

O tom particularmente amistoso da missiva entre os responsáveis pelos serviços secretos destoa da realidade da época. Em Berlim, as relações entre os Aliados e os soviéticos já estão deterioradas nesse início de 1946. Os russos se recusam a compartilhar seus dados sobre o dossiê Hitler e o ponto de ruptura definitivo se aproxima. O coronel americano Koenig não ignora isso. Sua mensagem parece uma última tentativa de conciliação, uma mão estendida.

Conciliação da qual o severo Alexey Sidnev faz pouco-caso. O general russo de 39 anos, representante do SMERSH em Berlim (e, mais tarde, do NKVD), conhece parte dos documentos enviados pelos americanos. Especialmente os testamentos de Hitler. Os ingleses os haviam enviado na semana anterior. Uma iniciativa que, visivelmente, tomaram sem comunicar aos amigos americanos.

Estado-Maior principal
Comissão de Controle pela Alemanha
Setor britânico
Grupo de inteligência
31-12-1945
Berlim

Destinatário: Ao general-major SIDNEV
Chefe do serviço de inteligência
Quartel-general do Exército Vermelho
BERLIM

Conteúdo: Testamento de Hitler

Anexo a fotocópia do testamento de Hitler que encontramos. O fato foi comunicado à imprensa britânica em 30 de dezembro de 1945.

Assinatura: Capitão VOLIS

Os "presentes" dos Aliados logo cessam. Em 5 de março de 1946, Winston Churchill pronuncia um discurso no Westminster College de Fulton (Missouri), nos Estados Unidos, na presença do presidente americano Harry Truman. Churchill não é primeiro-ministro do Reino Unido desde a derrota nas eleições legislativas de julho de 1945, mas continua sendo um político de peso de nível internacional. Ele é o primeiro a se preocupar oficialmente com a política agressiva da União Soviética.

Uma sombra caiu nos palcos tão claramente iluminados pela recente vitória dos Aliados. Ninguém sabe o que a Rússia soviética e sua organização comunista internacional pretendem fazer no fu-

turo imediato nem onde estão os limites, se é que eles existem, de suas tendências expansionistas e de seu proselitismo. [...] De Stettin, no Báltico, até Trieste, no Adriático, uma cortina de ferro desceu sobre o continente. [...] Se o governo soviético tentar agora [...] por uma ação separada, construir uma Alemanha pró-comunista nas regiões que governa, isso provocará novas e importantes dificuldades nas zonas britânica e americana, e dará aos alemães vencidos o poder de se leiloarem entre os soviéticos e as democracias ocidentais. Quaisquer que sejam as conclusões que possam ser tiradas desses fatos — pois tratam-se de fatos —, com certeza essa não é a Europa livre por cuja construção lutamos. Tampouco é uma Europa que apresenta as características essenciais para uma paz duradoura.[6]

Stálin imediatamente tira proveito da ocasião para validar a ruptura com o campo ocidental. Numa entrevista concedida ao jornal soviético *Pravda*, em 14 de março de 1946, ele manifesta uma violência sem precedentes contra seus antigos aliados:

Pergunta: Podemos dizer que o discurso do sr. Churchill compromete a paz e a segurança mundial?
Stálin: Incontestavelmente, sim. Na verdade, o sr. Churchill hoje se encontra na posição de um provocador de guerra. E não está sozinho. Tem amigos, não apenas na Inglaterra como também nos Estados Unidos.
É notável que, nesse relatório, o sr. Churchill e seus amigos nos façam lembrar, de maneira espantosa, de Hitler e seus amigos. [...] Não há dúvida de que a posição tomada pelo sr. Churchill leva à guerra, faz um apelo à guerra contra a União Soviética.[7]

Os ingleses e os americanos comparados a Hitler? Stálin chega à hoje chamada Lei de Godwin com desconcertante rapidez e confirma que não há retorno dos dois lados. Todo contato entre os serviços secretos ocidentais e soviéticos é rompido. A famosa Cortina de Ferro cai também sobre o dossiê Hitler.

No entanto, as investigações sobre as circunstâncias da morte do Führer prosseguem. Cada lado faz uso, da melhor maneira possível, das informações de que dispõe. Nesse joguete, os soviéticos estão bem à frente. Em abril-maio de 1945, foram os primeiros a chegar a Berlim. Não esperaram os ingleses e americanos para colocar a mão em milhares de documentos e prender grande parte de membros do círculo mais próximo de Hitler. Os Aliados também capturaram algumas testemunhas no oeste da Alemanha e descobriram documentos de grande valor. Como os médicos de Hitler, seu histórico médico e até radiografias de seu rosto. Informações hoje acessíveis, não mais sigilosas. Uma sorte que não deixamos passar.

Um conjunto de cinco radiografias do rosto de Hitler se encontra nos arquivos americanos. Nas imagens, datadas de fins de 1944, distinguimos perfeitamente as mandíbulas e os dentes do Führer. Com essa fonte histórica, podemos confirmar a identificação dos dentes que o FSB nos deixou ver em dezembro de 2016. Mas antes precisamos saber de onde vieram as radiografias e nos assegurar de sua autenticidade.

Hugo Johannes Blaschke é dentista particular de Hitler de 1934 a 20 de abril de 1945. Trata-se de um prussiano refinado, perfeitamente bilíngue, fluente em inglês e alemão. E nazista convicto. Diplomado em odontologia pela Universidade da Pensilvânia, ele volta a seu país natal e participa da Primeira Guerra como médico de campanha. Em 1931, filia-se ao NSDAP e se junta à SS em 1935, com a patente de major. Por recomendação de Göring, torna-se dentista da elite nazista. Seus pacientes são Himmler, Göring, Goebbels, Bormann, Speer e, acima de tudo, Hitler e Eva Braun. Como recompensa pelos bons e leais serviços, recebe o título de professor honorário e a patente de Oberführer (general de brigada) da Waffen-ss. Os americanos o capturam em 20 de maio de 1945, em Berchtesgaden. Ele é interrogado em novembro e dezembro do mesmo ano. O objetivo é obter de Blaschke um máximo de detalhes sobre a arcada dentária de Hitler, a fim de tornar possível a identificação de seu cadáver, caso necessário.

O dentista não tem consigo as radiografias nem o dossiê do paciente, mas sua memória é perfeita. Ele fornece informações fundamentais para nossa investigação, em especial sobre o fato de Hitler sofrer de graves problemas dentários. O Führer tivera várias cáries extensivas, era sujeito a gengivites e sofria de halitose. Muitas pontes haviam sido concebidas para que ele não perdesse todos os dentes. Apesar dos cuidados, as dores não cessavam. "Por volta do fim de setembro de 1944, fui chamado ao quartel-general", conta Blaschke. "Hitler sentia dores na gengiva da mandíbula superior. Estava de cama. Sofria, como me disse seu médico, o dr. Morell, de uma inflamação da zona da nasofaringe."[8] Em janeiro de 1945, Hitler, que continua se queixando dos dentes, pede ao dentista que se instale na Chancelaria, perto do bunker. Consulta-o uma única vez, em fevereiro, para um exame superficial.

Diante do avanço das tropas soviéticas, que se aproximam perigosamente de Berlim, o dentista obtém autorização para fugir na noite de 19 para 20 de abril de 1945. Todos os seus arquivos médicos, incluindo os de Hitler, são perdidos no avião que os transporta a Salzburg, na direção de Obersalzberg. O dentista, que viaja em outro voo, consegue chegar à Baviera são e salvo.

Felizmente os americanos não tardam a descobrir outros arquivos médicos, em especial cinco radiografias do rosto tiradas após a tentativa de assassinato do Führer, em 20 de julho de 1944. Três delas foram realizadas em 19 de setembro de 1944 pelo dr. Giesing no hospital militar de Rastenburg, na Prússia oriental.

Erwan Giesing era o otorrino pessoal de Hitler. As radiografias mostram o seio frontal (posição nariz-fronte), o seio esfenoidal (posição boca-queixo) e o seio maxilar, etmoidal e frontal (posição queixo-nariz).

Duas outras radiografias, datadas de 21 de outubro de 1944, também são encontradas entre os documentos do médico pessoal de Hitler, o dr. Morell, que declara aos americanos não lembrar em que circunstâncias foram tiradas. Elas mostram os seios maxilares, etmoidal e frontal (posição queixo-nariz).

Para se assegurar de que se trata de fato da mesma pessoa nas duas séries de imagens, os investigadores comparam a forma dos seios frontais. O exame é positivo. Os seios da face de Hitler são muito grandes e indicam que ele sofria de sinusites frequentes.

Por 23 anos essas informações de nada serviram. Os soviéticos nunca permitiram que os americanos se aproximassem dos supostos corpos de Hitler e Eva Braun mantidos em seu poder. Como poderiam ter concedido esse privilégio, se oficialmente os cadáveres não estavam com eles? Essa versão será prejudicada pela publicação de uma obra sensacionalista em 1968. Lev Bezymenski, antigo tradutor do Exército e, à época, jornalista, publica um livro na Alemanha Ocidental intitulado *Der Tod des Adolf Hitler* [A morte de Adolf Hitler]. Pela primeira vez desde a queda de Berlim, em maio de 1945, o segredo sobre os cadáveres é divulgado e revelado com o apoio de provas fotográficas. Sobretudo dos dentes atribuídos a Hitler: uma ponte maxilar com nove dentes e uma mandíbula inferior com quinze.

Graças ao livro, os depoimentos de Blaschke e as radiografias finalmente servem para alguma coisa.

Em 1972, dois cientistas noruegueses, Reidar F. Sognnaes, decano da escola de Medicina Dentária de Harvard (Boston, Estados

Unidos), e Ferdinand Ström, pioneiro da odontologia médico-legal, decidem realizar a primeira análise global dos dentes de Hitler.

Uma análise realizada em condições não ideais, pois nenhum dos dois tem acesso físico aos dentes, que continuam classificados como "segredo de Estado" em Moscou. Os cientistas noruegueses trabalham exclusivamente a partir de documentos. Por um lado, o material produzido pelos serviços secretos americanos: os relatórios de interrogatórios do dentista de Hitler e as cinco radiografias. Por outro, as fotografias publicadas na obra do antigo intérprete do Exército Vermelho. À época, é impossível verificar a confiabilidade de Bezymenski. A princípio, há motivo de suspeita. Mas não importa. Sognnaes e Ström avaliam dispor de informações suficientes para começar. Estão convencidos de que conseguirão pôr um fim às histórias delirantes de fuga de Hitler e de sua sobrevivência após a queda do Terceiro Reich. O trabalho dos dois se desenrola dentro de um contexto especial. No início dos anos 1970, os nazistas voltam ao centro das atenções graças ao trabalho de "caçadores de ss", como o casal Klarsfeld, e também o Mossad, o serviço secreto israelense. O grande público descobre que antigos membros do alto escalão do regime hitlerista vivem tranquilamente em repúblicas autoritárias da América Latina. Alguns são presos, como Eichmann e Barbie. Outros, como Mengele, chamado de "anjo da morte" devido a suas sádicas experiências médicas com prisioneiros, escapam a seus juízes. Se esses homens conseguiram fugir da Alemanha em 1945 e encontraram refúgio, por que não o Führer? É em meio a esse clima de mistério e rumores que os dentistas Sognnaes e Ström trabalham.

Nas radiografias, observamos a falta dos dentes molares do lado direito. No lado esquerdo da mandíbula, os falsos dentes podem ser facilmente identificados.

Na mandíbula inferior, vemos com clareza, no lado esquerdo, três raízes sustentando uma longa ponte. No total, Hitler tinha apenas quatro dentes livres de ponte: os incisivos mandibulares direitos e esquerdos.

Quando o material de origem permite conclusões definitivas, notamos que existe uma notável conformidade entre as identificações dos dentes individuais, estabelecidas por meio de análises de dados, dos americanos e dos soviéticos. A isso se somam os dentes presentes, ausentes, restaurados e substituídos, segundo os casos. Também observamos outras zonas especiais, sobretudo a única haste lingual que serve de ponte, contornando os caninos e o segundo pré-molar inferiores direitos, bem como uma reabsorção óssea alveolar em torno das raízes dos incisivos.

A partir dessas comparações globais de documentos odontológicos, concluímos que o indivíduo identificado nos documentos de 1945 sobre Hitler e que se encontra, em 1972, nos Arquivos Nacionais dos Estados Unidos, é o mesmo de quem foi feita autópsia em 1945, cujo relatório foi publicado em 1968 com base em documentos desconhecidos provenientes dos arquivos soviéticos de 1945.[9]

Pela primeira vez desde o fim da guerra um relatório científico não soviético admite a tese da morte de Hitler. O caso dá muito que falar à época. Mas, sem o acesso direto aos restos mortais, a dúvida persiste.

Quarenta e cinco anos depois dos trabalhos de Sognnaes e Ström, é a vez de Philippe Charlier fazer uma análise dos dentes. Como os dois especialistas noruegueses, ele não os vê. Mas tem à disposição as fotografias e os vídeos que fizemos em dezembro de 2016. Assim, pode compará-los às radiografias do rosto de Hitler. Suas conclusões não deixam margem à dúvida:

Comparação morfológica de próteses dentárias e elementos ósseos com fotografias apresentadas como intra vitam *de Adolf Hitler.*

Os elementos dentários e ósseos apresentam lesões de carbonização, de corte e de esfacelamento, um desgaste e um aparelhamento superior e inferior totalmente compatíveis com as imagens que nos foram confiadas (radiografias frontal e detalhes). Não é possível, no estado atual de observação das peças anatômicas, determinar o sexo e a idade do sujeito (apenas uma idade adulta). [...]
Síntese: concordância perfeita entre as radiografias apresentadas como intra vitam *de Adolf Hitler e os elementos dentários apresentados.*

A perícia do dr. Charlier confirma as conclusões de seus ilustres predecessores. Trata-se mesmo dos dentes de Hitler. Nossa investigação pode se encerrar por aqui. Basta parar de importunar Alexander. E abandonar a esperança de voltar à sede do FSB com Philippe Charlier para que ele examine os fragmentos de mandíbula tão preciosamente escondidos desde 1945. Seria tão simples.

12 de julho de 2017. O verão foge obstinadamente dos moscovitas. O céu se confunde com o cinza das calçadas e compõe um horizonte de impenetrável tristeza. A chuva forte espanta das ruas os raros pedestres. Estamos na cidade de Putin com Philippe Charlier. E uma pequena mala. Dentro dela, um estereomicroscópio binocular de última geração. O Lubyanka, a pesada porta, o controle dos documentos de identidade, a guarda e seu ar desconfiado... Reencenamos o filme de dezembro passado. Alexander adora reviravoltas. Duas semanas antes, ele nos comunicou a resposta do FSB. "Vocês podem voltar com o dr. Charlier. A solicitação foi validada. Saibam que, depois de vocês, não haverá mais perícias. Serão recusadas." Por que a mudança? Guardamos a pergunta para nós mesmos. Não daremos nenhum pretexto para que voltem atrás.

No saguão de entrada do Lubyanka, um homem bastante jovem, de barba clara, espera atrás do militar da recepção. Chama-se Denis e substitui Dmitri, o funcionário do FSB que nos escoltou em dezembro. Somente nomes. Nunca sobrenomes. E serão verdadeiros? Os dois começam com a mesma letra D. Uma coincidência, sem dúvida. Denis sorri com ar seguro para o guarda, que verifica nossos passaportes. Tudo está nos conformes. Mesmo elevador. Mesmo andar, o terceiro. Mesmo gabinete, o 344, no lado direito de um corredor sem janelas.

Nada mudou no gabinete. Só o pinheirinho de Natal não está mais lá. O mesmo número de funcionários do FSB está ali para nos vigiar. Incluindo a jovem alta e loira, que se mostrara tão reticente em relação a nossa presença. Dessa vez ela usa um vestido florido, curto o suficiente para mostrar joelhos sólidos. Seu rosto contraído contrasta com a luz que emana de sua roupa. Nossos sorrisos não a comovem. Com certeza teria mais o que fazer além de perder a tarde com estrangeiros. Lana apresenta Philippe Charlier aos cinco homens e à mulher que nos acompanharão durante toda a perícia. A pequena mala os intriga. Eles querem verificar o equipamento do médico-legista. O acordo feito com Alexander estipula que nenhuma amostra será colhida. É imprescindível que o exame seja visual. Para tanto, Philippe Charlier escolhe um estereomicroscópio binocular, aparelho que não danifica o objeto estudado e permite observá-lo com um zoom de até 35 vezes. Além disso, faz fotos e filmes graças a uma câmera digital integrada.

Lana lista as características técnicas do estereomicroscópio a seus compatriotas. Denis pergunta se a máquina tem uma lâmpada. "Lâmpada? Sim, tem uma pequena..." Não temos nem tempo de acabar a frase e uma rajada de *"Niet"* ecoa pela sala. Todos se agitam. A luz os preocupa. *"Niet laser, niet!"* Peço que Lana os tranquilize. Não se trata de um laser, mas de uma pequena lâmpada integrada. Lana traduz, com rapidez e clareza. O estereomicroscópio está em cima da mesa. Ligado. A luz é ativada. Não se trata de um laser! Nada de laser! Insistimos. Denis se debruça sobre a máquina antes de recuar e fazer um sinal afirmativo aos colegas. Tudo certo. Philippe Charlier nos consulta com os olhos. São duas da tarde e, depois de dezoito meses de espera, temos autorização para fazer a perícia dos restos mortais atribuídos a Hitler.

Apesar das ordens da direção do FSB, a jovem de vestido primaveril não consegue nos deixar manipular os dentes. Ela afasta a pequena caixa de cigarrilhas em que estão guardados de Charlier, que intervém com brandura e calma. Ele pede a Lana para traduzir: "Diga-lhe que vou manipular os dentes com luvas esterilizadas. Minhas luvas. Estão novas, e vou calçá-las na frente dela...". Ele pega um saquinho médico, rompe-o e retira as luvas. Cuidadosamente, ele as calça olhando nos olhos da funcionária do FSB. "Agora que estou equipado, o melhor seria que ela depositasse, um de cada vez, os pedaços da mandíbula em cima do papel esterilizado aqui na frente. Assim, nada será contaminado." Philippe Charlier fala com tranquilidade. Sua voz emana um profissionalismo que acaba convencendo a jovem. Para nossa surpresa, ela obedece.

O silêncio é total. Ouve-se apenas o ruído do papel sobre o qual são colocados os dentes. O legista os manipula com prudência, vira-os sobre si mesmos. Num primeiro momento, o exame deve servir à verificação da autenticidade dos dentes. Garantir que não se trata de uma falsificação. As equipes do FSB são perfeitamente capazes de realizar uma cópia a partir das imagens radiográficas e dos dossiês dentários de Hitler. Lana e eu compartilhamos com Philippe Charlier a capacidade de duvidar de tudo. Estamos nas mãos de um dos serviços secretos mais poderosos e controversos do mundo. A possibilidade de manipulação existe. Não levá-la em conta seria um erro profissional. Portanto, é preciso procurar vestígios de desgaste e envelhecimento, que provem a datação e a autenticidade daqueles dentes. "É realmente interessante", murmura o legista dando um zoom com o estereomicroscópio. "Nesta prótese, os depósitos de tártaro são particularmente visíveis. Vejo restos orgânicos, um pouco de gengiva, talvez uma mucosa e tecidos moles em parte carbonizados. Múltiplas pequenas estrias marcam o metal amarelo da prótese. Isso corresponde à passagem dos pequenos cristais presentes nos alimentos. Para mim, não há dúvida de que essas próteses dentárias são autênticas. Foram usadas por tempo suficiente para que o tártaro se depositasse nelas. A datação me parece compatível com a Segunda Guerra Mundial. Posso afirmar que não se trata de uma falsificação!"

Os dentes não foram recriados pela KGB ou por seu sucessor, o FSB. São verdadeiros e idênticos aos das radiografias do rosto de Hitler. As formas e as próteses não deixam espaço para dúvida. Os dentes de fato pertenceram ao ditador nazista. Finalmente avançamos. Podemos afirmar que Hitler morreu em Berlim, em 30 de abril de 1945. E não no Brasil, no Japão ou nos Andes argentinos, aos 95 anos. A prova é científica, não ideológica. Friamente científica.

"A saúde dentária do indivíduo era muito ruim", constata Charlier. "Ele sofria de periodontia [reabsorção da mucosa na altura da raiz dos dentes] com perda dentária em toda a volta." Isso coincide com as declarações do dentista, o dr. Blaschke, que disse aos americanos que Hitler tinha gengivite crônica. "As causas dessa doença bem conhecida são múltiplas", retoma Charlier. "Tabagismo, desnutrição, uso de drogas, infecções bucais crônicas e vegetarianismo." Hitler não fumava, não estava privado de alimentos, tanto em qualidade quanto em quantidade, mas era vegetariano. Na época, as carências provocadas por essa dieta não eram conhecidas e, portanto, não eram supridas pela ingestão de complementos. As peças do quebra-cabeça se encaixam perfeitamente. Mas é preciso ir ainda mais longe para compreender como ele morreu.

"Não filme! Não fotografe!" O tom ameaçador combina pouco com o padrão florido do vestido. A funcionária do FSB não aprova que eu tire uma foto com ela em meu campo de visão. Lana intervém para acalmar os ânimos, como sempre. Não podemos nos esquecer de onde estamos, e que tudo pode ser encerrado com um estalar de dedos ou com um farfalhar de vestido. Minhas mais sinceras desculpas parecem satisfazer os presentes. A perícia continua.

Charlier busca vestígios de ácido ou de pólvora de arma de fogo. Segundo as diferentes versões, Hitler se matou com cianeto e/ou com um tiro de pistola na cabeça. Se o tiro foi dado na boca, pode ser que ela ainda guarde restos de pólvora, antimônio, chumbo e/ou bário.

Os diferentes fragmentos de mandíbula se sucedem diante do olhar apurado do francês. Todos possuem marcas de carbonização. "Temos informações sobre a exposição ao fogo", explica Charlier. "As intensas manchas negras no nível do osso, da mucosa e da raiz dos dentes demonstram o alto grau de carbonização. O fogo deve ter sido intenso, pois conseguiu explodir parte das raízes até expor a dentina." Segundo as declarações de Linge e de Günsche, Hitler foi queimado com duzentos litros de gasolina. O fogo foi intenso, violento, mas relativamente breve. O cenário concorda com as observações do legista, que constata que os restos de gengivas e de músculos estão perfeitamente aparentes. O que significa que o corpo não foi queimado por completo. No dia 30 de abril de 1945, os incessantes bombardeios russos à Chancelaria do Reich impediram a cremação total de Hitler. Ninguém no Führerbunker quis correr o risco de ficar nos jardins para alimentar o fogo que queimava os cadáveres do ditador e da mulher. "Creio ter encontrado alguma coisa..." Philippe Charlier dá zoom máximo numa das próteses dentárias. A imagem aparece no laptop conectado ao estereomicroscópio binocular. Aos poucos toma forma certa massa borrada. "Olhem aqui, a liga metálica da prótese sofreu uma surpreendente alteração. Conseguimos ver o esmalte do dente abaixo dela." De fato, a placa de metal dourada furada deixa entrever o branco do dente. "Trata-se de um pré-molar", retoma o dentista. "O que pode ter provocado isso?" As hipóteses são várias. Um defeito de fabricação. Uma prótese de má qualidade. Mas é pouco provável. Hitler era tratado por um dentista de renome. Ele não teria corrido o risco de um tratamento medíocre. "Então pode ter sido devido a algum ácido, alguma oxidação do metal." Cianeto? Num pré-molar? Seria coerente? Hitler esmagaria uma cápsula de veneno com os dentes de trás, portanto com molares ou pré-molares. Outros dentes apresentam os mesmos sinais de oxidação. Na única autópsia realizada no suposto corpo de Hitler, os soviéticos indicam que "fragmentos de vidro e pequenos pedaços da extremidade de uma ampola médica foram encontrados dentro da boca". Mais de setenta anos depois, será possível detectá-los?

O estereomicroscópio binocular opera milagres. Ele permite ver o que o olho humano nem imagina. Philippe Charlier nunca esteve tão satisfeito com seu equipamento. Na inspeção dos depósitos de tártaro dos dentes, ele depara com cristais imediatamente identificáveis. "São grãos de silício. Estão presos entre a dentina e o cemento [o tecido que recobre a dentina na altura da raiz]. Hitler foi enterrado em areia?" O silício é um mineral encontrado na areia e no cimento, mas também na fabricação de vidro em laboratório. Tem a particularidade de resistir a muitos ácidos, entre os quais o cianeto. Mas voltemos à pergunta do dr. Charlier. Hitler foi enterrado em região arenosa? É difícil responder. A princípio, não. Seu corpo foi encontrado no jardim da Chancelaria. Mas o solo poderia conter vestígios de cimento, pois o bunker ficava ao lado e havia sido danificado pelos bombardeios. Acima de tudo, o silício é um mineral presente na terra. Quanto à sua utilização para vidros de laboratório, sua forma microscópica difere totalmente daquela do silício natural. O silício encontrado nos dentes não se assemelha ao silício dos vidros de laboratório. Para Philippe Charlier, a pista fala por si.

Por outro lado, o legista se mostra muito mais circunspecto em relação às manchas azuis. "Na superfície do dente, há um depósito azulado bastante pronunciado, que não consigo explicar. Houve interação com algum elemento externo no momento da morte ou do sepultamento?" O azul é intenso, quase um "azul Klein", como uma mancha de tinta. A mancha é pequena e poderia passar despercebida a olho nu. O dente em questão é um dos raros ainda naturais. Ou seja, um dente permanente de verdade. "Vemos bem os anéis de crescimento, a superfície, o esmalte, restos fibrosos, tártaro dentário… Houve uma interação de algum elemento com esse dente, mas não sei qual. Não se trata de tártaro dentário, tenho certeza." O legista pensa. Nunca viu aquilo. "Não há motivo para o cianeto interagir diretamente com o esmalte e provocar uma coloração azulada como esta. Física e quimicamente, não existe motivo para isso." No entanto, a mancha azul está lá. "Preciso pesquisar a literatura médico-legal, especialmente a toxicológica, pois não sei o que dizer." A atenção do médico francês agora se volta para outros fragmentos de dentes. "Vejam! Encontramos o mesmo azul nas anfractuosidades de outros dentes. E também na superfície dessas próteses." Minúsculos depósitos da mesma cor ainda podem ser vistos. Depósitos de sedimentos os recobrem em parte. Num primeiro momento, Charlier pensa se tratar de tártaro. Consequentemente, as manchas azuis datariam de várias semanas, ou mesmo meses, antes da morte de Hitler. O especialista logo corrige seu erro. Trata-se realmente de sedimentos, que podem datar da época do sepultamento do corpo na terra. As manchas azuis seriam um indício do envenenamento de Hitler? Nesse estágio da análise, e diante do veto de se retirar qualquer amostra do material, o legista se vê impossibilitado de responder a essa pergunta.

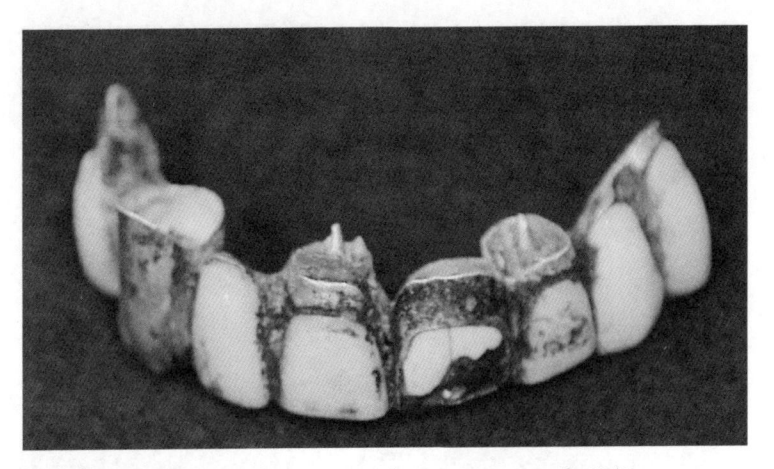

Dentes atribuídos a Hitler, conservados nos arquivos do FSB.

O exame chega ao fim. Todos os dentes foram analisados com cuidado. Faz alguns minutos que ouço Lana conversando em voz baixa com Denis, no fundo da sala. Faço sinal de que acabamos. Duas horas bastaram. O resto da perícia será feita em Paris, com o tratamento das imagens registradas pelo estereomicroscópio binocular. Lana não me ouve. Está empolgadíssima. "Eles vão nos mostrar os dentes de Eva Braun. Um feito inédito!" Um fragmento dos dentes da mulher do Führer! Charlier ainda está sentado na frente de seu aparelho e pergunta singelamente: "Posso examiná-los também?". Lana agradece ao grupo de funcionários do FSB. Então veremos os dentes de Eva Braun. Os supostos dentes, para ser exato. Pois, ao contrário de Hitler, não possuímos radiografias para garantir sua identificação. Precavido, Charlier calça novas luvas esterilizadas e pega outra folha, também esterilizada. Depois de se aprontar, ele faz sinal à jovem. Ela abre uma caixa, muito menor do que a que contém os dentes de Hitler, mas igualmente "original". Em seu interior, guardados sobre algodão, três dentes (dois molares e um pré-molar), ligados por uma prótese de metal amarelo. "*Spaciba*"

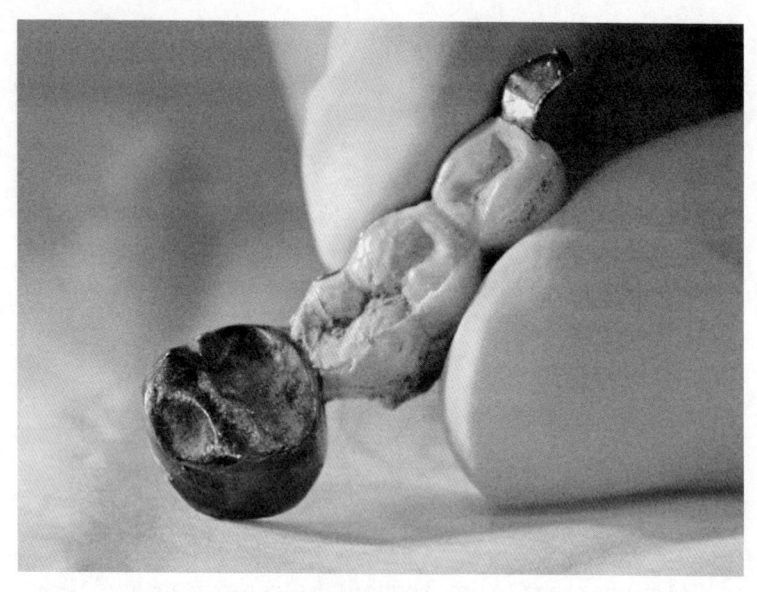

Fragmento de dentes atribuídos a Eva Braun pelas autoridades russas e conservado nos arquivos do FSB em Moscou.

[obrigada], diz Charlier ao pegá-los. Ele os coloca delicadamente no centro do estereomicroscópio e ajusta as lentes.

A primeira constatação não tarda: "Vejo os mesmos depósitos azulados na superfície dos dentes!". Prudente, ele especifica: "Nos dentes apresentados como sendo de Eva Braun". Vários indícios corroboram a hipótese de que eles receberam o mesmo tratamento post mortem de Hitler, a saber, cremação e sepultamento em meio similar. "Eles foram carbonizados da mesma maneira. São dentes artificiais com um depósito de tártaro sobre a prótese e com grãos de silício, exatamente como os anteriores. Vemos perfeitamente o envelhecimento do metal da prótese. Posso afirmar que esses dentes foram de fato usados. E eles não podem pertencer ao indivíduo anterior, porque se trata de uma zona anatômica idêntica." Portanto, não houve manipulação dos russos.

Eva Braun tinha 33 anos quando morreu. Foi oficialmente mulher do Führer por um dia. Segundo investigações soviéticas, inglesas e americanas, ela teria se suicidado ingerindo cianeto. "Vou analisar tudo isso mais tarde", avalia Charlier, continuando a aumentar o zoom sobre as pequenas manchas azuis, "é realmente muito estranho..." Com a câmera digital integrada ao estereomicroscópio, ele faz inúmeras fotografias. Para reexaminar os dentes em seu laboratório e talvez encerrar o dossiê sobre a morte de Hitler.

Paris, setembro de 2017

A olho nu, mal conseguimos vê-los. Quantos são? Dois, talvez três. Pedaços, ou melhor, migalhas como pó, escuras. Charlier gira diante de nossos olhos um pequeno frasco plástico de tampa vermelha. Podemos ler na etiqueta de identificação: "placa dentária de A. H.". Como os fragmentos dos dentes de Hitler foram parar em Paris? Sem querer, por um conjunto de circunstâncias. Depois do exame de julho de 2017 na sede do FSB, em Moscou, como de costume o legista guardou cuidadosamente o material que utilizou. Na ocasião, dois pares de luvas de látex e duas folhas de papel, sobre as quais haviam sido dispostos os dentes. Meticuloso, ele não misturou nada: o papel e as luvas utilizados para o exame dos restos de Hitler de um lado, o material utilizado para os dentes atribuídos a Eva Braun de outro. De volta a Paris, antes de jogar tudo no lixo, ele percebeu que alguns minúsculos fragmentos de tártaro dos dentes de Hitler haviam se soltado durante o exame. Sem pensar, ele os separou e armazenou dentro de um pequeno frasco.

E agora? Alexander, nosso interlocutor no Ministério de Relações Exteriores russo, e os superiores do FSB sempre se opuseram à retirada de amostras dos dentes. Conhecíamos essa condição. E como poderíamos despistar a estreita vigilância dos funcionários do FSB durante a análise ao microscópio? No interior do prédio? Nem mesmo Lana, sempre disposta a tentar o impossível, ousara cogitar a possibilidade. Agora estamos em Paris, longe de Moscou. Os serviços secretos russos não podem mais nos impedir de explorar os fragmentos. No entanto, está fora de questão agir sem o consentimento deles. Por duas razões bastante simples: por princípio moral e por profissionalismo. Duas noções que Philippe Charlier considera particularmente importantes. Além disso, sem o sinal verde das autoridades russas será impossível tornar oficial a análise do tártaro. Nós nos veríamos na mesma situação da equipe do documentário americano do History Channel, lançado em 2009. Sem um acordo com os arquivos russos (no caso, o GARF), as revelações dos norte-americanos sobre o suposto fragmento de crânio de Hitler carregam a marca da suspeita. No caso deles, várias perguntas se apresentam. Como os fragmentos de crânio foram coletados e por quem? O mistério em torno do trabalho da equipe americana torna seus resultados cientificamente inexploráveis. Não é por acaso que Nick Bellantoni nunca publicou seu trabalho em revistas científicas e, portanto, ele nunca foi validado.

Não cometeremos o mesmo erro.

Lana exulta de alegria. "Pedaços se soltaram? É incrível! Que sorte..." Seu entusiasmo já não me surpreende. Tampouco sua energia transbordante. Como sempre, como que por magia os obstáculos tendem a desaparecer diante dela. Meus temores e minhas dúvidas se tornam neuroses desprovidas de fundamento. Mesmo assim, me esforço para lhe apresentar meu ponto de vista: a eventual cólera de nossos contatos russos, a possível recusa da parte deles, as represálias coercitivas (sobretudo para Lana, que tem um passaporte russo e vive a maior parte do tempo em

Moscou)... Minha imaginação a diverte. Ela ri. Ouço claramente sua voz pelo telefone. E por acaso seria um exagero pensar que o FSB, a seu bel-prazer, não pudesse prejudicar de uma maneira ou de outra um cidadão russo que o tivesse deixado em maus lençóis? "Não se preocupe comigo. Eles vão ficar encantados de saber que temos pedaços dos dentes." Acompanho sua lógica como uma criança aprendendo uma lição.

"Qual era nosso acordo?"
"Fazer um exame exclusivamente visual."
"A vigilância durante nossa análise foi constante?"
"Havia ao menos cinco pessoas nos observando."

Lana está certa. Jogamos o jogo que nos foi imposto. "Charlier vai questionar a autenticidade dos dentes, por acaso?" É uma pergunta retórica. Lana me induz a uma espécie de maiêutica, fazendo-me seguir sua lógica. Insiste em que eu responda. "Não, ele não vai dizer que os dentes não são de Hitler. É categórico ao afirmar que são."

Sinto o sorriso na voz dela. "Então tudo bem, Jean-Christophe. Eles vão aceitar. Confie em mim."

O Laboratoire de Physique des Solides (LPS), da Universidade Paris-Sud, está em obras. Operários trabalham de manhã à noite em volta do prédio principal. Batem, furam, derrubam. A floresta tranquila e as casas burguesas da pequena cidade de Orsay, no sudoeste parisiense, nem registram esses incômodos pontuais. Philippe Charlier também se acostumou ao barulho. O importante é conseguir efetuar análises das amostras cuidadosamente armazenadas no pequeno frasco. Em suas investigações médico-legais, ele conta com um grupo de peritos, os melhores. Entre eles o engenheiro Raphaël Weil, especialista no microscópio eletrônico de varredura, um equipamento indispensável para analisar a morfologia e a composição química das amostras — sem danificá-las. Graças à máquina e ao talento de Weil, as "migalhas" de tártaro dos dentes guardados no Arquivo Geral do FSB revelarão seus segredos. O plano de análise é amplo: buscar fibras vegetais e animais (o Führer era vegetariano havia anos quando morreu, de modo que qualquer fibra animal derrubaria nossas hipóteses), bem como vestígios de componentes de pólvora (de projétil da arma de fogo). O objetivo principal é saber se Hitler de fato se deu um tiro na boca. Sem esquecer, é claro, das manchas azuladas encontradas na superfície das próteses. "Não se pode mais prescindir do microscópio de varredura ao fazer um estudo de antropologia histórica", insiste Charlier. "Espero que a análise química nos permita encontrar os elementos constitutivos da prótese e compreender o que pode ter provocado esse depósito azul. Será uma interação do cianeto?"

Pela primeira vez o FSB reage prontamente. O primeiro a responder é Dmitri, o agente que nos acompanhou em nossa primeira visita ao Lubyanka. "Claro que sim… Sem problema. *Niet* problema!" Lana tinha razão. Como ela imaginou, uma simples carta de Philippe Charlier deve bastar para tranquilizar as autoridades russas. Conciso, claro e preciso, o relatório do legista francês é logo enviado. Ele repete que não tem dúvida alguma sobre a identidade dos dentes: são de fato de Hitler. Naquele dia ou no máximo em uma semana deveríamos receber uma carta oficial do FSB ou do Ministério das Relações Exteriores com o consentimento, o sinal verde, a resposta positiva, ainda que vaga e breve.

Nada.

Duas semanas.

Um mês.

Quase dois meses.

Evidentemente, nada.

A mesma rotina absurda e kafkiana. Lana garante que seus interlocutores lhe confirmaram mais de uma vez, por telefone, que podemos realizar as análises. Quero algo por escrito. "Ah, por escrito?", ela se espanta, subitamente vítima de amnésia. "Certo, vou falar com eles novamente." E de novo a espera. Dias de espera.

Quando tudo me parece perdido, a resposta chega. Da parte de Alexandr Orlov, do Ministério das Relações Exteriores da Santíssima Rússia, que me envia um e-mail em francês.

Eis um trecho: "Parece-me que se vocês fizerem uma análise das partículas da mandíbula de Hitler que ficaram em suas luvas e suas conclusões não entrarem em conflito com a posição oficial do lado russo, não teremos o direito de".

E uma assinatura: Alexandr.

Estamos no dia 7 de novembro de 2017. As folhas das árvores estão amareladas, os pássaros silenciosos poupam suas forças com a aproximação das temperaturas baixas. Esboço um sorriso. De cansaço, nervosismo ou perda de lucidez?

O e-mail de Alexandr está aberto na minha frente. Sorrio para ele. Está tudo ali. Enfim, quase tudo. "Não teremos o direito de." A falta de uma palavra põe tudo a perder. Mais de dois meses à espera de uma mensagem. Dezenas de telefonemas para a Rússia, de pedidos, de súplicas... Para quê? Para receber uma frase incompleta. Inutilizável. Será um vício? Um prazer perverso de brincar com nossa resistência? Ou simplesmente a forma mais acabada da procrastinação administrativa moscovita?

Claro que Philippe Charlier não fica satisfeito com a mensagem de Alexandr. "Não teremos o direito de." De QUÊ?

Caro Alexandr,
Muito obrigado por autorizar a análise dos fragmentos da mandíbula de Hitler.

7 de novembro de 2017. Final da tarde. Decido responder a Alexandr.

Não devo ofendê-lo. Não devo irritá-lo. Preciso escolher bem as palavras, com tato.

"Observo o cuidado que teve de me responder em francês. No entanto..."

Preciso refletir.

"No entanto, sua resposta veio incompleta. Disse que não terão 'o direito de'. Imagino que quisesse dizer 'de impedi-los' ou 'de proibi-los'. Poderia confirmar?"

Lana? Nada! Ela perde o contato com o FSB e com Alexandr. A situação fica cada vez mais tensa na Rússia. As acusações americanas sobre uma possível ingerência russa durantes as últimas eleições presidenciais se delineiam. A Síria e seu pesadelo militar humanitário e religioso não dão trégua. O regime putiniano se fecha um pouco mais na linha dura de um isolacionismo agressivo. Tudo o que vem do Kremlin parece diabólico, como na época áurea do stalinismo. Nos vemos dependentes da boa vontade desse poder russo que tanto assusta.

Sete dias. Alexandr leva sete dias para encontrar a palavra certa, a mais correta, a mais próxima de seu pensamento. E encontra várias. Escreve-as em maiúsculas, como se gritasse na minha cara: "NÃO OS ACUSAREMOS (INCRIMINAREMOS, DENUNCIAREMOS)".

Podemos realizar as análises. Ao que se saiba, as primeiríssimas realizadas com um microscópio eletrônico de varredura.

Um feito mundial.

E a esperança de resolver o mistério da morte de Hitler.

"Com as técnicas científicas atuais, temos meios de ir muito mais longe do que em 1945 ou 1970", entusiasma-se Charlier. "Podemos ter uma visão toxicológica e química desse tártaro. Ferramentas que podem facilitar a descoberta da verdade."

"Você já me trouxe de tudo: Luís IX, Ricardo Coração de Leão, Carlos Magno, Maria Madalena... E hoje, de quem se trata?" Raphaël Weil conhece Philippe Charlier muito bem. Eles trabalham juntos há dezenas de anos. Weil já sabe que o novo objeto de estudo será um destacado personagem histórico.

"De que época?"

"Da Segunda Guerra Mundial", responde o legista, evasivo. "Um alemão", ele prossegue. "Um personagem histórico importante, muito importante."

Weil baixa os olhos para o pequeno frasco, vê as etiquetas com as iniciais "A. H.". E não faz mais perguntas. "Só tenho a manhã livre", contenta-se em lembrar, "então, mãos à obra." Dos três fragmentos coletados, apenas dois serão examinados. Os maiores. Os menos pequenos, para ser mais preciso. O primeiro não chega a 2,5 milímetros de comprimento por 1,3 milímetro de espessura. O segundo é ainda menor. Mas o tamanho é o de menos. O microscópio é tão potente que pode ver na escala do mícron. O mais importante é que indicará a composição química das minúsculas amostras. "A ideia é descobrir a composição desse tártaro, o regime alimentar do indivíduo, e saber se apresenta apenas vestígios de fibras vegetais, ou se fibras animais também estão presentes. Por último, eu gostaria que você procurasse sinais de veneno."

Como não conseguimos uma amostra das manchas azuis, Charlier espera colher informações concludentes com a ajuda do tártaro. Sobretudo sobre a natureza das próteses. "Não pude examiná-las em relação a seus elementos", ele explica a Weil. Como nos romances policiais, o menor detalhe pode se mostrar determinante para uma investigação. Charlier sabe muito bem. É por isso que passa informações detalhadas ao colega: "Essas próteses estavam bastante danificadas e me pareceram de grande qualidade. O que espero de você é a descoberta da constituição de seus elementos químicos. Uma informação essencial para se compreender uma eventual interação entre eles e o cianeto". Em suma: as manchas azuis podem ter sido provocadas por uma reação do cianeto com o metal das próteses? Hitler de fato se suicidou com veneno, como os investigadores soviéticos afirmaram em maio de 1945?

O cianeto é um veneno eficaz? É doloroso? Hitler sem dúvida fez essas perguntas aos médicos que o cercavam no bunker. Sabemos que verificou seu efeito letal na cadela Blondi, sua querida fêmea de pastor-alemão, forçando-a a ingerir uma cápsula. Várias testemunhas descreveram a cena, que aconteceu no dia 29 de abril de 1945, no meio da noite. Hitler não tinha mais ilusões quanto ao resultado da Batalha de Berlim. O Exército Vermelho estava a poucas ruas de distância de seu esconderijo. A seus olhos, o suicídio era o único fim possível. Mas Himmler, o mesmo homem que lhe dera as ampolas de cianeto, acabara de traí-lo tentando negociar diretamente com os ingleses e os americanos. E se aquele "traidor" do Reich tivesse modificado a composição das ampolas? Numa nova crise de paranoia, o Führer decidiu testar o veneno na cadela. O professor Hasse, responsável pelo hospital do bunker, se encarregou da tarefa macabra com o auxílio do tratador de cães. O animal não resistiu. As versões do episódio variam segundo as testemunhas. Rattenhuber, chefe da guarda pessoal do Führer, mais tarde contará aos russos que a cadela sofreu, ganiu até o fim e acabou morrendo depois de demoradas convulsões. Hitler não teria assistido à agonia, mas teria ficado profundamente chocado com os efeitos do veneno. A versão de Linge, Günsche e Traudl Junge, uma das secretárias particulares de Hitler, é diferente: depois da morte de Blondi, à qual ele de fato não assistira, o Führer apenas constatara a eficácia do veneno, sem demonstrar nenhuma emoção. O certo é que a cápsula funcionava perfeitamente. Hitler ficou mais tranquilo? Sim, se acreditarmos nos depoimentos de seu círculo mais próximo. Ele não se furtava de louvar os méritos do veneno aos que o rodeavam. Traudl Junge conta: "Hitler nos explicou que a morte por esse veneno era completamente indolor. Acontecia em poucos segundos através de uma paralisia dos sistemas nervoso e respiratório".[10] Estaria mentindo a seus fiéis seguidores, para não preocupá-los, ou ignorava de fato os efeitos secundários do cianeto? Ao longo de toda a vida, Hitler desconfiou dos médicos e dos tratamentos prescritos por eles. Ele com certeza conhecia a terrível verdade: uma intoxicação como aquela seria mortal, mas não absolutamente indolor. Dependendo da dose e do peso do indivíduo, da idade, do estado de saúde ou ainda da hora da última refeição (está provado que o cianeto age mais rápido em estômagos vazios), a morte pode ser mais ou menos rápida. Ela ocorre, no entanto, sempre depois de intenso sofrimento. As primeiras dores se manifestam no nível neurológico e cardiovascular. Rapidamente, vêm as enxaquecas. Depois, vertigens, confusão mental, sensação de embriaguez... A seguir, a sensação de falta de ar. Como uma apneia prolongada. A angústia se soma à dor. O indivíduo é então tomado por convulsões generalizadas e perde os sentidos. Minutos depois sobrevém a morte, por parada cardíaca. Quanto tempo se passa até a perda dos sentidos? Depende da dose, do tipo de cianeto e do modo de ingestão. Himmler teria levado cerca de quinze minutos para morrer depois de ingerir sua cápsula de cianeto. Essa informação foi relatada pelos soldados britânicos, que tinham acabado de prendê-lo na fronteira dinamarquesa e assistiram a seu suicídio, impotentes, no dia 23 de maio de 1945. Mas a morte do líder da ss segue envolta em sombras. A autópsia e o relatório oficial de sua morte continuam sigilosos, classificados como segredo de Estado nos arquivos britânicos. Devem se tornar acessíveis apenas em 2045, cem anos depois da morte de Himmler.

É comum ouvir depoimentos de que um forte cheiro de amêndoa amarga se faz sentir depois do uso do cianeto. No episódio com a cadela Blondi, as testemunhas, unanimemente, se lembram desse odor tenaz pairando no ar. Ele pode persistir por um bom tempo. No caso de Hitler e Eva Braun, a equipe médico-legal soviética o sentiu durante a autópsia. No entanto, os corpos estavam carbonizados e haviam ficado enterrados por vários dias: "O cheiro marcante de amêndoa amarga que emanava dos corpos [...] levou a comissão a concluir que, no presente caso, a morte foi causada por envenenamento por cianeto".[11] Mas será possível que o cheiro se mantenha depois de tanto tempo? E que, acima de tudo, resista a uma carbonização intensa? A equipe médico-legal soviética não terá exagerado essa história de amêndoa amarga para validar a teoria de morte por cianeto? Teoria que, como pudemos constatar nos arquivos russos, era a preferida de Stálin, visto que, a seus olhos, o suicídio por veneno era um ato desprezível para um líder de guerra.

Algumas testemunhas diretas da morte de Hitler mencionam esse famoso cheiro de amêndoa. Outras não. A incoerência pode ser facilmente explicada. Hoje sabemos que nem todo mundo pode sentir esse cheiro. De 20% a 40% das pessoas são insensíveis a ele. Mas o dado será suficiente para validar a hipótese de cianeto no suicídio de Hitler? O cheiro de amêndoa amarga relatado pelas testemunhas do suicídio não terá emanado apenas do cadáver de Eva Braun? No caso dela, o uso do cianeto nunca foi questionado. Linge se lembra de ver no rosto da jovem mulher as marcas de dor características desse tipo de envenenamento. Em suas memórias, o criado também afirma ter encontrado uma caixa em cima da mesa, à frente do sofá onde jaziam os dois cadáveres. Era aquela caixa, segundo ele, que guardava a cápsula da mulher do Führer. No entanto, é importante dizer que a caixa "não existe mais" nos relatórios dos interrogatórios soviéticos de Linge.

Noite de 26 para 27 de fevereiro de 1946.

Investigador russo: O senhor encontrou sobre o sofá ou ao lado dele, ou ainda no chão, uma ampola ou uma caixa de veneno que possa ter sido utilizada por Eva Braun?
Linge: Não. Não havia nenhum vestígio de veneno. Não encontrei nenhuma ampola ou caixa, nem mesmo quando voltei da cremação dos cadáveres de Hitler e da esposa para me ocupar de seus pertences pessoais.

Mais contradições, mais dúvidas. Linge mente ao responder aos oficiais dos serviços secretos soviéticos? Ou ao escrever suas memórias? As mudanças de discurso e as incessantes modificações dos detalhes favorecem as teorias conspiratórias, segundo as quais Hitler não morreu no bunker e conseguiu escapar.
Os investigadores soviéticos também tiveram suas dúvidas. Logo apontaram as falhas do depoimento de Linge. Como a constatação da morte do casal Hitler:

Investigadores: Que médico confirmou a morte de Hitler e da esposa?
Linge: Bormann e eu não chamamos nenhum médico, pois era evidente que ambos estavam mortos.
Investigadores: O senhor ou Bormann têm um diploma de medicina?
Linge: Não. Nem Bormann nem eu temos um diploma de medicina.

Investigadores: Como, então, puderam concluir que Hitler estava de fato morto? Verificaram seu pulso, ouviram seus batimentos cardíacos?

Linge: Não. Não fizemos nada disso. Chegamos à conclusão de que estava morto simplesmente olhando para ele.

Investigadores: Como deduziram que a mulher de Hitler, Eva Braun, estava morta?

Linge: Concluímos que estava morta apenas por sua aparência. Ela estava inerte. Concluímos que tinha se envenenado.

[...]

Investigadores: Havia médicos no bunker da Chancelaria imperial?

Linge: Sim. O médico pessoal de Hitler, o Standartenführer Stumpfegger, e o antigo médico pessoal de Hitler, o professor Haase.

Investigadores: Por que não os chamaram, para que pudessem constatar a morte?

Linge: Não sei explicar por que não os chamamos para confirmar a morte de Hitler e de sua esposa.

Joël Poupon conhece bem os efeitos do cianeto. Ao contrário de Linge, não lhe faltam diplomas. Ele é especialista em análise mineral do laboratório de toxicologia biológica do Hospital Saint-Louis-Lariboisière, em Paris. Philippe Charlier logo pensa em seu nome para ajudá-lo a resolver o enigma das manchas azuis encontradas nos dentes de Hitler e de Eva Braun. A primeira reação de Poupon diante das imagens é um "que incrível!" franco e bastante incomum no reservado cientista. A clareza e a profundidade do azul não podiam deixá-lo indiferente. Um azul intenso, pesado, escuro quase como um... azul prussiano. Esse é o nome dessa cor tão singular, criada quimicamente por meio da mistura de sulfato terroso e ferrocianeto de potássio. Seu nome se deve ao fato de ter sido descoberto por um químico alemão de

Berlim no início do século XVIII. Sua cor corresponde à das manchas deixadas nos dentes guardados nos arquivos do FSB. Um azul-marinho — *kuanos*, em grego antigo — que deu origem à palavra "cianeto".

Como diz a frase atribuída ao médico e filósofo suíço Paracelso, "tudo é tóxico e nada existe sem toxicidade, somente a dose faz com que uma coisa não seja veneno". Nada mais verdadeiro para o cianeto. Se, na linguagem corrente, o cianeto está amplamente associado a um veneno fulminante e mortal, muitas vezes utilizado nos submundos ligados à espionagem, na realidade o composto está em nosso cotidiano, sem nos colocar necessariamente em perigo. Encontramos cianeto ou ácido cianídrico (HCN) no caroço da cereja ou do damasco, e nas sementes da maçã. Embora seja bastante raro comer caroços, é bastante comum comer amêndoas amargas. E cianeto, do qual elas estão cheias. Felizmente, a menos que se comam amêndoas amargas em quantidades gigantescas, o corpo resiste sem problemas a esse cianeto natural.

O composto também pode ser extraído por vias químicas e produzido sob diferentes formas: gasosa (utilizada pelos nazistas nas câmaras de gás), líquida e em sais solúveis. Nesse último caso, fala-se em cianeto de potássio, de amônio ou de cálcio. Segundo os depoimentos dos moradores do bunker, as cápsulas distribuídas continham cianeto de potássio. Será? Para ter certeza, bastaria ter acesso a uma delas. Não qualquer uma, mas uma das cápsulas entregues aos altos dignitários nazistas no Führerbunker. Depois de uma longa busca em todos os museus e arquivos da Europa, descobrimos que havia uma dessas cápsulas no Museu da Farmácia de Heidelberg, na Alemanha. Infelizmente, a informação era correta, mas ultrapassada. Quando contatamos o museu, fomos informados de que a cápsula não havia sido conservada. Uma foto, uma simples foto nos permitiria verificar se o cianeto estava na forma líquida ou de sais. Nenhuma foto. O museu não conservara nada. Nenhuma fotografia, em preto e branco, borrada, nada.

E um relatório? Dados, análises, qualquer coisa? "*Nein!*" Um "*nein*" bastante parecido com os "*niet*" que tantas vezes ouvimos em Moscou.

Nada de cápsula na Alemanha, na Rússia ou na França. Restava verificar o lado britânico e americano.

Um vídeo datado de 4 de junho de 1945 nos devolveu as esperanças. Tratava-se de uma reportagem britânica sobriamente intitulada "The Last of Europe's Butcher" [O último carniceiro da Europa]. O "carniceiro" em questão era ninguém menos que Himmler. Nas imagens, podemos ver a casa onde ele teria se suicidado e seu cadáver. Uma cápsula de cianeto é mostrada. A voz entrecortada e nasal do jornalista afirma se tratar de uma ampola idêntica à utilizada por Himmler. Uma pausa na imagem permite constatar, sem possibilidade de erro, que o cianeto aparece na forma de um líquido incolor, e não em pó. Uma das extremidades da cápsula, menor que a outra, apresenta aparência opaca e colorida.

Ao que tudo indica, o cianeto utilizado por Himmler é o cianeto de hidrogênio, mais conhecido sob o nome de ácido prússico. Prússico porque descoberto no final do século XVIII por um químico sueco, Carl Wilhelm Scheele, a partir do azul prussiano. Em alemão, aliás, o ácido prússico é chamado de *blausäure*, ou "ácido azul". Sem dúvida alguma, o cianeto mais perigoso de todos. Mortal a partir de uma dose de cinquenta miligramas. Hitler e a mulher devem ter recebido, portanto, o mesmo tipo de cianeto.

Resta saber se o ditador utilizou o veneno para se suicidar.

Günsche acredita que não.

Jura isso perante a Justiça de seu país. No ano de 1956.

O antigo oficial da ss acaba de ser libertado dos campos soviéticos, depois de dez anos de encarceramento. Ele volta para a Alemanha em 2 de abril de 1956 para descobrir que ela foi dividida em dois Estados, em 1949. A oeste, as três zonas de ocupação sob controle americano, inglês e francês formavam a República Federal da Alemanha (RFA); a leste, a zona de ocupação soviética se tornara a República Democrática Alemã (RDA). Depois de ter sido julgado (em 1950) e condenado a 25 anos de prisão (sendo libertado seis anos depois graças à intervenção de Konrad Adenauer, o chanceler da RFA) pela Justiça soviética, Günsche fica sabendo que também tem contas a prestar à Justiça alemã. Não para ser julgado, mas para dar um fim judicial ao destino de Hitler. Dez anos depois da queda do regime nazista, é chegada a hora de decretar definitivamente a morte do ditador. Ele não é o único do círculo íntimo de Hitler de volta a terras alemãs. Em 1955, Adenauer negocia com os soviéticos o repatriamento dos últimos prisioneiros alemães culpados de crimes de guerra. Entre eles, as três principais testemunhas das últimas horas de Hitler: além de Günsche, Linge e Baur.

As declarações de Günsche e de Linge foram gravadas pelo tribunal de Berchtesgaden. O registro foi feito separadamente e ao longo de vários dias, entre 10 de fevereiro de 19 de junho de 1956.

Até 2010, esses arquivos de áudio dormiam nas prateleiras dos Arquivos de Estado de Munique (Staatsarchiv München). Por razões técnicas, era impossível ouvi-los. Restaurados com zelo, hoje podem ser consultados.

Nas gravações, os dois homens testemunham sob juramento diante de um juiz e dos representantes do Centro de Polícia Bávara, no qual o chefe do departamento de criminologia é um médico perito. Mais uma vez, Linge e Günsche são interrogados sobre os últimos momentos de Hitler no bunker, em 30 de abril de 1945. Os dois homens envelheceram nos cárceres soviéticos, sobretudo com os constantes interrogatórios conduzidos pelos serviços secretos russos. No decurso de dez longos anos, foram solicitados a narrar os mesmos fatos de novo e de novo. Estavam em condições de se lembrar com exatidão do que realmente aconteceu em 30 de abril de 1945? A memória deles não estava corrompida, de tanto ser solicitada e questionada?

Perante a Justiça de seu país, os dois respondem quase mecanicamente. Günsche declara: "Como já disse, carreguei em meus braços o cadáver de Eva Braun, que não estava coberto, e pude sentir um cheiro extraordinariamente forte de amêndoa. Não senti esse cheiro em Hitler. Nem quando seu cadáver foi depositado no chão do jardim. Quando Bormann retirou o cobertor [que cobria Hitler], me aproximei de novo e não senti nada do gênero".[12] O antigo ajudante de campo do Führer diz a verdade? Ao contrário dos soviéticos, que privilegiam a tese do suicídio por envenenamento, ato impregnado de covardia, segundo eles, Günsche não deseja apresentar o chefe como um homem capaz de se matar com um tiro na cabeça, com toda a simbologia guerreira que acompanha esse gesto a seus olhos? O depoimento de Günsche à Justiça alemã, rico em detalhes, contradiz em parte o de Linge. E em pontos importantes. Eis o que Günsche declara sobre a descoberta dos cadáveres do casal Hitler na antessala:

Bormann e Linge se preparavam para entrar no gabinete de Hitler. Segui-os e a cena me foi descortinada: Hitler estava sentado na poltrona, mais ou menos na frente da porta, o olhar dirigido à esquerda da porta, a cabeça caída sobre o ombro direito, que estava escorado no braço da poltrona, a mão pendente. [...] Eva Braun estava deitada no sofá em frente da porta ao fundo do cômodo, a cabeça virada para Hitler, deitada de costas, as pernas ligeiramente dobradas e encolhidas na direção do corpo, os sapatos — sapatos femininos leves — estavam em cima do sofá.[13]

Os investigadores alemães registram o que ele diz, mas ficam surpresos. Pedem mais detalhes. Günsche não se furta a dá-los:

Hitler estava sentado, eu diria que levemente caído, mas nada muito notável, na poltrona, um pouco inclinado para a direita, a mão direita pendendo por cima do braço direito da poltrona, a cabeça pendendo levemente para o lado direito, por cima do ombro direito. Tanto quanto consigo lembrar, a boca estava levemente aberta, o queixo um pouco solto, mas não posso afirmar...

Então Hitler teria se matado numa poltrona, e não no sofá, com Eva Braun. A versão do ajudante de campo se choca com a que Linge dá aos investigadores alemães.

Quando entrei no cômodo, Hitler estava sentado à esquerda — visto de onde eu estava, à esquerda dele —, mais exatamente no canto esquerdo do sofá.
Investigadores: Então de seu ponto de vista à esquerda, no canto direito do sofá?
Linge: Sim, bem no canto...[14]

Quem diz a verdade? Será possível se enganar a tal ponto? Se nos ativermos à disposição dos móveis no cômodo onde os suicídios aconteceram, a resposta é não! Os investigadores alemães recriam com cuidado a disposição dos móveis e recorrem a Linge para confirmá-la.

Investigadores: O cômodo tinha uma superfície de cerca de oito metros quadrados, era mais ou menos quadrado, tinha uma porta que se abria para o corredor central, que podemos supor que também servia de local de reuniões para as pessoas de seu círculo que o aguardavam. Podia-se dormir ali também, porque havia um sofá.

Linge: Somente no último dia...

Investigadores: [...] *O cômodo dispunha de mais duas saídas, à direita para o quarto de dormir de Adolf Hitler e à esquerda para o banheiro. Como mobiliário, havia um sofá de cerca de dois metros de comprimento, um sofá normal com apoios para os braços. Na frente desse sofá, uma mesa não muito grande...*

Linge: Uma mesa pequena...

Investigadores: À direita e à esquerda dessa mesa, o senhor mencionou a presença de uma poltrona de cada lado. O sofá estava encostado na parede à frente da porta de entrada. À frente dele ficava a mesa, e à direita dessa mesma entrada havia uma grande escrivaninha e uma cadeira. O sr. Linge disse que o ambiente era tão estreito que mal se conseguia passar entre a mesa e a escrivaninha quando havia cadeiras. Depois, o quadro de Frederico, o Grande, que não é relevante para nós. Acima da escrivaninha, havia um quadro que Hitler apreciava em particular.

L: O quadro era de Menzel.

Interrogadores: Isso é tudo em relação ao local.[15]

É difícil ser mais preciso.

Ao contrário dos relatórios soviéticos, pela primeira vez os depoimentos de Linge e Günsche estão na forma oral. A inflexão, o ritmo e o fraseado de suas vozes guardam informações importantes para a percepção de falhas no que é dito.

Nessas gravações, Linge e Günsche parecem muito seguros de suas lembranças. Nenhum dos dois busca palavras para se expressar, nenhum dos dois hesita. No entanto, para Linge, Hitler estava sentado de frente para a porta de entrada, num *sofá*, ao lado de Eva Braun. Para Günsche, estava à frente do *sofá*, sentado numa poltrona.

A discrepância é total. Em quem acreditar? Que versão validar? Quem estava mentindo? Quem se enganava?

Günsche diz a verdade ao afirmar que Hitler não tomou veneno?

Esse episódio é a perfeita ilustração da quase impossibilidade de se basear nas declarações das testemunhas dos últimos momentos de Hitler. Para contornar essa aporia factual, existe, porém, uma solução: a ciência.

Por isso recorremos a Philippe Charlier, na sede do Laboratoire de Physique des Solides, no subúrbio parisiense.
Faz mais de duas horas que os dois fragmentos de tártaro são percorridos mícron a mícron. Raphaël Weil trabalha com método e paciência. Nada lhe escapa. Dentro de poucos instantes, ele saberá tudo a respeito da composição química do material proveniente dos arquivos do FSB. E talvez encontre informações sobre a composição das próteses. Weil procura, acima de tudo, vestígios de mercúrio, chumbo, arsênico, cobre e, é claro, ferro. O cianeto é indetectável: seus vestígios desaparecem entre 24 e 72 horas após a ingestão, e ainda mais rápido se o cadáver for queimado ou conservado a temperaturas superiores a 20°C. O relógio marca 12h30. O tempo limite determinado por Raphaël Weil é ultrapassado. O engenheiro se esquece de ter fome. Sua concentração é total. Erros de interpretação não podem ser uma variável. Charlier se impacienta. Desculpa-se sem jeito junto ao colega de pesquisa. "Tome todo o seu tempo, claro", repete o legista, para disfarçar a excitação. Depois observa novamente: "Então... alguma coisa?". Com calma, depois de cada cálculo da máquina, o técnico lista os elementos químicos revelados: cálcio, potássio, fósforo... Mas nada de ferro, ou em tão baixa quantidade que é impossível determinar se provêm dos fragmentos ou da "cama" do microscópio em que são dispostos os pedaços de tártaro. Charlier não descobre mais nada. A decepção é total.

Na verdade, não. Não exatamente.

Raphaël Weil se volta para o legista. Ele não encontra informações sobre as próteses, mas descobre algo ainda melhor. Tem a prova científica absoluta da autenticidade do tártaro. Na tela de controle do microscópio eletrônico de varredura, uma imagem em preto e branco aparece. Borrada. Temos a impressão de estar num posto de comando da Nasa na época das expedições lunares. Um solo pedregoso como o de um meteorito aos poucos se delineia. O alto da tela finalmente fica nítido. "Os pontos se formam, é preciso esperar", intervém Raphaël Weil, sem olhar para mim. Pequenas esferas surgem e preenchem toda a tela. Charlier reconhece-as na mesma hora: "Estamos diante de uma clássica representação do tártaro dentário, com suas formas arredondadas, como glóbulos. Prova do fenômeno de calcificação da placa dentária em tártaro dentário". O engenheiro confirma: "Todos esses glóbulos são a verdadeira assinatura do tártaro".

Mas a análise não para por aí. Uma fibra vegetal logo se torna visível. Depois outra. Por outro lado, não se detecta nenhuma fibra animal. Um simples pedaço de carne do tamanho de um mícron teria sido suficiente para questionar a identidade do dono daqueles dentes. Por ocasião do suicídio, Hitler era vegetariano havia vários anos. A ausência de restos animais tranquiliza o legista.

Ele pode ir mais longe na análise daqueles dois fragmentos de tártaro, para saber se o Führer se deu um tiro na boca? Antimônio, número atômico 51, bário, número atômico 56, chumbo, número atômico 82. É isso que Raphaël Weil procura. Depois de uma rápida verificação na tabela periódica de Mendeleiev, que classifica os elementos químicos segundo o número atômico, o engenheiro calibra com precisão o microscópio eletrônico. Philippe Charlier escolhe se concentrar nesses três minerais. Seu objetivo é bem específico. Se um tiro foi disparado dentro da boca de Hitler, vestígios desses elementos devem obrigatoriamente ser encontrados no tártaro dentário.

A tese de suicídio com um tiro na boca foi apresentada pelos ingleses em novembro de 1945.

Nem mesmo o melhor investigador do mundo ousaria aceitar o desafio de investigar a morte de alguém sem ter acesso ao corpo nem poder interrogar testemunhas diretas. No entanto, essa é a situação das forças aliadas quando são informadas do suicídio de Hitler, no início de maio de 1945. Como já mencionamos, os Estados-Maiores ingleses e americanos não aceitam simplesmente validar a versão soviética, que dizia que o Führer conseguira fugir. Então, tentam o impossível. Reunir o máximo de depoimentos entre os raros prisioneiros nazistas do Führerbunker. Os ingleses apresentam seu relatório às forças ocupantes da Alemanha (de americanos, russos e franceses) no dia 1º de novembro de 1945. Com pragmatismo e realismo, o relatório começa com uma resignada confissão: "A única prova concreta da morte de Hitler seria a descoberta e a identificação de seu corpo. Na ausência disso, os únicos indícios comprobatórios repousam nos relatos circunstanciados dos que sabiam de suas intenções ou de testemunhas oculares de seu destino". A investigação inglesa se baseia no depoimento de um homem próximo a Hitler: Erich Kempka, 35 anos, motorista particular do ditador. Ele foi informado da morte do Führer por Otto Günsche, ajudante de campo de Hitler. Kempka relata o diálogo com Günsche em suas memórias, publicadas em 1951: "Foi um choque terrível. 'Como isso foi acontecer, Otto? Falei com ele [Hitler] ontem mesmo! Estava com boa saúde e calmo!' Günsche ainda estava tão transtornado que não conseguia falar. Ergueu o braço direito com dificuldade, como se segurasse uma arma, e a apontou para a boca".[16] Kempka narra o mesmo episódio aos investigadores britânicos em 1945. Em parte, é por causa do motorista que o relatório da investigação inglesa afirma textualmente: "No dia 30 de abril, às 14h30, Hitler e Eva Braun fizeram sua última aparição em vida. Eles perambularam pelo bunker e apertaram a mão dos membros de seu círculo mais próximo, das secretárias e dos assistentes, depois se retiraram para seus aposentos, onde ambos se suicidaram, Hitler com um tiro na boca, Eva Braun (embora armada com um revólver), engolindo uma das cápsulas de veneno entregues a todos no bunker".

O autor do relatório, o historiador inglês Hugh Trevor-Roper, não desconfia que os soviéticos talvez não tenham dito toda a verdade sobre a morte de Hitler? Durante a apresentação oficial de sua investigação aos oficiais das forças ocupantes da Alemanha, Trevor-Roper observa com atenção a reação dos representantes russos. Um general do Exército Vermelho é convidado a se manifestar a respeito do trabalho do inglês. O militar com a estrela vermelha revela alguma coisa? Trevor-Roper nunca esquecerá sua resposta: "Quando foi convidado a comentar o relatório, ele respondeu laconicamente, com uma voz surda: 'Muito interessante'".[17]

Pouco mais de setenta anos depois desse episódio, talvez consigamos descobrir se Trevor-Roper tinha razão. Se Kempka não mentiu. Hitler se deu um tiro na boca?

"Antimônio?", pergunta Charlier.

"Nada", responde Raphaël Weil.

"Chumbo?"

Raphaël retoma: "Nada, tampouco bário".

A troca de frases curtas continua por longos minutos. Até o resultado da última análise.

"Então?"
Charlier se volta para mim. Tinha quase esquecido minha presença. A pergunta o surpreende. Seu "nada" soa como um tudo. "Nada!"

Por outro lado, ele pode anunciar categoricamente o fim do mistério sobre Hitler.

O inverno não tardará a cair como um véu preguiçoso sobre Paris. Quase dois anos de investigação estão prestes a chegar ao fim. Lana está em Moscou. À espera.

Dirijo-me ao subúrbio parisiense. Para a região oeste, logo depois de Versalhes, ao laboratório de antropologia médica e medicina legal de Philippe Charlier na Universidade de Versailles-Saint-Quentin.

Ele tem o rosto contraído e os olhos esbugalhados, que não deixam dúvida quanto a seu humor. Falta calor à sua acolhida. A seu redor, percebo outros olhares pouco amáveis. Alguns até botam a língua para fora como em algum rito sacrificial. "Esta aqui vem da Oceania. A outra, da África Ocidental..." Philippe Charlier não sabe mais onde empilhar tantas máscaras e totens. Seu gabinete mais parece o depósito de um museu imaginário de arte primitiva que a sala de um pesquisador de medicina legal. Ele quer lembrar que também é antropólogo?

Certa tensão invade o gabinete. Seria devido ao avental branco do médico ou ao inquietante areópago de figuras tutelares primitivas que nos cercam? Bem, pode ser apenas o desgaste dos meses de batalhas em meio a uma investigação histórico-política.

Philippe Charlier está sentado. Fala no tom grave dos que têm consciência da importância do que dizem.

Ele começa: "É comum que a morte de um personagem histórico esteja cercada de mistério. Sempre se imagina que a pessoa não está morta, que fugiu... Uma morte normal não agrada, é simples demais, banal demais. O trabalho da medicina legal é separar o verdadeiro do falso e fornecer conclusões definitivas, científicas. Faço uso da mesma seriedade e da mesma objetividade tanto num caso da Justiça quanto num arqueológico".

Um retrato gigantesco de Henrique IV descansa no chão, apoiado na parede. Trata-se da reconstituição em 3-D feita pela equipe de Philippe Charlier. O velho rei francês parece nos ouvir com impaciência.

"E?", pergunto, apenas para pôr um fim às circunvoluções do legista. "Os restos mortais guardados em Moscou são de Hitler? Sim ou não?"

Silêncio.

"O crânio, não sei."

O exame visual, limitado pela falta de cooperação do GARF, só lhe permite chegar a uma conclusão: é impossível determinar a idade daquele fragmento de calota craniana. Ao contrário das declarações de Nicholas Bellantoni, arqueólogo americano aposentado numa universidade de Connecticut, o afastamento das suturas não é suficiente para indicar se o pedaço de crânio pertenceu a alguém jovem. Philippe Charlier é categórico em relação a isso. As radiografias da face de Hitler, tiradas no outono de 1944, permitem-lhe contestar a análise do colega americano. "Nas radiografias, podemos ver as suturas do alto do crânio de Hitler", explica o legista francês. "Elas estão bastante abertas. Mas só isso não prova que estejamos diante de um indivíduo jovem. Esse argumento não se sustenta." Para recapitular, Bellantoni explicava em 2009 que: "Normalmente, ao envelhecer, as suturas do crânio se fecham, mas estas [as do fragmento de crânio conservado no GARF, em Moscou] estão bem abertas. Correspondem, portanto, a um indivíduo entre vinte e quarenta anos".[18]

Philippe Charlier insiste:

"É um crânio de adulto. Ponto-final. Já em relação aos dentes, sou categórico. De fato são de Hitler!"

Insisto: "Mas com 100% de certeza?".

"Em medicina legal, nunca quantificamos os resultados, mas tenho certeza de que não se trata de uma falsificação histórica. E tenho certeza da correspondência anatômica entre as radiografias, as descrições das autópsias, as descrições das testemunhas — sobretudo das que fizeram e colocaram essas próteses dentárias — e a realidade que tivemos em mãos. A soma de todas essas análises confirma que os restos mortais examinados são de fato de Adolf Hitler, morto em Berlim no ano de 1945. E isso acaba de uma vez por todas com as teorias de que ele possa ter sobrevivido."

E o tiro na boca? E o cianeto? Os fragmentos de tártaro dentário permitem responder a essas duas perguntas? A teoria inglesa de 1945 sobre a morte de Hitler está errada? Trevor-Roper se enganou?

"O estudo químico da superfície do tártaro dentário nos permitiu procurar vestígios dos metais encontrados quando alguém se dá um tiro de arma de fogo na boca. Em geral, há gases de combustão, pólvora, incandescências que se depositam na cavidade bucal, na língua, na mucosa... E, portanto, no tártaro. Mas não encontramos nada."

Então Hitler não se deu um tiro na boca. Kempka mentiu quando afirmou que Günsche, o ajudante de campo, fizera um gesto de quem se dá um tiro na boca.

Günsche inclusive afirmara, em 1956, em resposta à Justiça alemã, que Kempka inventara tudo. Eis seu depoimento: "Nego que Hitler tenha se dado um tiro na boca. Além disso, gostaria de insistir que não falei a ninguém no bunker sobre a maneira como Hitler se deu um tiro e em que circunstâncias o fez. Apenas comentei com algumas pessoas presentes que Hitler se dera um tiro e que seu cadáver fora queimado".[19]

* * *

Foi preciso esperar mais de meio século para a versão de Günsche ser confirmada. E com certeza absoluta. A ciência prevalece sobre todos os depoimentos, sobre a emoção, sobre as tentativas de manipulação. E confirma a versão inúmeras vezes repetida por Heinz Linge, o fiel criado do ditador, o primeiro homem a ver os cadáveres de Hitler e Eva Braun. Em todos os interrogatórios conduzidos pelos soviéticos, nas entrevistas concedidas a jornais, rádios e emissoras de televisão, nas memórias publicadas após sua morte, em 1980, a mesma cena é narrada: "Quando entrei, vi Hitler à minha esquerda. Ele estava no canto direito do *sofá*... Tinha a cabeça levemente inclinada para a frente. Em sua têmpora direita, havia um buraco do tamanho de uma moeda de dez centavos".[20]

E o cianeto?
E as manchas azuis nos dentes?
O cientista reconhece sua impotência. As manchas azuis são surpreendentes, espantosas, desconcertantes. Mas ele não pode ir além sem analisar uma amostra dos dentes conservados em Moscou.
Alexandr afirma ser impossível. Dmitri, por sua vez, sugere que Lana toque sua vida. Que mude de tema.
"Eles me disseram que nenhuma análise será feita." A própria Lana acha que não devemos esperar mais nada. "Queriam que provássemos que os dentes eram de Hitler. Agora que fizemos isso, nos negam tudo."
E se tivéssemos concluído que não eram dele?
Minha pergunta retórica é respondida por uma Lana impassível: "Teria sido um grande problema para a Rússia".

Notas

PRIMEIRA PARTE: A INVESTIGAÇÃO (I) [pp. 7-58]

1. *Le Monde*, 9 maio 1945.
2. *Le Monde*, 2 maio 2000, Agathe Duparc.
3. *Libération*, 2 maio 2000, Hélène Despic-Popovic.
4. *The Independent*, 20 fev. 1993, Helen Womack.

SEGUNDA PARTE: OS ÚLTIMOS DIAS DE HITLER [pp. 59-134]

1. Sven Felix Kellerhoff, *The Führer Bunker: Hitler's Last Refuge*. Berlim: Berlin Story, 2004, p. 50.
2. Hans Baur, *I was Hitler's Pilot*. Londres: Muller, 1958, p. 180.
3. Heinz Linge e Otto Günsche, *Le Dossier Hitler*. Trad. de Danièle Darneau. Paris: Presses de la Cité, 2006 (2005), p. 281.
4. Ibid., p. 299.
5. Heinz Linge, *With Hitler to the End: The Memoirs of Adol Hitler's Valet*. Barnsley: Frontline, 2013, p. 187.
6. Ibid., p. 174.
7. Erich Kempka, *I was Hitler's Chauffeur: The Memoirs of Erich Kempka*. Barnsley: Frontline, 2012, p. 57.

8. Kempka, op. cit., p. 58.
9. Rochus Misch, *J'étais garde du corps d'Hitler (1940-1945)*. Paris: Le Cherche Midi, 2006, p. 193. [Ed. bras.: *Eu fui guarda-costas de Hitler*. Trad. de Adalgisa Campos da Silva. São Paulo: Objetiva, 2006.]
10. Elena Rjevskaia, *Carnets de l'interprète de guerre*. Paris: Christian Bourgois, 2011, p. 287.
11. Albert Speer, *Au cœur du Troisième Reich*. Paris: Fayard-Pluriel, 2016 (1971), p. 79. [Ed. bras.: *Por dentro do III Reich*. Trad. de Raul Xavier. Rio de Janeiro: Artenova, 1971.]
12. Linge e Günsche, op. cit., p. 306.
13. Nicolaus Von Below, *At Hitler's Side: The Memoirs of Hitler's Luftwaffe Adjutant*. Londres: Greenhil, 2001, p. 236.
14. Linge, op. cit., p. 189.
15. Rjevskaia, op. cit., p. 289.
16. Ibid.
17. Speer, op. cit., pp. 667-8.
18. Misch, op. cit., p. 201.
19. Speer, op. cit., p. 670.
20. Traudl Junge, *Dans la tanière du loup. Les confessions de la secrétaire d'Hitler*. Paris: JC Lattès, 2005 (2003), p. 240. [Ed. bras.: *Até o fim: Os últimos dias de Hitler contados por sua secretária*. Trad. Claudia Abeling. Rio de Janeiro: Ediouro, 2005.]
21. Junge, op. cit., p. 245.
22. Misch, op. cit. p. 206.
23. Ibid., p. 207.
24. Junge, op. cit., pp. 253-4.
25. Ibid., p. 255.
26. Baur, op. cit., p. 188.
27. Rjevskaia, op. cit., p. 227.
28. Marechal Júkov, *Mémoires, v. 2, De Stálingrad à Berlin (1942-1946)*. Trad. de Serge Oblensky. Paris: Fayard, 1970, p. 323.
29. Karl Dönitz, Karl. *Memoirs, Ten Years and Twenty Days*. Barnsley: Frontline, 2012, p. 452.

TERCEIRA PARTE: A INVESTIGAÇÃO (II) [pp. 135-247]

1. Linge, op. cit., p. 210.
2. Lev Bezymenski. *The Death of Adolf Hitler: Unknown Documents from Soviet Archives*. Nova York: Harcourt, Brace & World, 1969, p. 45.

3. Rjevskaya, op. cit., p. 273.
4. Ibid., p. 276.
5. Ibid., p. 277.
6. Rjevskaya, op. cit., p. 339.
7. Bezymenski, op. cit., p. 57.
8. Ibid., p. 67.
9. Relatório secreto apresentado em 25 fev. 1956, no vigésimo congresso do Partido Comunista da União Soviétca. Disponível em: <http://chs.univ-paris1.fr/Voyages/kroutchev.pdf>. Acesso em: 10 maio 2018.
10. *Foreign Relations of the United States: Diplomatic Papers, The Conference of Berlin (The Potsdam Conference)*, 1945, v. 1, n. 24, "Memorandum by the Assistant of the Secretary of State (Bohlen)", pp. 29-30.
11. Biblioteca Presidencial, Museu e Casa de Infância Eisenhower, Abilene, Kansas, Estados Unidos [documentos pré-presidenciais de Dwight D. Eisenhower, documentos principais, caixa 156, declarações à imprensa e releases, 1944-6, v. 1, NAID, #12007716], p. 4.
12. Linge, op. cit., p. 211.
13. Baur, op. cit., p. 205.
14. Misch, op. cit., p. 221.
15. Baur, op. cit., p. 205.
16. Linge, op. cit., p. 212.
17. Baur, op. cit., p. 211.

QUARTA PARTE: CONCLUSÕES? [pp. 249-341]

1. Disponível em: <https://www.youtube.com/watch?v=ZqrrjzfnsVY>. Acesso em: 10 maio 2018.
2. Linge, op. cit., p. 213.
3. Ibid., p. 213.
4. Baur, op. cit., p. 221.
5. Ibid.
6. Winston Churchill, *The Sinews of Peace*, Organização do Tratado do Atlântico Norte (OTAN), 5 mar. 1946.
7. *Nouvelles Soviétiques*, n. 86, 16 mar. 1946.
8. Arquivos Nacionais dos Estados Unidos, n. 01 FIR 31, em Reidar F. Sognnaes, e Ferdinand Ström, Identificação odontológica de Adolf Hitler: documentação definitiva, com raios X, dúvidas e descobertas da autópsia, Acta Odontol., n. 31, 1973, pp. 43-69, aqui p. 57.

9. Reidar F. Sognnaes e Ferdinand Ström, Identificação odontológica de Adolf Hitler, Acta Odontologica Scandinavica, n. 31-1, 1973, pp. 43-79.
10. Junge, op. cit., pp. 243-4.
11. Bezymenski, op. cit., p. 67.
12. Arquivos de áudio dos interrogatórios de Otto Günsche, 1956, Arquivos de Estado de Munique (Staatsarchiv München), CD/DVD 71-4.
13. Ibid.
14. Ibid.
15. Ibid.
16. Kempka, op. cit., p. 77.
17. Hugh Trevor-Roper, *The Last Days of Hitler*. Londres: Pan, 1947, p. 6.
18. Disponível em: <https://www.youtube.com/watch?v=ZqrrjzfnsvY>. Acesso em: 10 maio 2018.
19. Arquivos de Estado de Munique (Staatsarchiv München), op. cit.
20. Ibid.

Comentário sobre os arquivos

Os funcionários do FSB não nos permitiram registrar a localização exata dos documentos colocados à nossa disposição. Assim, aqueles provenientes do Arquivo Central do FSB e citados nesta obra foram simplesmente referidos como "TsA FSB". TsA de Tsentralnyi Arkhiv, Arquivo Central.

No Arquivo do Estado Militar da Federação Russa (RGVA, Rossiiskii Gosurdarstvennyi Voennyi Arkhiv), os documentos consultados provêm dos dossiês individuais dos prisioneiros nazistas julgados como criminosos de guerra. Eles aparecem sob a sigla RGVA.

Os arquivos do GARF contam segundo o número encontrado no dossiê equivalente e o fólio.

p. 53: GARF 9401/2/552, f. 8-9.
p. 54: GARF 9401/2/551, f. 225.
pp. 56-57: GARF 9401/2/552, f. 191-3.
pp. 57-58: GARF 9401/2/552, f. 280-4.
p. 103: GARF 9401/2/552, f. 83.
p. 105: GARF 9401/2/552, f. 84.

p. 119: GARF 9401/2/552, f. 93.
p. 130: GARF 9401/2/550, f. 68-9.
p. 153: GARF 9401/2/556, f. 175.
pp. 154-155: GARF 9401/2/556, f. 177.
p. 164: TsA FSB.
pp. 175-177: TsA FSB.
p. 184: GARF 9401/2/556, f. 178.
pp. 186-187 e 189: GARF 9401/2/556, f. 179.
pp. 190-191: GARF 9401/2/556, f. 182.
pp. 201-205: RGVA.
pp. 207-210: GARF 9401/2/551, f. 49-61.
p. 227: GARF 9401/2/552, f. 113.
pp. 228-239: GARF 9401/2/552, f. 2.
p. 229: GARF 9401/2/552, f. 2, 1.
pp. 230-231: GARF 9401/2/552, f. 1 para a foto, f. 4 para o texto.
pp. 231-232: GARF 9401/2/552, f. 5.
p. 233: GARF 9401/2/552, f. 12-3.
pp. 241-242: GARF 9401/2/553, f. 97 e f. 103.
pp. 243 e 246: GARF 9401/2/550, f. 71.
p. 247: GARF 9401/2/550, f. 72.
p. 249: GARF 9401/2/553, f. 97.
p. 250: GARF 9401/2/553, f. 98-9.
p. 251: GARF 9401/2/553, f. 100.
p. 252: GARF 9401/2/553, f. 103.
p. 253: GARF 9401/2/550, f. 76.
p. 254: GARF 9401/2/551, f. 32.
p. 269: GARF 9401/2/551, f. 134-9.
pp. 272-273: GARF 9401/2/551, f. 136.
p. 273: GARF 9401/2/551, f. 59.
pp. 274-275: GARF 9401/2/551, f. 30.
pp. 276-277: TsA FSB.
p. 278: GARF 9401/2/550, f. 26.
p. 279: TsA FSB.
pp. 280-281: TsA FSB.

pp. 289-291: GARF 9401/2/552, f. 275, f. 574 e f. 363.
p. 291: GARF 9401/2/552, f. 263.
p. 292: GARF 9401/2/551, f. 47.
pp. 293-294: GARF 9401/2/552, f. 268.
pp. 294-295: GARF 9401/2/552, f. 276.
p. 295: GARF 9401/2/552, f. 276.
pp. 295-296: GARF 9401/2/552, f. 197.
p. 296 (foto): GARF 9401/2/552, f. 199.
p. 299: GARF 9401/2/551, f. 55 e 138.
pp. 300-301: GARF 9401/2/552, f. 140.
p. 301: GARF 9401/2/552, f. 58.
pp. 301-302: GARF 9401/2/552, f. 140.
p. 302: GARF 9401/2/552, f. 141.
pp. 302-303: GARF 9401/2/552, f. 207.
pp. 306-307: GARF 9401/2/556, f. 197.
p. 308: GARF 9401/2/552, f. 198.
p. 335: GARF 9401/2/551, f. 137.
p. 345: GARF 9401/2/552, f. 114.
p. 346: GARF 9401/2/552, f. 116.

Agradecimentos

Aos diretores dos arquivos russos: Larisa Alexandrovna Rogovaya (GARF, Arquivo de Estado da Federação Russa); Vladimir Ivanovich Korotaev (RGVA, Arquivo de Estado Militar da Federação Russa); Oleg Konstantinovich Matveev (COS, Centro de assessoria de imprensa do FSB).

Aos cientistas que nos brindaram com seus esclarecimentos e conhecimentos ao longo de toda a investigação: Raphaël Weil, Joël Poupon, Patrick Rainsard; Philippe Charlier, com seu constante entusiasmo, sem o qual não teríamos conseguido dar um fim à investigação científica sobre os dentes atribuídos a Hitler.

Um agradecimento especial a: Olivier Wlodarczyk e toda equipe da Ego, que sempre acreditaram nesta pesquisa insana; Alexander Orloff (do Ministério de Relações Exteriores russo), por seu precioso apoio.

Nossos incansáveis tradutores: Tatiana Shutova para a língua russa, Ulrike Zander e Aymeric Le Delliou para a língua alemã.

Agradecimentos de Lana Parshina:
A Lyudmila Vasilievna Dvoynikh e Natalia Petrovna Parshina.

Agradecimentos de Jean-Christophe Brisard:
A Céline Lison, por suas leituras tão pertinentes.
A Claude Quétel, que, com suas lembranças, despertou minha vontade de começar esta aventura.

ESTA OBRA FOI COMPOSTA POR OSMANE GARCIA FILHO EM MINION
E IMPRESSA PELA GEOGRÁFICA EM OFSETE SOBRE PAPEL PÓLEN SOFT DA
SUZANO PAPEL E CELULOSE PARA A EDITORA SCHWARCZ EM AGOSTO DE 2018

A marca FSC® é a garantia de que a madeira utilizada na fabricação do papel deste livro provém de florestas que foram gerenciadas de maneira ambientalmente correta, socialmente justa e economicamente viável, além de outras fontes de origem controlada.